本丛书得到何东先生独资赞助

This series of books is financially supported exclusively by Mr. Eric Hotung.

20世纪中国文物考古发现与研究丛书

# 古代陵寝

贺云翱　郭　怡／著

文物出版社

《20世纪中国文物考古发现与研究丛书》编辑委员会

一　河南三门峡西周虢国国君墓（M2001)出土缀玉面罩与七璜联珠玉佩（南—北）

二　浙江绍兴春秋末期越王墓（东—西）

三　陕西西安秦始皇陵兵马俑坑

四　湖南长沙西汉早期吴氏长沙王王后“渔阳”墓“黄肠题凑”葬制

五　吉林集安高句丽王陵（禹山墓区将军坟）

六　陕西礼泉唐太宗昭陵北司马门遗迹

*20 世纪中国文物考古发现与研究丛书*

# 序 / 张文彬

俗称“锄头考古学”的田野考古学的诞生以及中国考古学学科体系的基本完善，由此而引起的古物鉴玩观赏著录向科学的文物学的转变，是20世纪中国学术与文化界的大事。它从材料与方法两个方面彻底刷新了持续了数千年之久的中国古代史学传统，不但为中国学术界和文化界开拓出更加广阔的研究天地，也为一切关心中华民族悠久历史和灿烂文明的人们不断地提供了可贵的精神滋养和力量源泉。

仰古、述古、探古，进而考古，向来为我国传统文化中一个明显的学术特点。先秦时期诸子百家发其端，汉代司马迁撰写《史记》，北魏郦道元作注《水经》。他们对相关的遗迹遗物，尽可能地做到亲自考察和调查，既能辨史又可补史。这种寻根追源的治学态度，为后世学术上的探古、考古树立了榜样。此后，山河间的访古和书斋式的究古相继开展，特别是对古器物的研究，成了唐、宋时期的文化时尚。不少学者热衷于青铜铭文、碑刻、陶文、印章等古文字的考释，进而有了对器物的辨伪鉴定、时代判断、分类命名等，逐渐兴起了一门新的学问——金石学，涌现出许多著名的古器物鉴赏家和收藏家。只是囿于当时的历史条件，金石学家们无法了解所见文物的出土地点和情况，也难以涉及史前时代漫长的演进历程，因而长期以来始终脱离不了考证文字和证经补史的窠臼。即使如此，他们的艰辛努力和取得的成绩，还是为推动我国传统文化的发展起到了积极作用，并且在事实上也为中国考古学和中国文物学的起步铺设了最早的一段道路。

20 世纪初，近代考古学由西方传入。中国学者继承金石学的研究成果，学习并运用西方考古学方法，开始从事田野考古，通过历史物质文化遗存，探寻和认识古代社会，揭示人类社会发展规律。早在 1926 年，中国学者就自行主持山西南部汾河流域的调查和夏县西阴村史前遗址的发掘。随后，我国学者同美国研究机构合作，有计划地发掘周口店遗址，发现了北京猿人。从 1928 年起至 1937 年，连续十五次发掘安阳殷墟遗址，取得了较大收获，引起了国内外学术界的重视。自 20 世纪 50 年代以后，随着国家大规模经济建设的进行，田野考古勘探、调查和科学发掘工作在全国范围内蓬勃有序地开展，许多重要的典型遗址和墓地被揭露出来，重大发现举世瞩目。它们脉络清晰，层位分明，文化相连，不仅弥补了某些地域上的空白，而且衔接了年代上的缺环，为研究中国古代史、文化史、科学史以及其他学科领域，提供了珍贵、丰富的实物资料，极大地影响着人文社会科学诸多学科专业的研究与发展。这段时间被学术界称为中国考古学的黄金时代。在马列主义理论指导下，具有中国特色的考古学理论体系和方法论逐渐形成。有关研究成果不仅极大地改变和丰富了人们对中国文明起源、中国古史发展等重大问题的认识，同时也扩展了中国文物的研究领域和研究方式。可以说，考古学的发展与进步，直接影响到文物学的形成与发展，而且影响到全社会对文化遗产重要作用的认识以及世界学术界对中国古代文明的重新认识。

从20世纪80年代开始，文物界就中国文物学的创立，逐渐取得共识，在共同探讨的基础上，初步形成了学科体系。不少学者发表了有关论文，出版了专著，就文物的历史价值、科学价值、艺术价值以及在社会主义的物质文明与精神文明建设中如何对文物进行有效保护、合理利用发表意见。这些研究成果已获得学术界的赞同。

在这世纪之交和千年更替之际，对中国考古学和中国文物事业作一次世纪性的回顾和反思，给予科学的总结，是许多学者正在思考和研究的问题。如果能通过梳理20世纪以来重大发现和研究成果，透视学科自身成长的历程，从而展望未来发展的方向，以激励后来者继续攀登科学高峰，无疑是一件很有意义的事。为此，经过酝酿、商讨和广泛征求意见，我们约请一批学者（其中有相当多的中青年学者）就自己的专长选择一个专题，独立成篇，由文物出版社编辑出版一套《20世纪中国文物考古发现与研究丛书》，并以此作为向新世纪的献礼。

从某种意义上说，《20世纪中国文物考古发现与研究丛书》是一套学科发展史和学术研究史丛书。其内容包括对20世纪考古与文物工作概况的综合阐述；对一些重要的考古学文化和古代区域文化研究情况的叙述；对文物考古的专题研究；对重要的文物考古发现、发掘及研究的个例纪实。

此套丛书的内容面广，而且彼此关联。考虑到各选题在某些内容上难免会有重叠或复述，因此在编撰之初，我们要求各选题之间互有侧重，彼此补充，以期为读者了解20世纪中国考古学和文物学的发展提供更多的视角。

我国的文物与考古工作，虽在20世纪得到了迅速发展，但仍有许多重大学术问题需要进一步探索。我们主持编辑这套丛书，除了强调材料真实，考释有据，写作态度严谨求实外，也不回避以往在工作或研究上曾经产生的纰漏差错和不足之处，以便为今后的工作和研究提供借鉴。虽然我们尽了很大努力，但限于水平，各篇仍很难整齐划一。由于组稿和作者方面的困难和变化，一些计划之中的题目也未能成书。这些不周之处，敬请专家、学者和广大读者批评指正。

在丛书编印过程中，我们得到了文物、考古界的广泛支持。何东先生在出版经费上给予了热情帮助。在此，一并深表感谢。

2000年6月于北京

# 目　录

# 插 图 目 录

# 前言

考古学是一门涉及面甚为宽广的科学体系。它由以各断代考古及考古学方法、理论等为知识构成的“普通考古学”，以文化区并配合以行政区考古为知识构成的“区域考古学”，以某一特定的文化遗存考古为知识构成的“专门考古学”三者结合而成。帝王陵考古无疑属于“专门考古学”范畴。

“帝王”是人类社会长期发展过程中随着阶级、国家的产生而出现的一种特殊的社会角色或社会阶层。在“金字塔”式的社会结构中，他（她）或他们高居于塔尖之上，占据和控制着大量的社会资源，甚至拥有绝对的社会权力包括对他人生命的任意支配权。为此，不管是生前还是死后，“帝王”几乎都要通过种种方式，为表述自己的特权和欲望营构出复杂的“文化系统”，有的甚至达到穷奢极欲的程度，保留至今则以“皇宫”和“陵墓”两类遗存成为其文化标志。当然，这两类遗存虽为帝王所拥有，但它的实际创造者则主要是当时的劳苦大众和知识分子，因此，对这两类遗存的考古学研究既包含着对中国古代社会结构、国家体制、礼制、帝王生活方式和有关生死存亡的理念、帝王角色或阶层的人格及其阶级本质、帝王家族制度以及国力盛衰等等的历史场景和历史过程的揭示、阐释，又包含着对各历史时期的建筑工艺、民族文化创造力和表现力、地域文化标志、文化辐射力、工程技术水平等丰富遗产的展现和欣赏。为此，帝王陵考古自中国考古学诞生以来，就一直受到考古学界的高度关注。

尽管在1923年已有德国人福克司、法国人牟里以及次后日本学者鸟居龙藏等人对内蒙古林县境内被盗辽陵进行过调查和研究，但我们认为，20世纪学术史意义上的中国帝王陵考古是从河南安阳殷墟殷王陵发掘开始的。从1928年至1937年十年之间，“中央研究院”历史语言研究所考古组在殷墟遗址共进行了十五次发掘，其中与殷王陵考古有关的计三次。它们分别是1934年10月至1935年11月的第十次发掘、1935年3月至6月的第十一次发掘、1935年9月至11月的第十二次发掘。这三次发掘于洹北侯家庄西北冈确认了殷王陵区，陵区被分为西区和东区。考古学家梁思永先生在西区发现了带四条墓道的大墓（称“亚”字形大墓）七座，于东区发现了带四条墓道的大墓一座，带两条墓道（称“中”字形）的大墓两座。从此，考古界基本确认了“亚”字形大墓至少从商代开始即成为中国最高统治者的墓制，而且由“亚”字形、“中”字形、“甲”字形（带一条墓道）、“口”字形（不带墓道）等不同形制的大墓所建构起来的墓葬体制已成为统治阶级内部区分死者身份高低的重要标志。目前看来，以“亚”字形所代表的墓葬礼制可能历商、西周、东周、秦、西汉几个王朝。在大多数情况下，它都成为掌握国家最高权力的帝王所独占的葬制。殷代王陵、陵区附近大量竖穴小墓包括大墓中殉人的发现，为探讨殷商社会的性质和推进对中国早期文明形态的研究提供了极其珍贵的资料。

民国时期的另一项规模较大的帝王陵考古工作是由曾任北京大学历史系主任、清华大学史学系教授的朱希祖先生和其子时任“中央大学”（今南京人学）经济系主任、教授的朱偰先生及“中央古物保管委员会”于1934年至1935年对南京及丹阳等地六朝（东吴、东晋、宋、齐、梁、陈）帝王陵墓所做的十四次野外调查。调查者对二十八处帝王陵墓（其中部分属侯墓）的地面建筑遗迹及神道石刻、陵墓制度等做了深入研究，为此后学者进行六朝陵墓考古奠定了坚实的基础。1940年，四川博物馆的冯汉骥先生等调查了施工中发现的五代前蜀国王王建墓并做试掘。1943年3月至9月，又由“中央研究院”历史语言研究所考古组与“中央博物院”筹备处（今南京博物院）对该墓做正式发掘，主持发掘的是考古学家吴金鼎先生。这次发掘开五代十国帝王陵考古的先河。此外，民国时期值得一提的还有西京筹备委员会对唐昭陵出土文物的调查、“中央研究院”历史语言研究所考古组对寿县朱家集李三孤堆被盗战国楚王墓的调查、意大利人朱塞佩·杜齐对西藏琼结县藏王陵的调查等。

50年代，中国帝王陵考古受到了各地文物考古学术机构和中国（社会）科学院考古研究所及诸多考古学者的普遍重视。当时的帝王陵考古工作主要有两种形式：一是抢救性的发掘所获得的发现，如1950年10月对江苏南京南唐二陵的发掘；二是带有学术目标的主动性考古调查和发掘，如对陕西唐代十八陵的调查、对北京明万历帝定陵地宫的发掘等。这一时期，先后进行的帝王陵墓考古项目包括在河南辉县固围村发掘战国魏国王陵、在安徽寿县发掘春秋时期蔡昭侯墓以及在淮南市蔡家岗发掘战国初年二座蔡侯墓、在云南晋宁石寨山发掘西汉时期滇国王墓、在河北定县北庄发掘东汉中山简王刘焉墓、在江苏南京发掘“南唐二陵”、在广东广州发掘南汉国王刘晟的昭陵、在北京发掘明万历帝定陵地宫等。考古调查项目包括陕西唐代十八陵、北京大房山山麓金朝帝陵、河南巩县宋代帝陵调查等。1949 年后短短的十年，一系列的帝王陵考古工作在社会上产生了重要影响，尤其是“南唐二陵”和定陵的发掘，为研究五代十国时期和明代的帝王陵制及物质文化面貌提供了前所未见的资料。

60 年代，帝王陵考古工作在 50 年代得到初步发展的基础上，进入了普遍有所收获的时期。从工作对象的时间序列上而言，在山东益都苏埠屯首次发现除殷墟之外存在的商代时期带四条墓道的“亚”字形大墓。发掘者认为，它可能是商代蒲姑国的某国君墓。在河北燕下都遗址发掘的第 16 号大墓，平面呈“中”字形。其规模虽然达不到燕王级别，但发掘资料为认识地处其附近的燕王陵墓形制提供了参考依据。这一时期的秦汉帝王陵考古成果尤为显著，考古界开始了对秦始皇陵和汉武帝陵的调查，又于陕西西安东郊白鹿原任家坡村发现孝文窦皇后陵的一处从葬坑出土了一批彩绘陶女俑和动物骨骼，初步透露了西汉帝王陵从葬坑的秘密；而河北满城陵山一、二号墓即西汉中山靖王刘胜及王后窦绾墓的发掘，为认识汉代帝王“因山为陵”的横穴式崖洞陵墓制以及“金缕玉衣”的整体面目提供了直接的材料。这一时期以江苏南京、丹阳为中心的六朝帝王陵的考古发掘也十分引人注目，先后发现的有南京西善桥宫山大墓（被认为是刘宋孝武帝刘骏的景宁陵）、南京西善桥油坊村大墓（被认为是陈宣帝陈顼的显宁陵）、南京富贵山大墓（被认为是晋恭帝司马德文的冲平陵）、丹阳胡桥齐景帝萧道先的修安陵、丹阳齐和帝萧宝融的恭安陵、丹阳齐废帝萧宝卷墓等。通过这批陵墓的发掘，考古界基本弄清了东晋到南朝时期帝王陵制度的内涵和特征。这一时期，唐、五代帝王陵的考古同样有不凡的成绩，如对唐桥陵、唐建陵、唐顺陵、辽祖陵、吐蕃王陵的调查，“号墓为陵”的永泰公主墓的发掘，杭州吴越国王钱元瓘墓的发掘，40 年代发掘的前蜀国王王建永陵资料的整理发表等，给认识唐、五代时期中国境内帝王陵制度的丰富性提供了有力帮助。

70 年代前期，由于受“文化大革命”的影响，前一阶段迅速发展的帝王陵考古事业趋向低落。1976 年以后，国家政治形势的变革促进了帝王陵考古的再次复兴，主要的学术进展体现在多个方面。如陕西凤翔县春秋时期秦公“雍城墓区”的勘探发现；河北平山战国中山国王陵的发掘，王嚳墓中出土的《兆域图》铜版和墓上“堂”类建筑遗迹的发现，引起了学术界对先秦时期墓上建筑的性质、文献中“古不墓祭”之说的历史真实性以及战国王陵制度和中国帝王陵寝制度起源等问题的学术讨论，推进了中国帝王陵寝制度研究的深入；湖北随县（今随州市）曾侯乙墓出土的成套青铜编钟及其他精美文物，再现了战国时期辉煌的礼乐制度和中国古典礼乐文化，在国内外产生了持久的影响；更为惊人的发现是 1974 年秦始皇陵兵马俑坑及兵马俑的出土，使学术界开始重新评价中国古代的雕塑艺术成就，在军事史、兵器史、服饰史、陵墓史等诸多领域也起到了刷新的作用，同时还为此后秦始皇陵考古不断获得新的发现和产生世界性影响开启了先河。这一时期考古学者还发现了秦始皇陵的寝殿和便殿，为恢复秦代陵寝制度创造了条件。

本时期汉代及汉以后的帝王陵考古发现实例众多，包括对陕西临潼杨家湾两座属于西汉长陵的陪葬墓的发掘，学者们认为墓主人可能与西汉早期著名军事将领周勃和周亚夫父子有关；西汉阳陵刑徒墓地的发现为究明汉阳陵浩大工程的主要承担者找到了证据；还有学者在田野调查的基础上对西汉诸帝陵的陵位做了考定，纠正了清代以来的讹误。不过，汉代帝王陵考古的成就更多地体现在王陵的发掘方面，如山东曲阜九龙山西汉鲁王陵“横穴式崖洞墓”的发现、临淄窝托西汉某齐王墓五座从葬坑的发掘、北京大葆台西汉广阳顷王刘建及其夫人墓“黄肠题凑”葬制的发现、山东巨野红土山西汉昌邑王刘髆墓的发现、河北定县八角廊西汉后期中山王刘修墓的发现、湖南长沙象鼻嘴1号墓（西汉早期某吴氏长沙王墓）及长沙陡壁山1号墓（西汉早期某吴氏长沙王王后墓）“黄肠题凑”葬制的发现、江苏扬州高邮神居山（天山）西汉广陵王刘胥墓“黄肠题凑”葬制的发现、河北石家庄小沿村西汉初年“黄肠题凑”墓（疑为赵王张耳墓）的发现等。多位诸侯王“黄肠题凑”墓的出土为研究这种西汉时期的“天子葬制”提供了丰富而形象的资料，文献中记载的一些历史之谜也得以诠释。南北朝时期的帝王陵考古发现有江苏南京大学北园东晋大墓的发掘（疑为东晋早期某帝陵）、南京甘家巷梁安成郡王萧秀墓和南京尧化门梁南平王萧伟墓的发掘、山西大同北魏文明皇后冯氏永固陵和孝文帝元宏寿陵“万年堂”的清理发掘等。有关材料昭示了当时南、北方不同区域帝王陵墓制度的风貌与差异。本期隋唐及其之后的帝王陵考古工作主要有对陕西扶风县境内隋文帝泰（太）陵的调查、咸阳市唐世祖兴宁陵的调查、唐乾陵陪葬墓之一“号墓为陵”的懿德太子李重润墓及章怀太子李贤墓的发掘，四川成都后蜀高祖孟知祥和陵的发掘，宁夏银川贺兰山麓西夏帝王陵的发现和调查，河北遵化清东陵区内乾隆帝裕陵、慈禧太后定东陵、易县清西陵区内的光绪帝崇陵三座在1949年前被盗掘的地宫的清理等。这些考古收获大大丰富了隋唐至明清时期的帝王陵寝制度的内涵，也有助于研究中国帝王陵寝制度的发展规律。

80 年代，中国帝王陵考古的学术目的性更加明确，综合性研究成果也逐步问世，特别是秦汉帝陵研究的成果尤显丰硕。1980 年，在秦始皇陵封土西侧从葬坑中出土了二乘铜车马，其工艺水平之高、制作加工之精美都超越了过去有关秦汉车马具的发现。在田野考古方面，大型帝王陵考古项目包括西汉杜陵陵园与寝殿遗址的发掘、茂陵陪葬墓区“阳信长公主”墓从葬坑的发掘、江苏徐州地区西汉楚王墓和河南永城地区西汉梁王墓的系统调查及发掘、广州南越王墓的发掘等。此外，江苏扬州甘泉山东汉广陵王刘荆墓和河南淮阳北关东汉陈王刘崇墓的发掘以及洛阳地区东汉帝陵的调查考证，都促进了对两汉帝王陵复杂的地域结构体系和发展演变规律的研究，而有关专家对秦始皇陵兵马俑的专题探讨和西汉帝陵的系统研究方面的成果也陆续问世，推动着人们对秦汉帝陵制度的进一步认识。

有关两晋南北朝帝陵考古的发现也有新的突破。1981 年，在江苏南京北郊的汽轮电机厂区发掘了一座东晋大墓，依据其规模和形制并结合历史文献记载，学者们推测其为东晋穆帝的永平陵；翌年，考古学者在河南洛阳发现了西晋晋武帝的峻阳陵和晋文帝的崇阳陵。1986 年，又在河北邺城勘探发现东魏孝静帝元善见的西陵以及位于“西陵”东北部的北齐帝陵区。次年，发掘邺城湾漳村北朝大墓，该大墓被认为可能是北齐文宣帝高洋的武宁陵。南北朝之后的帝陵考古重在调查。如对唐代桥陵、和陵，西藏琼结吐蕃王陵（或称“藏王陵”、“藏王墓”），北京金陵，银川西夏陵的更为深入系统的调查都取得了新的发现，同时在西夏陵区还对部分地面建筑遗存做了清理发掘。福建省清理了五代时期闽王王审知夫妇的宣陵。这一时期值得注意的还有江西新干发现的一座商代大墓，发掘者认为这是一座方国国王墓或其家族墓。如属前者，那么它应该是我国目前所知时代最早的墓上有较高大封土的国君墓葬。这对研究中国古代帝王“陵（高大封土）寝（地表有祭享类建筑）”制度的早期形态具有重要的意义。

20 世纪的最后一个十年是中国考古界学科课题意识最为普遍和强烈的一个时期。它既承继了此前已积累的学术遗产，同时也为 21 世纪的考古学开辟了更加宽广的视域。就帝王陵考古而言，重大的考古发现和学术研究成果层出不穷，并在许多方面获得了新的突破。以先秦时期为例，结合中国文明起源问题的探讨，有关专家对“王陵”的起源做了研究，仰韶文化、红山文化、大汶口文化、龙山文化、良渚文化等文化类型中出现的高等级大墓现象自然会被视为与“王陵”起源有关的信息。河南省三门峡市发现了西周时期的虢国国王墓地及与其相邻的族墓地，经发掘的二座国君墓中出土的缀玉面罩、组玉佩、九鼎等对研究西周时期国君葬制、葬仪、贵族墓地制度以及社会礼制、宗法制和当时的物质文化水平等都十分重要。山西曲沃县北赵村发现了西周中期到春秋初年的晋国晋侯墓地，墓地中共出土十七座大墓，它们可能分别属于八位晋侯和晋侯夫人。学者们认为，这是迄今为止给予全面揭露的一处先秦时期诸侯国国君公墓区，出土资料具有很高的学术价值。甘肃礼县大堡子山发现了西周末年到东周早期的秦公墓地，学者们称之为“西山陵区”。加上此前已经发现的秦“雍城陵区”和“东陵陵区”，至此，考古界实际已经大体摸清了整个先秦时期秦国国君墓葬制度的变迁过程和制度体系的构成，从而为阐明中国第一个统一的专制主义的封建王朝皇帝——秦始皇陵陵制的来源和根基奠定了深厚的基础。另外，地处东南地区的江苏和浙江也发现了苏州真山吴国王墓和绍兴印山越国王墓；山东临淄的战国时期齐国王陵区也得到了进一步的调查勘探，从而为人们了解先秦时期我国国王陵墓制度的地域差异性和文化多样性提供了丰富的材料。

秦始皇陵考古在这一时期加入了新的力量，也取得了诸多新的发现。如石铠甲坑、百戏俑坑、彩绘文官俑坑、青铜水禽坑等一批内容不同的从葬坑和地下阻排水系统的发现，为人们从更多视角审视秦始皇陵地下埋葬世界的构成思想、其间所包含的更为广大的社会意义、秦帝国及秦始皇本人的历史细节等都创造了更为有利的条件。素称发达的汉代帝王陵考古继续展示着它的风采。陕西考古界从 1990 年开始并坚持长达十年以上的阳陵考古，共发现八十一座各类从葬坑、一百三十多座陪葬墓园、五千多座不同类型的墓葬，发掘了陵园南阙门遗址、陵庙遗址、部分从葬坑和陪葬墓，出土士兵俑、动物俑等各类文物九千三百多件，再现了西汉阳陵恢宏的制度架构和极度奢华的丧葬礼仪。在汉诸侯王陵墓考古方面也有丰硕的成果。如山东长清双乳山西汉末年济北王刘宽墓的发现、山东章丘市洛庄西汉吕国第一代国王吕台墓的发现、山东临淄齐炀王刘石墓的发现、河北获鹿高庄西汉常山国国王刘舜墓的发现、北京老山西汉某燕国王后墓的发现、湖南长沙望城坡西汉早期某吴氏长沙王王后“渔阳”墓的发现等，都是对过去已有的西汉诸侯王墓学术体系的补充和完善，也为研究我国西汉时期各诸侯国的历史与文化积累了宝贵的实物资料。

这一时期两汉以后的帝王陵考古亦有诸多重要成果，其中陕西发掘了北周武帝宇文邕与皇后阿史那氏合葬的孝陵、唐代乾陵地面建筑遗存、唐僖宗的靖陵地宫以及唐惠庄太子墓等。河南全面勘探、测绘和综合研究了北宋皇陵，发掘了宋真宗永定陵上宫部分建筑基址和永定禅院遗址；发掘了同时位于洛阳邙山乡冢头村的北魏宣武帝景陵。江苏南京发掘了南朝梁代临川王萧宏墓和梁南平王萧伟墓阙；在实施明孝陵考古研究课题中发现了明东陵寝园遗存，清理了明孝陵东、西配殿、陵宫门、神厨、具服殿等陵寝建筑基址以及内外排水系统和明中山王徐达、岐阳王李文忠的享堂建筑基址；全面勘探了位于盱眙境内的明祖陵寝陵及陵园遗址等。黑龙江在宁安市三陵地区勘探发现了渤海国王陵区。这些重要的考古工作使过去许多若明若暗的学术问题，如南北朝晚期不同政权的帝王陵制度体系、南朝帝王陵的地面建筑风格、唐代帝陵的地宫结构、北宋皇陵的细部特征、明代早期帝王陵制度的演变过程和层级差异、唐渤海国国王陵墓的历史真相等都获得了解决的门径与条件。

经过七十年左右的发展，约从 20 世纪 30 年代正式开端的中国帝王陵考古事业已基本建构了自身的学术体系，一代又一代考古学人不断用新的发现及研究成果充实和丰富着有关帝王陵考古的概念和知识领域。帝王陵的起源，商王陵及商代方国国君墓，东周列国国君陵墓，秦始皇陵，西汉帝王陵及东汉帝王陵，两晋南北朝帝王陵，隋唐尤其是唐代帝陵和唐时期中国境内其他地方政权如高句丽、渤海、吐蕃、辽等国的国王陵墓，五代十国时期的列国帝王陵，北宋帝陵以及辽、西夏、金等国帝王陵，明代帝王陵，清代帝陵等几乎都进入了考古学者的工作视野，并且取得了令海内外瞩目的许多重大成就。诸多的考古发现填补了历史文献记载的空白，纠正了文献的误失，以充分而具体的材料建设起中国帝王陵考古的学术宝库。许多重大考古发现不仅在国内外学术界引起重大反响，在普通民众中也产生了轰动和广泛的文化影响。一大批出土的帝王陵建筑遗迹和精美文物为研究和展示古代中国和中华民族历史上的建筑成就、文化创造力及文明发展水平提供了极有说服力和多方面价值的资料。同时，这些资料对研究中国不同时期的社会结构、阶级关系、帝王体制、家族制度、礼仪制度、风水思想、宫廷生活史、区域文化以及相关的人物史都有着无可替代的意义。有的成果更是在国际上为中国赢得了文化地位和影响，如在我国已有的“世界遗产名录”中，秦始皇陵及兵马俑，明清皇家陵寝和高句丽王城、王陵及贵族墓葬即位列其中，河南安阳殷墟项目中也包括殷代王陵。

毫无疑问，中国帝王陵考古仍是一项未竟的学术事业，帝王陵寝制度起源及早期形态与文明起源及早期形态的关系、夏代的王陵制度和商代早期的王陵制度（目前几乎还是一片空白）、西周王陵制度（目前已有发现的迹象）、东汉帝陵制度、三国时期的帝陵状况、南昭国和大理国的王陵所在、其他历史时期的帝王陵体系（包括我国境内诸多地方政权的王陵制度、中国帝王陵与周边国家的王陵制度的关系及比较等）的发现、研究和中国帝王陵考古资料包含的多方面学术价值的阐释等许多重大问题都有待于21世纪的考古学家们来承担、拓展和推进。

# 一 帝王陵寝制度起源和形成的探索

## （一）寻找王陵起源的证据

帝王和帝王陵寝是成熟的阶级社会和国家出现以后的产物，但成熟的阶级社会和国家有一个逐渐产生、形成的过程，所以帝王陵寝制度同样也需要一个孕育、成型的缓慢过程。从这个意义上说，萌芽时期的“帝王墓”应该出现于史前时代。

中国目前发现的人类有意识的墓葬行为约发生于旧石器时代晚期[1]。至少到新石器时代中、晚期的仰韶文化时期，反映墓主人生前拥有不同社会地位的分级墓葬已经出现，有的特殊的大墓被怀疑与早期的“王”有关。

河南省濮阳市西水坡曾发现一座属于仰韶文化时期的大墓（编号为 M45）。大墓为竖穴土坑，坑平面呈不规则长方形，墓室东、西、北三面还各有一个小龛。墓内葬四人，墓主为一壮年男性，身长 1.84 米，仰身直肢葬，头南脚北，埋于墓室的正中，另外三人年龄较小，分别埋于墓室的三个小龛内，其中西龛内所埋者被鉴定为是一十二岁左右的女性。在墓主左右两侧，还用蚌壳精心摆塑出龙虎图案。发掘者认为，埋于小龛内的三位死者应为人殉，而“龙”、“虎”又是中国古代神圣和权力的象征，这些都反映了墓主人生前所具有的特殊地位和威权。研究者据此推论，当时已出现贫富分化和阶级，社会可能已进入军事民主制阶段[2]。1988 年，考古学者在该遗址又发现了两组蚌塑图案，其中一组在 M45 南面 20 米处，图案为人骑龙、虎及飞禽等。丁清贤等认为，这两组蚌塑图案也与 M45 有关，并且怀疑该墓墓主人生前可能是部落或部落联盟的首领[3]。冯时从天文考古角度对 M45 做了精细的研究，认为该墓可能反映了中国古代"天圆地方"说和"盖天宇宙论"的思想[4]，并推测墓主人拥有一种特殊的身份——司天占验，而由于上古时代精通司天占验乃是"君王所必备的本领，因此，帝王的通天特权与巫觋的专职化实际是互为因果的，……谁掌握了天文学，谁就获得了统治的资格"。因此，这位墓主人可能就是"上古时代伟大的宗教主，绝地天通，创制历法，规划天地神民，进行了划时代的宗教改革，他死后葬埋于帝丘濮阳，但灵魂升天，乘龙而达四海"的"五帝之一"的帝颛顼。进而，他还将西水坡 M45 形制中存在的"天圆地方"现象与战国曾侯乙墓、秦始皇陵乃至北魏元乂墓和晚唐钱宽墓等后代帝王级别的墓葬制度做了比较和联系[5]。陆思贤和李迪则认为，M45 的墓主人应该是一位"王者"或"人王天帝"[6]。这说明濮阳西水坡 M45 很可能是中国帝王陵起源阶段的重要遗存之一。

辽宁省凌源县牛河梁遗址"积石冢"遗存于 1983 年至 1985 年被发掘出土，其中第二地点的四座积石冢位于牛河梁主梁顶南端斜坡上，东西一行排列，范围总长达 110 米。这些积石冢的共同特点是以石垒墙、以石筑墓、以石封顶，但各自形制、构造乃至性质却不尽相同，如二号冢主体呈方形，冢中央是一座大型石棺墓；三号冢平面呈圆形，冢基底面为构成同心圆式的三圈石桩，三圈逐层内收，使石冢整体呈圆坛形，其

图一　山东临朐朱封龙山文化 M202 平、剖面图

（引自《考古》1990 年第 7 期）

1、2. 玉头（冠）饰　3. 玉簪　4、5、9、10. 绿松石饰　6. 玉刀　7、8. 玉钺　11. 绿松石片　12、26. 鳄鱼骨板　13、15、22、25. 蛋壶陶杯　14、20、40. 陶罐　16、18、19、21. 陶单耳杯　23. 骨匕　24. 砺石　27、28. 骨镞　29. 牙质片饰　30～35. 石镞　36、37. 陶器盖　17、38、47. 陶器　39. 陶鼎　41、42. 陶盆　43～46. 陶器

表层积石中出土三具人骨架[7]；四号冢已发掘十六座墓，其中有五座随葬玉器[8]。此外，在牛河梁第三地点、第五地点、第十六地点及辽宁省阜新县胡头沟等地也发现一批积石冢[9]。这些积石冢几乎都有中心大墓，大墓有宽阔而较深的土坑墓穴，石棺宽大，多随葬包括玉箍、勾云形玉佩、动物形玉件等成组玉器[10]。苏秉琦最早推论，这些“积石冢”群“位置在小山包上，类‘山陵’或‘陵墓’性质”[11]。严文明称，牛河梁是一处红山文化的宗教圣地和“贵族坟山”，埋葬在这里的贵族“离真正的国王大概也只有一步之遥了”[12]。郭大顺也认为，“这些中心大墓，以中小型墓陪衬，封土积石，形成方或圆形的巨大冢丘，高耸于山岗之巅，又层层迭起，充分显示了中心大墓墓主人一人独尊的身份地位。他们首先是通神的独占者，是宗教主，同时也已具备了王者身份”[13]。

山东省境内亦是探索帝王陵墓制度起源的重要地点。1959年6月开始发掘的泰安大汶口文化墓地中共发现不同时期的墓葬一百三十三座，其中少量晚期大墓不仅随葬品特别丰富，而且已经使用了木椁[14]，而复杂的棺椁制度恰恰是后来帝王陵体制的重要内涵。更重要的材料发现于临朐县朱封遗址，1987年和1989年在该遗址先后两次出土了三座龙山文化时期的大墓。它们的墓坑面积达20多平方米，一座为一棺一椁，二座为一棺二椁[15]。这是中国目前发现的时代最早的重椁墓[16]。如其中的M202，墓室为长方形，有生土二层台，葬具为一棺一椁，椁呈长方形，北侧棺椁之间设一边箱，在边箱上涂有彩绘，另在棺内、棺椁之间及椁外壁有红、黑、白、黄、绿等多种颜色的彩绘遗迹；墓内随葬品包括陶制的鬶、罍、罐、盆、单耳杯、蛋壳陶杯，玉制的钺、刀、头（冠）饰、簪，绿松石质地的坠饰和串饰以及九百八十多件绿松石薄片，石制的镞、砺石，骨制的匕、镞等，还有鳄鱼骨板、牙片等（图一）。M203 重椁一棺，内外椁都呈“井”字形，随葬品有陶、玉、石、骨器等共一百多件，其中五十件陶器中有二十五件为实用器，二十五件属非实用的小型冥器，部分陶器原置于涂有彩绘的木制器皿中。与 M202 一样，此墓内、外椁之间的南、西、北三面都有彩绘。发掘者认为，这些大墓的墓主人是身份特殊、地位显赫、高居于当时社会组织上层的显贵人物，“或许就是属于当时统治这一地域的权力集团中某个阶层中的当权者一类人物”，“换句话说，（墓主人）是当地某个小国的国王或王室的重要成员”[17]。

良渚文化贵族“坟山”、祭坛墓地等遗迹及一批大墓与帝王陵初期形态应有密切关系。目前所知贵族“坟山”和祭坛墓地遗迹有浙江反山、瑶山、荷叶地、汇观山；江苏张陵山、草鞋山、少卿山、赵陵山、绰墩、寺墩；上海福泉山等[18]。有学者认为，太湖地区土台型墓地即“坟山”早在崧泽文化晚期已出现[19]。到良渚文化时期，作为一种标志墓主人特殊身份和地位的墓地形态获得了更大范围的推广。以反山墓地为例，其总面积达 2700 平方米以上，系人工堆筑而成的高土墩，堆土高度现存 6～7 米，王明达又称其为“高台土冢”[20]。1986 年，仅在墓地西部约 660 多平方米的范围内就发现了十一座良渚文化大墓，其中 M16、M12、M17、M14 与 M20、M22、M23 分别有序地排列在东西向的南北两条轴线上。大墓多为长方形土坑墓，墓穴面积一般在 5～6 平方米，深约 1.3 米，使用棺木类葬具，棺盖上涂以朱砂或漆类，形成红色涂层，有的可能还有椁或边箱之类的葬具。墓主人随葬着琮、璧、钺、璜等大量精美的玉器，有的玉器上雕有“神徽”图案。瑶山祭坛墓地的情况更为复杂，祭坛平面约呈方形，由里外三重组成，内部第一重为方形的红土台，第二重是围绕红土台的灰色土围沟，第三重是在灰土沟南、北、西三面用黄褐土构筑的土台，其上铺有砾石面，祭坛可能在放弃后做了贵族墓地。但也有研究者认为，祭坛本身就是墓地的有机组成部分，并不是先用作祭祀场所后来才作为墓地的[21]。瑶山墓地内已发现十二座大墓，分南北两列，南列有七座墓，北列为五座墓。这些大墓的墓主人都随葬有大量精美玉器，其中北列各墓随葬的玉璜、玉纺轮、玉圆牌饰不见或基本不见于南列墓。所以，发掘者认为，南北两列墓主人分别属于男性和女性。几乎所有的研究者都认为，这些人工堆土建造的高大“坟山”上所埋葬的死者肯定是良渚文化时期的显贵人物，他们是神权、政权和族权的拥有者，“这样的人物当然很像是最初的国王，而同葬于一个墓地中的贵族当为王室的重要成员”[22]。严文明则直接称反山、瑶山是良渚文化时期的“王室”墓地[23]。张驰认为，这两处墓地墓主男女分列，墓地制度森严，时代最早的墓葬居中，晚者依次向两边分别下葬，情形有类昭穆之制，随葬的玉礼器上所见图形较为相似的“神徽”图案，暗示着某种“统一王权”的出现，并且这种统一王权很可能集中于象反山和瑶山这样的墓主人之手[24]。

位于山西省襄汾县的陶寺墓地是另一处与王陵制度起源有关的重要遗存。在 1978 年至 1980 年的发掘过程中，共出土四百零五座龙山文化时期的墓葬，其中有六座大型墓、近五十座中型墓，余皆为小型墓。小型墓绝大多数无随葬品。大型墓不仅墓圹大，而且随葬品丰富。如 M3015 随葬陶、木、玉、石、骨等各种质地的器物总数达二百件以上，具体有木俎、木匣、石刀、石锛、陶灶、陶斝、陶罐、木豆、木盘、木斗、鼍鼓、石磬、石研磨盘和磨棒、彩绘木器以及猪骨架等。有的大墓内还出土绘有蟠龙纹的陶盘[25]。专家们认为，鼍鼓、特磬作为王室或贵族权威象征的庄严礼器出现在陶寺大墓中，表明墓主身份至少应是部落贵族或部落首领一类的人物[26]。甚至有的专家推测，一些大墓的主人应为国王或王室贵族[27]。

属于夏代遗存的河南偃师二里头遗址也发现过一座大墓（M1），墓口东西长 5.3～5.35、南北宽 4.25 米，墓内有生土二层台，墓室填土皆经夯筑。可惜此墓已被盗一空，在盗洞内发现少量硃砂、漆皮和蚌饰片等。在大墓的南边约 1.5 米处有一殿堂基址，殿堂前有广庭，周围还有廊庑、大门等，构成一个以殿堂包括大墓为中心的平面呈长方形的庭院。这座大墓的规模与殷墟妇好墓相当[28]。它在整个建筑中所处的大约居中的位置及其与庭院内殿堂前后相依的密切关系都体现出大墓可能具有的特殊的地位。所以，有的专家认为，墓主人是一位国王，殿堂建筑乃是专为奉祭先王而设的宗庙。也有的研究者将殿堂建筑说成是墓旁的“享堂”遗存[29]。夏代已是我国成熟的文明社会，其王陵制度也应基本形成，今后的夏代王陵考古将会弥补目前资料的不足。

## （二）王陵制度成熟期的表现

### 1. 殷商时期的王陵制度

（1）殷墟商朝王陵

据目前资料，中国王陵制度到商代中后期已发展成熟。第一片王陵区发现于安阳殷墟侯家庄西北冈（一称武官北地）。1928 年至 1937 年，“中央研究院”历史语言研究所考古组在这里发掘了十多座大墓和一千多个祭祀坑。人们当时就认为，这些大墓应为殷代王陵[30]。王陵区位于洹水北岸，地势稍高，与其南约 2.5 公里处的小屯殷代宫殿、宗庙区隔河相望。陵区占地面积长约 450、南北宽约 250 米，从布局上看，可分为东、西两区，西区有七座带四条墓道的大墓及一座未修成的墓，还有少量的小墓及祭祀坑，东区有一座带四条墓道的大墓、三座带两条墓道的大墓及一座带一条墓道的大墓，在东区的大墓附近还分布着大量的祭祀坑。西区大墓分成南北两排，从西向东南北一一对应，又可划分为四组，依次是 M1500（北）—M1217（南）、M1003（北）—M1567（南，未修成）、M1004（北）—M1002（南）、M1001（北）—M1550（南）[31]。西北冈大墓的方向都略呈南北向（北向稍偏东）。墓室为平面作“亚”字形或长方形的土坑，前者口大底小，东、西、南、北四面各设一条墓道，使之总平面作“亚”字形。各墓四条墓道一般都是斜坡形，但 M1002、M1500 和 M1217 等墓仅南墓道为斜坡形，其他三面墓道底部作台阶状。墓道长短不一，短者不足 10 米，长者约 60 米。以 M1002、M1500 为例，M1002 东、西、南、北四条墓道的长度分别为 77.9、9.5、20.4 和 13.5 米[32]；M1500 东、西、南、北四条墓道各长 20.05、22.65、48.55、22.6 米，其中北墓道有三十一级台阶和东、西两个支道，墓道台阶平均高 0.17、深 0.52 米[33]。这些大墓都拥有庞大的墓室、恢宏的墓道，占地面积达到数百平方米。如 M1217，墓室面积约 330 平方米，与同时期常见的面积只有 2 平方米左右的小型长方竖穴墓相比，其间相差一百六十多倍，等级之悬殊由此可见一斑。

这些大墓的墓坑底部正中一般挖有腰坑，坑中置一执戈殉人。M1001 的墓底筑有九个坑，墓底正中一个，四角和四角之间各一个，每坑内埋一人一犬（其中一坑无犬）和一戈[34]。墓室内都用木头搭建椁室，椁室中安放棺木、随葬品和殉人。椁室顶部四边填土构成二层台（有的墓无二层台），台上再放置随葬品和殉人。墓道内常常也挖有小坑，坑内埋人或犬、马等。以 M1001 为例，墓底小坑中殉九个执戈人，相当于墓主的警卫；木椁外西南角填土中埋一人，木椁顶周围殉葬十一人，北、西两墓道坑内各埋一人；南墓道有五十九具无头躯体骨架，东墓道和东耳室也各有一具类似的骨架；该墓墓室东侧还有三十七个埋人和动物的坑，其中埋人坑二十二个，共埋人六十八位，动物坑中有七个是马坑。在棺木、随葬品和殉人之上填土。有的墓在填土时要举行杀人祭祀的仪式，被杀者的头颅就放在填土中，有的墓填土内竟有好几层人头，那些“人牲”[35]的尸体被埋在墓道或墓室附近的祭祀坑内。

对于殷代王陵区东区存在的祭祀坑（分为人坑、动物坑及器物坑三类），杨鸿勋认为是当时存在墓地祭祀仪式的证据[36]，他甚至认为，殷代王陵区已出现建于陵墓顶部并供陈设祭品之用的享堂，并以安阳小屯 M5 墓圹口上发现的殷代房基作为实例，复原了享堂建筑的原貌（图二）。杨宽反对这种说法，认为史籍所载“古不墓祭”是可信的，墓祭起源于春秋、战国时代，殷代王陵东区的这些祭祀坑是集中杀人祭祀祖先的埋葬场所，附近当有殷代王室公共祭祀祖先的祭坛[37]。杨锡璋、杨宝成等分析认为，应当承认其中有些祭祀坑确是与大墓埋葬时杀人祭祀有关，但西北冈东区应当是商王室用于祭

图二　河南安阳小屯商代 M5 地上享堂复原设想图
（引自《考古学报》1980 年第 1 期）

祀其先祖的一个公共祭祀场地[38]。对于王陵区的马坑，专家们认为属于车马殉祭制度，是当时王陵的一个重要组成部分，它奠定了我国后来帝王陵墓车马殉祭（或从葬）制度的基础[39]。

迄今经考古发掘的殷代王陵都在历史上被盗，但从残存的器物中，仍可见到其随葬品制度，包括体形巨大的青铜礼乐器、兵器、大理石雕刻、白陶器，大量的绿松石饰品、玉器、牙饰和雕骨等，这些皆为“寻常殷墓所少有”[40]，从中可窥见殷代最高统治者丧葬礼仪的繁缛与奢华。

对于西北冈九座大墓（包括未修成的一座）的墓主人，考古界多位专家做过推测。美国密歇根大学的 V・凯恩女士对每一座大墓可能属于哪一代甚至某些墓可能是属于某王做了研究。她推测，M1443 可能是盘庚的墓，M1500 可能是小乙的墓，M1001 可能是武丁的墓，M1003 可能是帝乙的墓等等[41]。杨锡璋认为，尚未完工的 M1567 是帝辛的陵墓，帝辛墓未修成即亡国身死，故没能埋入此墓内[42]。曹定云考定 M1001 墓主是为武丁[43]。张光直主张，殷代全部王陵——从盘庚至帝乙——都集中在西北冈，其中武丁、廪辛、康丁、文丁四王在东区，盘庚、小辛、小乙、祖庚、祖甲、武乙、帝乙七王在西区，而西区中之 M1001 为时代最早的盘庚之墓[44]。但杨锡璋、郑振香等以为，这批大墓中没有属于殷墟文化第一期即武丁之前的盘庚、小辛和小乙的陵墓[45]，因此，曹定云提出殷墟后冈大墓是为殷代初期的王陵[46]。

后冈遗址位于洹河南岸，西北距小屯村约 1.5 公里。这里先后发现过五座大墓和一批中、小型墓，五座大墓按其型制和大小又可以分成两个墓道的“中”字形大墓和一个墓道的“甲”字形墓两个级别，前者包括 M32、M48、M48 东和 1933 年大墓，后者为 M47。曹定云认为，武丁时期，作为礼制重要组成部分的丧葬制度正处在变化过程中，在武丁以前，王陵平面结构不作“亚”字形，而是“中”字形，如后冈大墓中规模最大的 1933 年大墓，其平面虽作“中”字形，但椁室为“亚”形，这种椁室在殷墟只有王陵才能使用，为此，它代表了殷王陵由“中”字形向“亚”字形过渡的中间形态。该墓早年已被盗，但从残存的遗物推断，其随葬品有镶金的贵重器物、完整的车具、精美的立雕石兽和大量的金铜、玉石、骨器等，丰富和精致程度并不逊于西北冈大墓。后冈作为王陵区，在盘庚、小辛、小乙看来是比较理想的，“离王宫很近，处于王宫东南洹滨之高冈上。但该地范围狭小，小乙墓已近洹河，向北没有更多的发展余地”。商王武丁是一位有作为和有远见的君主，“他把目光转向洹河北岸，看中了……西北冈，这是一片相当开阔的高地，有充分的发展余地，隔河与王宫遥遥相对，是理想的王陵区"[47]，此后包括他本人在内的历代殷商国王都埋葬到了西北冈。同时，从武丁开始，殷代王陵墓室平面也由"中"字形发展成为"亚"字形，此后并且影响了中国千余年的帝陵体制。但谷飞断定，殷墟作为都城的起始年代不是盘庚而是武丁时期，为此，殷墟不可能有盘庚等前三王的陵墓，如果去掉盘庚、小辛、小乙三王及因亡国而来不及葬入王陵区的最后一个王帝辛，殷墟应该有八个王的陵墓，而西北冈够得上帝陵规模的带四条墓道的大墓恰好是八座，这绝不是偶然的巧合，应是历史事实的再现，其中 M1001、M1550、M1400 三墓分别对应武丁、祖庚和祖甲三王，M1004、M1002、M1217、M1500 分别对应廪辛、康丁、武乙和文丁四王，M1003 和未完成的大墓 M1567 则分别对应帝乙和帝辛[48]。殷墟发现的王陵遗存和具体的殷代诸王之对应关系，可能还需要更多的资料和研究才可以有最终的结论。

（2）山东益都苏埠屯大墓

除殷墟商王王陵之外，在山东省益都县苏埠屯也发现了一批商代大墓，其中一号墓平面作"亚"字形，墓室中部有"亚"形椁室，并使用人殉和人牲[49]，与殷商王陵具有同样的制度，专家们认为此墓墓主也应是一位王一级的统治者[50]。该墓墓室呈长方形，方向北略偏西，墓口南北长 15、东西宽 10.7 米，规模小于殷墟西北冈殷王陵。墓室底南北 9.45、东西 5.9、墓深 8.25 米。东、西、南、北四条墓道中，仅南墓道底作斜坡形，底长 26.1 米，其他三条墓道与二层台相通，西、北二墓道作阶梯形（东墓道未发掘）。墓室中部用木板搭建"亚"字形椁室，椁内置棺。椁的下面铺一层木炭，用以防潮，是中国帝王陵墓室采取"炭以御湿"做法的最早实例[51]。木炭层下挖有“T”字形腰坑，坑内埋一狗和一殉人，腰坑下层还有一个大方坑，坑内也殉葬一人。椁室的西、北、东三面有熟土二层台，东、西台上都有殉葬坑，共埋殉人七个。椁室南壁外和南墓道之间埋有三层殉人，计有三十九具殉人骨架或头骨，此外，还有多具狗骨架。

该墓早年被盗，但仍出土铜钺，钺上有双面透雕作张口怒目的人面形，造型与殷墟妇好墓所出相似[52]，表明墓主人拥有特殊的权力。益都古代是薄姑氏的居住地，因此研究者推论这座大墓的主人是商代蒲姑氏国的某位国君[53]，亦即属于商代地方国王的“王陵”。苏埠屯大墓与殷墟王陵采用同样的葬制，既说明它们存有密切的丧葬文化关系，但又反映出当时薄姑国与殷商王国之间可能不存在“中央王朝——地方诸侯王国”的“封建”关系，两地王陵表现出来的规模的差异应主要是它们国力不同所导致的结果。

**2. 西周时期的王陵和国君墓**

（1）对西周王陵的探索

到20世纪末为止，西周王陵尚未被发现，但考古学者已为寻找其所在做了大量工作[54]。罗西章在扶风县黄堆乡发现过一处大型车马坑，并认为西周王陵可能位于周原。但岳连建推测，这处车马坑很可能是西周某位先公或先王墓葬的陪葬坑，提出周原距西周首都镐京达100多公里，周王死后不会葬到那么远的地方。并且他推论，周王陵可能在长安县郭杜镇附近的古毕原上。岳连建还根据已出土的商代王陵和西周诸侯王墓资料，描绘出西周王陵的大概状况：王陵应有墓上建筑；墓室四面有四条墓道；陵前设较大的车、马陪葬坑等[55]。

幸运的是，考古学者已发现了燕国、虢国、晋国、卫国、强国、应国等一批西周时期的诸侯国国君墓，为我们认识当时的王陵及国君墓制度提供了宝贵依据。

（2）燕国国君墓

西周初年（周武王十一年）灭商后，实行“封建亲戚、以蕃屏周”的分封国策，其中主要封国有七十一国，燕国被分封在北方，其第一代封君是为召公。1962 年，北京市文物工作队在北京市西南 43 公里处的房山县（现为房山区）琉璃河地区发现了燕国都城遗址，已发现的燕国国君墓区位于燕都城址东南部的黄土坡村西北。根据已出土的资料分析，西周早期的燕国国君墓有两种类型，一类以Ⅱ M1193 为代表，是带四条墓道的长方形土坑竖穴墓，这体现出墓主人地位的崇高和葬制的不凡，但其四条墓道不像殷王陵那样分布在墓室的四面中部，而是开挖于墓室的四角上（图三）。墓室约作南北向，椁室顶板上存有原先覆盖的帐幔一类物品的痕迹。二层台上发现有兵器矛、戈、戟、盾、甲胄等以及马器和装饰品。主墓室已被盗，但在墓室东南部出土了完整的铜罍、铜盉各一件，铜器上都有长篇铭文，为确定该墓墓主人及研究燕初史事提供了至为重要的线索[56]，铭文以“王曰大保”开头。有的专家认为，《尚书・君奭》和《史记・周本纪》讲“召公为保，周公为师”，铭文中的“大保”应是召公，该墓也许是燕国第一代国君召公的陵墓。不过，更多的专家将此墓看成是燕国第二代国君召公的儿子或孙子的墓葬[57]。另一类燕国国君墓以Ⅱ M202 为典型，也是长方形竖穴墓，有南北两条墓道，平面呈“中”字形，略作南北向；南墓道为斜坡式，北墓道是台阶式，平面为曲尺形，口部朝西。墓室中用柏木建有长方形椁室。椁内又以方木板隔出椁室和头箱两个空间，头箱主要放置随葬品。南

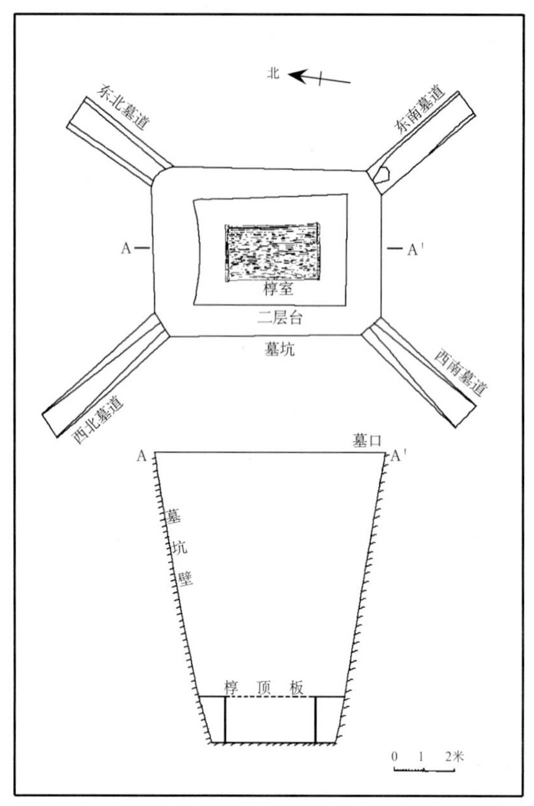


图三 北京琉璃河西周 M1193 平面及墓室剖面图
(引自《考古》1990 年第 1 期)

墓道向北 5 米多处有一小坑，内埋人头骨一具，周边放绳纹灰陶片数件，疑与建墓时举行某种仪式有关。在距北墓道约 3.5 米处发现该墓的祔葬车马坑，内埋马四十二匹、车四辆[58]。

按照殷商的王陵制度，带四条墓道的大墓，规格上要高于带两条墓道的大墓。北京琉璃河遗址发现的两类燕国国君墓，第一类似应比第二类显贵，但是，前者四角开墓道的做法较为独特，与殷墟商王陵相比又有违常例。是否当时采用这种墓制时包含了一些复杂的历史因素，即既承认这位燕国国君拥有特殊地位，但又未让他完全采用和周天子完全一样的墓室四面出墓道的陵墓制度呢？如果确是这样，这位墓主人就很可能是历史地位显赫的燕国第一代国君西周太保召公。

(3) 虢国国君墓

虢国墓地发现于河南省三门峡市北郊上村岭上，南北长590、东西宽550米，墓地内墓葬总数在五百座以上，可分为八组，其中第七组（虢季组）和第八组（虢仲组）墓主身份较高，这两组位于界沟以北，形成相对独立的墓域；各组墓葬中若干中、小型墓围绕着数座大墓，具有“各以其族，聚族而葬”的特点。1956年冬至1957年春，夏鼐和安志敏先生率领黄河水库考古工作队首先揭开了虢国墓地之谜[59]。1990年初以后，河南省文物研究所等在这里又发掘了两座虢国国君墓和一批高级贵族墓，从而证明这里是一处墓葬等级齐全、墓位排列有序、独具特色且保存完好的西周晚期的大型邦国公墓。公墓者，依《周礼·春官·冢人》所说，其有一定的“兆域”和管理者（冢人），有一定的规划布局，即“先王之葬居中，以昭穆为左右，凡诸侯居左右以前，师、大夫、士居后，各以其族。凡死于兵者，不入兆域。凡有功者居前”。虢国墓地既有国君之墓，也有大量中小型墓有序地分布其间，与《周礼》所言制度相近[60]。

虢国是西周的重要封国之一，业已发现的两座虢国国君墓一为虢季墓（M2001），一为虢仲墓（M2009）。

虢季墓为一大型竖穴土坑墓，墓口南北长5.3、东西宽

3.55、深11.1米，墓室外四壁涂一层淡绿色粉饰。墓室底部建木椁，椁室内置两层套棺，在外棺上还放置有一个约呈长方形的木质框架形棺罩，棺罩上蒙以荒帷，且缀以小铜铃、铜鱼、陶珠和石贝等饰物。外棺周围等距离分布着十二个铜质棺环，外棺盖和内棺盖上各覆盖有织成的棺衣，棺衣上彩绘图案。墓中随葬品十分丰富，共出土器物五千二百九十三件（颗），以质地分有铜、金、铁、玉、石、玛瑙、料、陶、骨、角、牙、皮革、蚌、木竹、苇、草、麻、丝帛等十九类。其中青铜器和玉器占总量的百分之九十以上。青铜器共有二千四百八十七件，玉器九百六十七件（颗）。铜礼器鼎、鬲等有五十八件，在基本组合上为七鼎六簋。青铜礼器及青铜乐器（编钟等）中不少铸有“虢季”等铭文字样，为确定墓主身份提供了直接证物。虢季墓中出土的玉柄铁剑、铜内铁戈属人工冶铁制品，为迄今所知我国人工冶铁的最早实例。该墓出土的七璜联珠组合玉佩，出土时挂于墓主颈上而达于腹下，这种多璜组玉佩是国君与高级贵族区别贵贱、身份的标志之一，对研究西周礼玉制度有重要价值。出土殓玉中的一组缀玉幎目，是由十四件仿人面部特征的片饰与四十四件作三角形、三叉形、梯形或不规则形的片饰连缀于布帛而组成，它与发现的手握玉、口琀玉、脚趾夹玉和踏玉以及置放于墓主身体上下的玉璧等，提供了完备的西周时代国君殓玉制度的实例[61]。

虢季墓的祔葬车马坑位于该墓东侧6米处，平面作长方形，坑内葬战车十六辆，马七十多匹，体现出当时国君生前死后独占的军事权力。

在虢季墓的东侧，发现了虢季夫人梁姬墓，其墓葬结构、墓坑壁处理方式、葬具等都类同于国君墓，唯随葬品数量较少，其中青铜器有三百九十四件，礼器中五鼎四簋的基本组合比虢季墓礼降一等，多璜联珠组玉佩也比虢季少二璜，其五璜与五鼎的配置关系反映出当时玉礼器和青铜礼器之间的对应关系。另外，虢季夫人墓的祔葬车马坑中埋有大约十九辆车和多匹马，但她的墓内未发现兵器[62]，在随葬品上体现了墓主人的性别特征。

虢仲墓（M2009）为九鼎大墓，是迄今上村岭虢国墓地考古发掘清理出的规模最大、规格最高、出土文物数量最多的一座国君墓葬。许永生推断其埋葬年代在周宣王时期[63]。该墓形制为长方形竖穴土坑墓，呈南北方向，墓底南北长6、东西宽4.62～4.92米，墓底距今地表深19.3米，墓坑四壁也涂有一种淡绿色颜料。葬具为单椁重棺，外施大型棺罩。墓中陪葬品达三千六百多件（套），在二百多件大型青铜器中，多铸有“虢仲作器”等铭文，其中陪葬的乐器有四套，甬编钟和钮编钟各一套、石磬两套、铜铙一件，均为实用乐器。墓中出土四件铁刃铜器，一为铜内铁援戈，一为铜骹铁叶矛，还有铜銎铁锛和铜柄铁削，它们一件为人工冶铁，三件为陨铁制品，与虢季墓中出土的两件冶铁制品，同为中国考古学和冶金史中非常重要的实物资料。墓中出土的七百二十四件（组）玉器也极其精美，除礼器琮、璧、圭等以外，其仿生动物尤其可爱，有玉鹿、玉虎、玉龙、玉猴、玉蜘蛛、玉蜻蜓等。出土的玉遣册上有用毛笔书写的“南仲”字样，内容还涉及送葬者的姓名与所送物品的名称、数量等[64]，对研究早期书法艺术和国君丧葬礼仪中的遣策、书赗制度[65]有特殊价值。

（4）晋国国君墓

晋国晋侯墓地位于山西曲沃县北赵村西南，墓地东西长约

150、南北宽约130米，南北均有一道壕沟[66]。从1992年至1994年，北京大学考古系与山西省考古研究所合作连续在此做了五次发掘，共发现大墓十七座，它们分为北、南两排，北排四组，南排三组，北排与南排之间西端一组。有多位专家对晋侯墓地各墓墓主人的身份做了研究。李伯谦提出，除南排最西面一组为一位晋侯和两位夫人外，其余各组均为一位晋侯和一位夫人，每位国君和国君夫人墓都两两相对并穴成组合葬，方向皆为坐北向南（稍偏西），墓葬的时代约由西周中期早段至春秋初年[67]。邹衡、马承源、裘锡圭、李学勤、张长寿、徐天进、孙华等对部分墓的墓主人有不同意见[68]。依发掘人员研究，《史记·晋世家》载，晋自西周初年叔虞始封于“唐”，至晋文侯，共历十一侯，晋侯墓地发现的时代最早一组的晋侯墓已当穆王之世。所以，唐叔虞和晋侯燮父两代晋侯应排除在墓地之外，另第四代侯殇叔为文侯所杀，属非正当死亡，未必能入此“兆域”。这样，所余八代晋侯恰好与这里发现的八组大墓相对应，根据各墓出土遗物的时间排列，《史记·晋世家》所载晋侯与发现的八组大墓（晋侯和晋侯夫人墓及各祔葬车马坑）的对应关系为：

M9、M13——晋武侯（宁族）及其夫人墓——M7、M6、K3晋成侯（服人）及其夫人墓——M33、M32、K2——（僰马）晋厉侯（福）及其夫人墓——M91、M92——（喜父）晋靖侯（宜臼）及其夫人墓——M1、M2、K6——（?）晋釐侯（司徒，公元前841～前822年在位）及其夫人墓——M8、M31、K1——（苏）晋献侯（苏、籍，公元前822年～前811年在位）及其夫人墓——M64、M62、K5——（邦父）晋穆侯（费王，公元前811～前784年在位）及其夫人墓——M93、

M63、K4，另有M102（为妾属或另一位夫人墓）——晋文侯（仇，公元前780～前745年在位）及其夫人墓。对这一研究结论，李伯谦先生也基本表示赞同。

北赵晋侯墓地是迄今所知保存最为完好、并给予全面揭露的一处西周中期至春秋初年诸侯国国君的公墓区，而且属于晋侯及夫人专用的墓葬区，因为墓地内除晋侯、晋侯夫人及个别附属大墓的妾属或奴婢陪葬墓外，没有发现其他墓葬。这与燕国、虢国、卫国等国的公墓区内国君墓与其他中小型墓共存的现象明显有别，而更接近殷墟殷代王陵区的做法，反映出西周时期不同诸侯王国在国君墓葬制度方面的差异。

晋侯墓地发现的十七座晋侯及晋侯夫人墓[69]可分为三种类型，最多见的是墓室南面一条墓道、平面呈“甲”字形的竖穴土圹式墓（共十四座）；其次为墓室南北各带一条墓道、平面呈“中”字形的竖穴土圹式墓（共两座，即M93、M63一组）；第三是不带墓道、平面作“口”字形的竖穴土圹式墓（仅一座，即M102，属M93、M63组）。有趣的是，“甲”字形墓的时代都在西周时期范围内，而“中”字形和“口”字形墓的时代已进入春秋早期，特别是“中”字形晋侯墓的出现，是否因时代变迁而导致晋国国君丧葬礼制的变化，亦是今后值得注意的问题。这批墓葬的墓道除M93北墓道为台阶斜坡式外，其他都是斜坡式。墓室平面皆为长方形，长、宽、深度一般相差不大，大约在4.08～6.66×3.8～5.6×4.77～8.4米的变动范围内。墓室内皆有木质棺、椁，以一椁双棺为主，棺、椁外常有装饰用具，椁外为“荒帷饰物”，如铜铃、铜鱼、石鱼、蚌贝等，棺外有棺罩及“饰棺之翣”[70]，与之相关的出土品有石圭、铜鱼、石鱼等。但这些棺、椁装饰用具似乎早期较少使用，越到后来越受到重视。早期晋侯墓棺椁外不见积石积炭（如 M9、M13）或仅在椁下铺一层木炭（如 M7），西周后期逐渐发展到椁外积炭（如 M91、M92），到西周晚期至春秋初年出现了积石积炭墓（如 M64、M93）。此外，晚期墓的南墓道内或墓道附近会设祭祀坑，内葬殉马，这些反映了晋国国君墓墓葬制度因时变化的一些特征。另除 M9、M13 未见祔葬车马坑外，其他每组墓的东侧都有车马坑，在 M31、M8 组及其祔葬车马坑之上及旁边还有八座祭祀坑。

各晋侯墓随葬品一般都包括青铜礼器（鼎、簋等）、青铜或石制的乐器（编钟、编磬等）、青铜或玉石制的武器（戈、矛等）、玉石器（玉圭、柄形器、象生动物、组玉佩等）、车马器、陶器等。用鼎制度，有的是五鼎四簋（如 M8、M64），也有的是七鼎五簋（如 M91）。由于部分墓在考古发掘之前已被盗，所以，每类随葬品的具体组合已难获得全面而真实的再现。随葬品的摆放位置基本较为统一，棺椁之间即椁室内放青铜礼器、铜、石乐器、车马器（部分墓将车马器放椁盖上或墓道内）、武器、陶器、原始青瓷器、漆器或部分玉器等，凡精美的玉质佩饰、柄形器、黄金带饰等都置于棺内。在墓主人的面部还有使用“缀玉覆面”的礼俗（如 M91、M92、M62、M93 等），但这种葬俗似乎是在晋侯墓地的中期以后更为流行。据《仪礼·大丧礼》记载，这种缀玉覆面又叫“幎目”。晋侯墓使用的“荒帷”、“幎目”等制也见于西周虢国国君墓。

（5）强国国君墓

燕、虢、晋等西周初年分封的诸侯王国于史有征，其国君墓葬制度应具有典型意义。此外，考古学者还发现了一些史籍失载的方国国君墓，为研究西周时期不同政治级别和不同地域及不同文化传统的国君墓制度提供了丰富的资料。陕西宝鸡市区渭水南北两岸的茹家庄、竹园沟和纸坊头等地曾发现一批西周时期強国贵族的墓葬、车马坑和马坑[71]。据研究，其中有四座墓属于国君之墓，它们的世系或时代关系为：纸坊头強伯墓（BZFM1，约周文王晚期、武王、成王时期）→竹园沟BZM13（约周成王后期、康王时期）→竹园沟BZM7，墓主伯各（约周康王后期、昭王前期）→茹家庄強伯墓（BRM1，约周昭王晚期、穆王之时）。強国是西周时期畿内重要方国之一，史籍失载。从出土文物分析，该国与矢国、丰国、夔国包括当时的巴蜀地区的方国都有密切关系，因此这批国君墓的发现具有多方面的学术价值。这四座強国国君墓由于埋葬时间不同或各国君所处历史背景的差异，在墓葬形制保持大体一致的基础上，又各有特点，其中约为西周中期穆王之时的茹家庄強伯墓（BRM1）较为典型。该墓是一座平面呈“甲”字形的土坑竖穴墓，在其东侧有一座形制相似的井姬墓（BRM2），应为该国君夫人墓。墓室南部带一条斜坡形墓道，从规模上看，比北赵晋侯墓稍大。墓室内沿墓壁有生土台阶一周，生土台阶与椁室之间造活土二层台，墓道口及活土二层台上埋七具殉人骨架。从殉者身份分析，他们中有守门的阍者，有赶车的舆者，有护卫的壮士，也有供驱使的儿童。墓室中部设长方形木结构椁室，椁内用一道隔墙将椁室分成东、西两室，墓主居东室，用双层棺，殉妾居西室，为单层棺，棺木上皆彩绘云纹。椁室东侧有一器物坑，用以放置各种陶罐。椁底挖长方形腰坑，坑内殉一狗，这一做法与殷商墓葬类同。椁盖四角发现四块卵石块。墓主人随葬品包括铜器、玉器、原始瓷器、陶器、车马器等，二层台和东室椁盖及外棺盖上放车马器，青铜器、原始瓷器等放在棺椁之间，属于东室的有八鼎五簋以及甗、鬲、豆、尊、爵、斗、盘、编钟等青铜礼、乐、兵器，其中的旄是体现墓主“国王”身份的重要物证[72]。属西室所有的青铜器也有五鼎四簋等。东、西棺内都随葬大量玉器。椁、棺内随葬品的摆放位置与晋侯及晋侯夫人墓相似，但没有发现使用诸如装饰椁棺的“荒帷”和标志墓主人特殊身份的“缀玉覆面”之类的丧葬仪制。在強伯墓北 20 多米处发现两座车马坑和一座马坑，其中两座车马坑内各埋有六匹马和三辆车。国王墓祔葬车马坑显然是当时各方国普遍流行的做法。

## （三）东周列国王陵的调查与发掘

东周列国国王之陵墓的考古工作主要是在 1949 年新中国建立以后开展的，目前有关秦国、晋国、虢国、吴国、越国、蔡国、赵国、魏国、中山国、齐国、燕国、曾国、楚国等诸国的王陵考古都取得了重要的收获，为中国帝王陵的研究提供了十分丰富的资料。

### 1. 秦国国君陵墓考古

东周时期是中国王陵制度在列国呈多元发展并逐步整合形成较为成熟的帝王陵寝制度的重要时期。而在这一时期的王陵考古中，又以秦国王陵考古工作最为系统和最为出色。至 20 世纪末为止，已发现了秦国从春秋初年到战国末年的甘肃礼县大堡子山原秦都西垂（犬丘）西山陵区、陕西凤翔县原秦都雍城陵区、陕西临潼县原秦都咸阳芷阳陵区等。

1976 年夏秋时节，陕西省考古学者在凤翔西北灵山一带勘探秦陵，但未获发现。后在当地村民的帮助下，改于凤翔南指挥大队七队三畤原一带钻探，结果一举取得突破，发现了后来编号为1号秦公陵园的一号大墓。从1977年1月至1980年5月，陕西省雍城考古队对秦陵区进行全面钻探，发现了十三座陵园共三十二座大型陵墓，并对其中两座陵园的隍壕（兆沟）设施做了发掘[73]。次后，1985年10月至1986年2月，韩伟、焦南峰等再次对雍城秦陵区进行钻探、试掘，使发现的大墓数量增加到四十三座，探明十座陵园的隍壕（兆沟），另三座陵园的隍壕（兆沟）也找到了线索[74]。1986年春天，陕西临潼县文管会根据文物普查中得到的线索，在该县韩峪乡范家村北钻探发现了一处大型帝王陵园，后经陕西省考古研究所的进一步工作，终于认定这正是战国时期的秦国东陵所在[75]，有学者称之为秦国咸阳都城的芷阳陵区[76]。1986年9月，凤翔秦雍城陵区的秦公一号大墓发掘工作结束，为人们认识春秋中晚期之交的秦国王陵墓室结构提供了十分珍贵的资料[77]。1986年9月以后，陕西省考古研究所与临潼县文管会又联合组织勘察工作队，有目的、有计划地对秦东陵区做调查钻探工作，相继发现了第二号陵园、第三号陵园。1988年9月，陕西省考古研究所秦陵工作站又发现了第四号陵园[78]，至此，秦东陵区埋葬的秦王陵大体情况基本被摸清。

1992年至1993年，地处陇南丘陵地区的甘肃省礼县永坪乡赵坪村的大堡子山古墓群惨遭大面积盗掘，许多铸有“秦公”铭文的壶、鼎、簋、编钟等重要青铜礼器及枭形、虎形等黄金饰件流向欧、美、日本和香港古董市场。专家们根据这些流失的器物，认定它们出自西周晚期到春秋早期的秦国王墓之中。甘肃省文物考古研究所于1994年3月至11月对该墓地进行了调查钻探，共发现“中”字形大墓两座、刀形车马坑两座及一批中小型墓葬，并发掘了其中两座“中”字形大墓、一座刀形车马坑和九座中小型墓葬[79]。专家认为，这处墓地正是秦国初在西垂时的一处重要王室墓地，并称之为秦“西垂墓地”或“西山陵区”[80]。至此，考古界基本掌握了秦国在东周时期的几处重要陵墓区的科学资料，为全面研究秦国王陵制度的发展过程创造了良好的条件。

（1）礼县大堡子山秦公墓地为目前所知秦国最早陵墓区——西山陵区

大堡子山墓地位于甘肃礼县东 13 公里的一处东、西、南三面临沟的黄土梁峁上，东西长约 250、南北宽约 140 米，已发现南北并列的两座东西向中字形大墓（M2 和 M3），其南端有祔葬的两座东西向刀形车马坑（K1 和 K2），墓地的东北、北部和西部山弯还有规律地分布着约二百多座作东西方向的中小型墓。M2、M3 结构相似。M2 全长 88 米，东墓道呈斜坡状，西墓道大体作斜坡形，但有八个沟槽状台阶，墓室内设二层台，墓室底部中央有一腰坑，坑内埋殉犬、玉琮各一件。

葬具为木椁、漆棺，棺上原贴镶金箔棺饰。墓主人仰身直肢、头向西。墓内共有殉人十九，其中墓室东、北、南三面二层台上埋七人，均直肢葬，有葬具；墓室填土中埋十二人，均屈肢葬，填土中还有殉犬一只。

M3 略大于 M2，全长 115 米，斜坡式东墓道，西墓道为台阶状。墓室底部中央腰坑内亦有殉犬、玉琮各一。墓主的葬具、葬式略同于 M2。M3 及 M2 的墓室开口以上覆盖着残高不足 1 米的五花土。

已经发掘的 1 号车马坑坑内原有殉车四排，每排并列三乘，共十二乘，每车两服两骖，共四马。

戴春阳认为，这两座中字形大墓为夫妇异穴合葬墓，其中M2可能是秦襄公墓，M3则为襄公夫人墓[81]。但对大堡子山秦公大墓的主人，还有不少其他说法，如李学勤、艾兰根据他们在美国纽约所见自大堡子山秦国大墓流出海外的“秦公壶”，认为这是秦庄公之器[82]；韩伟分析了他在法国见到的推测为棺上贴镶的金饰片（发掘证实大堡子山2号大墓漆棺上确镶这类金饰片）材料，认为大堡子山大墓的主人可能是秦仲、庄公[83]；李朝远依上海博物馆从香港抢救购回的属于大堡子山大墓随葬品的秦公鼎、秦公簋等，认为墓主为秦襄公、秦文公[84]；卢连成推论墓主是秦宪公[85]；王辉等认为是秦襄公、秦文公或仅是文公[86]；陈平说是秦文公、秦宪公或只是文公[87]；祝中熹断为秦襄公、秦文公[88]；张天恩判定M2是秦襄公墓，M3是秦文公墓，而且提出，该陵区可能还有秦宪公、静公二座大墓[89]。可见，大堡子山秦公大墓的墓主人究竟是谁的问题，还需要作进一步的考古研究才可能获得最后解决。

作为迄今发现时代最早的秦国国君墓地，西山陵区具备着鲜明的特点：第一，墓区布局与文献记载的“公墓”制度相一致，即以国君大墓为核心，旁置卿大夫级及士一级的公室贵族中小型墓（一些中、小型墓中也有殉人），类似的墓地制度也见于辛村卫国墓地、三门峡虢国墓地、应国墓地等，这表明血缘关系在秦国国君墓地的布局规划中还占有重要的位置。第二，王墓平面呈“中”字形，作东西向，即坐西朝东；墓有从葬的车马坑，这些特点与春秋时代一般诸侯国王墓类似。第三，墓室底部中央有腰坑，坑内殉犬及埋玉琮。第四，墓内有多个殉人，殉人的身份有两种，一种是在墓坑二层台上，殉葬者有葬具或还有随葬品，葬式为仰身直肢，与大墓主人同一葬式，表明其身份应与秦国统治者同族；另一种是在墓葬填土中，作屈肢式，可能属秦封国范围内的土著族人。戴春阳认为，秦公大墓中殉人之习来自东方，或与殷人葬俗有关。第五，葬具为木椁、漆棺，棺外或贴金饰；墓主人头西脚东，作仰身直肢式。第六，墓中随葬青铜器及石磬等礼乐器。第七，墓上可能有较薄的封土。

（2）凤翔秦公陵园——雍城陵区

雍城陵区与秦都雍城遗址隔雍水南北相望。陵区位于今凤翔县尹家务至宝鸡县阳平的南塬之上，东西延绵达 15 公里左右，陵区内葬有秦德公至秦出公等二十位国君。

考古学者在陵区内已探明的秦公陵园共有十三座[90]，每座陵园内都分布着数目不等的大墓与祔葬车马坑，大墓的形状有“中”字形、“甲”字形和刀形三种，车马坑有“凸”字形和“目”字形两种。在陵区外围绕以兆沟（外兆），每座陵园又有自己独立的中兆沟甚至内兆沟（图四）[91]。以下是各陵园的一般情况。

1 号陵园位于陵区中部偏北，陵园内钻探出八座大墓，其中“中”字形墓三座（M1、M3、M33），“甲”字形墓一座（M5），“凸”字形车马坑一座（M2），“目”字形车马坑三座（M4、M6、M34）。陵园周围有中兆沟，平面略作梯形。兆沟周长 2377. 5 米。南兆沟与北兆沟各有一段未挖通，成为略呈对称设置的南、北二门。根据“中”字形大墓为东周诸侯王国国君常用墓制的规律，可以推论这一陵园中至少葬有三位国君。“甲”字形墓比“中”字形墓的地位应低一等，但这四座墓都各有一座车马坑（M2、M4、M6、M34）。

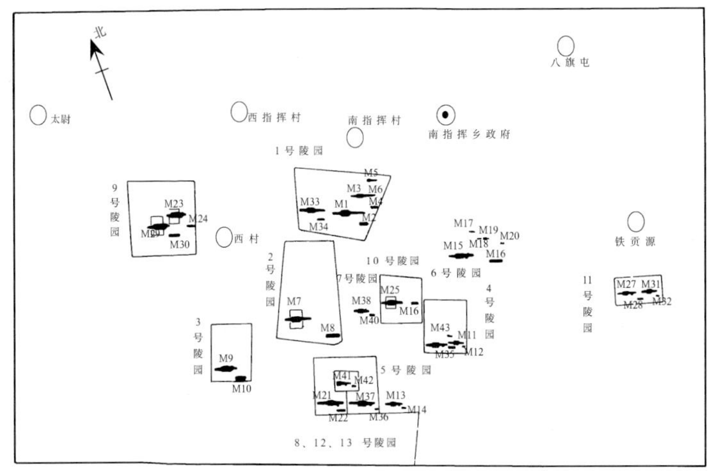


图四　陕西凤翔东周秦雍城陵区秦公陵园布局平面图

（引自《文物》1987年第5期）

2号陵园位于陵区中部，园内有一座“中”字形大墓（M7）和一座“凸”字形车马坑（M8），即葬有一位国君。陵园有中兆沟和内兆沟。陵园北门已毁，南门仍存。

3号陵园位于2号陵园的西南，其布局、结构与2号陵园十分相近，也由一座“中”字形大墓（M9）和一座“凸”字形的车马坑（M10）组成，应为某位国君的独立陵园，陵园内、外兆沟各设大约两两相对的南、北门。

4号陵园位于陵区中部，周围有长方形中兆沟构成陵园，南、北各开一门，墓葬分布在陵园的南部，共有“中”字形大墓（东墓道带耳室）二座（M35、M11）、刀形墓一座，“凸”字形和长方形车马坑各一座。

5号陵园偏陵区南部，仅有“中”字形墓一座（M13）和车马坑一座（M14）。

6 号陵园位于陵区中部，内有“中”字形墓二座（M15、M17），“甲”字形墓一座（M19），三墓又各有“目”字形车马坑一座（M16、M18、M20）。

7 号陵园位于陵区中部，东近 10 号陵园，西望 2 号陵园，内有“中”字形大墓（东墓道带耳室）一座（M39）和“目”字形车马坑一座（M40）。

8 号陵园位于陵区的最南部，与 12、13 号陵园共处一个由中兆沟围合而成且平面略呈正方形的兆域内，但 8 号陵园又有自己独立的内兆沟，其位置也在中兆沟围合空间的中部，内有一座东墓道带耳室的“中”字形大墓（M21）和一座“目”字形车马坑（M22）。

9 号陵园位于陵区的西部，由二座“中”字形大墓（M23、M29，两者东墓道均带耳室）及各自的车马坑组成，其中 M23 的车马坑为“目”字形（M24），M29 的车马坑为“凸”字形。每座“中”字形大墓的周边都有一道内兆沟，在两座大墓及车马坑的外围还有一道中兆沟。其中北兆沟中部开一门。

10 号陵园位于陵区中部略南，由一座“中”字形大墓（M25）和一座“凸”字形车马坑（M26）组成，大墓东墓道有南、北耳室，外有内兆沟，沟南北中段相对处各设一门。在大墓和车马坑外又围一中兆沟，平面呈不规则长方形，中兆沟南北中段也各有一门。

11 号陵园位于陵区东部，园内有两座“中”字形大墓（M27、M31）和两座“目”字形车马坑（M28、M32），其中一座大墓（M27）的东墓道有一耳室。陵园周围绕以长方形兆沟，其南北兆沟中段各设一门。

12号陵园位于陵园的最南部，由一座“中”字形大墓（M37）和一座“目”字形车马坑（M38）组成，大墓东墓道带一耳室，它与13号陵园和8号陵园共同拥有一平面呈正方形的中兆沟，中兆沟南北两面的中段各置一门。

13号陵园与12号陵园和8号陵园共处一中兆沟围合的空间内，并位居这一空间的中部，由一座“甲”字形大墓（M41）和一座“目”字形车马坑（M42）组成，大墓东墓道带一耳室，其陵园周围又有一道内兆沟，与中兆沟构成平面呈“回”字形的兆沟格局。13号陵园内兆沟南北中段设门，而且在内兆沟及中兆沟的南沟中部之间又有一沟相连，将12号陵园与8号陵园分开，从而使三座陵园既互为一体，又各有界隔。

综观凤翔秦公陵区的十三座陵园，可以发现这一时期秦国王陵的特点：

第一，规划有序。以兆沟作为陵区和陵园的界隔标志，如十三座陵园同在一座外兆沟内，大多各自又有自己独立的中兆沟，部分还有内兆沟，在兆沟围合的陵园空间内，一般都在南北兆沟中段设门。从目前材料分析，早期的王陵似位于陵区中部略北（如内有秦公一号大墓即秦景公墓的1号陵园位于陵区中部偏北处），如果以东方为王陵正向，那么，早期的王陵则地处陵区偏左位置。

第二，每座王陵几乎都有一座“目”字形或“凸”字形车马坑，车马坑位于东墓道即主墓道的右侧。

第三，早期多位国君葬于一座陵园内，后渐流行两位国君或一位国君一座陵园；早期秦国君陵园中（1、2号陵园）还埋有部分小型墓，这似乎保留了秦西山陵区的传统，即国君墓仍具有一定的“公墓”性质，国王独立墓地尚不成熟，而后来则变为完全独立的国王陵园，其他中小型墓一般不再出现于王陵陵园之中，这反映了秦国陵墓制度和政权制度演变的特征之一。

第四，各陵墓大多有东西两条墓道，平面呈“中”字形，这与西山陵区秦公葬制是一脉相承的，但未即位的太子可能只有一条墓道，平面呈“甲”字形或刀形。无论是“中”字形还是“甲”字形墓，都以东为主向，即以东墓道为主墓道。有内兆沟的大墓，东、西墓道都伸出东、西两面兆沟。早期东墓道无耳室，晚期增加耳室。我们推测，兆沟南、北门是陵园拜谒者、日常管理者进出之道，而墓道在东、西两面伸出兆沟，意为亡灵进出之道，其中又以东墓道为亡灵“进出”主道（用于出行的车马具也在东墓道右侧）。

第五，凡“中”字形大墓即王陵，在墓上都有祭享类建筑物，而“甲”字形、刀形墓都无这类建筑。考古人员对 12 号陵园的 M37 墓上建筑遗迹做过清理，发现其沿墓口外侧并向东西墓道各延伸 19 米，且有一排散水石，建筑遗迹整体平面呈“中”字形，在散水石中部即墓室正中之上，有一东西长 23. 8、南北宽 16 米的黄土夯筑的墙基，夯土墙基围合的范围正中，又有一夯土构筑的长方形封闭空间，长 2. 2、宽 1. 8 米，应为祭享建筑的中心部分。这一建筑的顶上覆瓦，地下埋设排水管道。墓上设祭享建筑，至少在商代已见于安阳殷王陵或王后墓。秦公墓上起造建筑的做法可能受到商代以来王陵制度的影响。

第六，秦公大墓均为竖穴土坑结构，墓室用“黄肠题凑”、积炭填青膏泥葬制，以已发掘的1号陵园内秦公一号大墓（秦景公墓）为例，墓室内有两个椁室，主椁室为“黄肠题凑”式，椁底和四壁用二层椁木，椁顶叠放三层椁木。主椁室中有一道隔墙，分为前（东）、后（西）两室，象征着国王生前宫室的“前朝后寝”之格局。在主椁室南部偏西处还有一个侧室，室东西长约6、东西宽约4米余，为放置随葬品的地方，应为外藏椁。此墓已被盗，但出土的残留物中仍有重要发现，如刻有一百八十多字的石磬对研究秦国葬制、礼乐制度和书体仍有特殊价值。在主椁室的南北两壁外侧，发现了两根“木碑”遗物，亦弥足珍贵。钻探资料显示，M1、M7、M9、M11、M13、M15、M23、M25、M27、M31等“中”字形大墓墓室都有积炭的做法。

第七，秦公墓中流行“人殉”。在秦公一号大墓椁室上部宽6米的生土台阶上共埋殉人一百六十六个，其中靠近椁室的殉人有棺有椁者七十二具（一称“箱殉”），死者均头西脚东屈肢，“箱殉”之外侧有殉人九十四具，殉人各有一薄木棺（一称“匣殉”），葬式同于“箱殉”者。反映出殉者中亦有身份的高低。

第八，每座陵园中的秦公墓多位于陵园中偏南或偏西南处。

第九，这一时期的秦国国君陵园中尚无独立的国王夫人墓出现，究竟是夫人与国君葬于同一墓室之中，还是将国君夫人葬于另一墓地，目前似尚无资料证明。

如果将秦雍城陵区与西山墓地相比较，西山陵区所见的国君用“中”字形大墓，有车马坑，车马坑居墓室之右，东墓道为主墓道，有殉人等做法均为雍城陵区所保留，西山陵区的国君墓与若干中、小型墓共存于一处陵区的现象也见于雍城陵区早期陵园（1、2 号陵园），但此后即演变为国君的独立陵园制；雍城陵区出现的兆沟、东墓道带耳室（早期陵园即 1、2 号陵园尚不见）、墓上有祭享类建筑、黄肠题凑式墓室等均为西山陵区所不见，这些当是秦国陵墓制度不断发展后的产物。

秦雍城陵区发现的十三座陵园，占地面积达到 200 万平方米，外兆沟以内的陵区范围为 21 平方公里，陵区外、中、内三类兆沟的总长度达 35 公里，构筑各类墓葬及兆沟的动土量达到 11 万立方米，这些数字直接说明了秦国王墓的营建规模之庞大。在陵区内究竟埋葬着多少位秦国国君，现学者们有大致相同的说法。根据《史记·秦本纪》资料，韩伟、焦南峰等认为，由秦德公迁雍到献公迁栎阳之间的近三百年中，在雍城享国的君主共计十九位，现已发现诸侯王级的“中”字形大墓十八座，与十九位君主数相比尚缺一座国君墓。王学理、尚志儒、呼林贵等则认为，雍城陵区中 13 号陵园的 M41（“甲”字形墓）可能是早死的秦夷公，与文献记载相比，陵区中应还有一座“中”字形大墓没有被发现。事实究竟如何，还有待将来的考古发掘给予阐明。

（3）定都咸阳及称王之后的重要陵区——芷阳东陵陵区

1986 年 3 月，陕西临潼县文物管理委员会在文物普查中于骊山西麓的原上发现一处规模较大的陵园遗址。此后，经会同陕西省考古研究所进行全面勘探，遂确认这是战国时期秦国王室陵寝遗存，并将陵园遗址定为第一号陵园[92]。有学者认为，这是战国时期秦国修建在芷阳县辖区内的东陵陵园之一[93]。当年 9 月以后，考古学者又对整个东陵区的范围、规模及各陵园的建置布局等进行调查钻探，相继发现了第二和第三号陵园[94]。1988 年 9、10 月间，陕西省考古研究所秦陵工作站在秦东陵第一号陵园西南方向又发现第四号陵园[95]。后来，王学理还将位于西安市灞桥区洪庆乡路家湾和田王村的两座高大的墓冢定为秦东陵第五号陵园[96]。各陵园大致情况如下。

第一号陵园位于骊山西麓山坡上，地势东高西低。平面呈长方形，东西长约 4000 米，南北宽 1800 米，面积 72 万平方米。陵园四面有兆沟围护，其东面兆沟为人工修建，其他三面均系利用原天然冲沟或加以人工修整而成，兆沟形制与凤翔秦雍城陵区兆沟设施相似。陵园内的主墓是两座带四条墓道的亚字形大墓（编号为 86LDM1、M2）及附属的两座从葬坑，另有两处陪葬墓区和四处地面夯土建筑台基遗存。

两座主墓南北并列，相距 40 米，皆略作东西走向（367 度），墓上残存 2～4 米高的封土，封土东西长约 250、南北宽约 150 米，表面似鱼脊形，其中 M1 墓室东西通长 220、南北通长 128 米（含墓道），墓室略呈正方形，南北 58、东西 57 米，墓室四面各有一斜坡状墓道；M2 东西通长 220、南北 137 米，墓室东西 58、南北 56 米。两墓的东墓道和北墓道各带一个耳室。M1 和 M2 西墓道以西地表各有一条长 315、宽 1.5 米的鹅卵石铺筑道路，当地村民称之为“王道”。两座从葬坑分别位于 M1 和 M2 的右上方，从钻探资料分析，从葬坑的性质应属于车马坑。

两处陪葬墓区位于陵园的南部，一在 M2 东南约 300 米处，钻探出墓葬三座；一在 M2 西南约 250 米处，钻探发现八座墓葬。

在第一号陵园内发现四处地面建筑基址（d1、d2、d3、

d4），其中一在 M1 北 40 米处（d2）；一在 M1 东 200 米处（d3）；一在 M2 南 40 米处（d1），夯土总面积约 40×100 米，砖瓦遗存随处可见；一在 M2 东约 200 米处（d4）。这四处地面建筑遗存的分布、规模似较有规律，其中 d2、d3 或属于 M1，d1、d4 则属于 M2。

第二号陵园在第一号陵园东北方向 1.5 公里处，东西长 500、南北宽 300 米，总面积 15 万平方米。陵园东、南、北三面以天然壕沟为兆沟，但东面兆沟经过人工修整，西面为天然断崖。陵园中有“中”字形大墓一座（87LDM3）、“甲”字形大墓三座（87LDM4、M5；其中 M4 是由两座“甲”字形墓合并而成的陵冢）、从葬坑一座、陪葬墓区两处以及一处地面建筑遗址。“中”字形墓与三座甲字形墓约成“品”字形排列，M3 居中，M4 在其西 140 米处，M5 在其东 130 米处。这些墓地表均有残留的墓冢。从葬坑位于 M3 正西方约 200 米处，坑内曾出土数百件铜、银质车构件和马饰，应属 M3 的从葬车马坑性质。

陪葬墓区一在 M3 北约 70 米处，已发现墓葬四座；一在 M3 西北约 350 米处，钻探发现墓葬三十一座，这批墓排列有序，墓葬形制有竖穴土坑或竖穴土洞墓及竖穴壁龛墓等。

地面建筑遗址在 M3 西面约 350 米处，遗址上堆积有大量瓦砾。

第三号陵园位于第一号陵园西北约 1500 米处，其东、南二面有人工开挖的兆沟，西、北两面系利用天然沟壑为兆沟，陵园东西长 280、南北宽 180 米。园内南部有一座东西通长 100 米的“中”字形大墓（M1），墓上封土残高 5 米。西墓道正西方向和正北面各有一座地面建筑基址。陪葬墓区在陵园东南部，已发现墓葬四座。

第四号陵园在第一号陵园西南约2500米处，四面有兆沟围护，其中北兆沟由人工开凿，另外三面兆沟系利用天然沟壑，部分兆沟保留有人工垒砌石墙壁面的遗迹。陵园东西长960、南北宽500米。陵园内有“亚”字形大墓一座（M8）、“甲”字形大墓两座（M9、M10），地面建筑遗址两处。位于陵园北部的M8坐西朝东，墓室平面近方形（56.5×55米），四面各有一条带耳室的斜坡墓道，其中东面之墓道长达152.5米。该墓地表未发现封土。原在主墓M8东、南两墓道之间和西、北两墓道之间各有地表建筑遗址一处，但现已破坏殆尽，考古人员仅调查发现部分相关的砖瓦类遗物。

第四号陵园有两座陪葬墓和一处陪葬墓区，均设于陵园南兆沟之外，其中两座陪葬墓都是“甲”字形大墓，地表残留有数米高的封土。陪葬墓区的小型墓葬至少有二十多座。

王学理将位于第四号陵园西南约5公里的两座大墓（M11、M12，在西安市灞桥区洪庆乡路家湾和田王村）定为第五号陵园。两墓封土皆呈方形覆斗状。并推论第五号陵园的墓主人可能是秦惠文王和悼武王陵。但王建新认为，这两座陵墓的封土形制与西汉陵墓相同，周围还发现大量汉代砖瓦碎片。其性质应属汉代陵墓，并推测它们为西汉汉元帝陵的陪葬墓[97]。

秦东陵各陵园的准确年代目前还在研究之中。根据现有考古资料，可知第一号陵园的时代较早，第四号陵园的时代略晚。至于各陵园所埋葬的墓主人，目前不同专家有多种说法[98]。据文献记载，葬入芷阳东陵陵区的秦国贵族包括秦始皇之前的三代国君（昭襄王、孝文王、庄襄王）、四位王后或王太后（包括宣太后、唐太后、华阳太后、帝太后）和一位太子（悼太子）[99]。

由于迄今专家所凭依据还基本限于考古调查资料，所以各陵园主墓究竟属于何人所有，目前恐一时还难有定论。不过，现有材料已经大体能够反映秦芷阳东陵陵区王陵的一些基本特点：

第一，东陵陵区保持了秦雍城陵区的一些国君墓葬制度特色，如第一至四号陵园都以兆沟作为界隔；第一号陵园中的两座“亚”字形主墓、第二号陵园中的“中”字形主墓各有一座车马从葬坑等。

第二，第一、四号陵园首次出现带四条墓道即平面呈“亚”字形的大墓，这标志着战国晚期秦国最高统治者已放弃了从西山陵区到雍城陵区一直沿用的“中”字形诸侯国国王墓葬型制，改而采用商代以来最高级别的即商王及周王所使用的“亚”字形陵墓制度，这是秦国完成从称“公”到称“王”的政治体制变革之后的重要文化标志之一。与此同时，在陵园中也出现了由“亚”字形、“中”字形、“甲”字形、“口”字形等不同型制构成的旨在反映更为复杂的国家统治阶级中不同阶层所拥有的墓葬礼制体系。

第三，从雍城陵区早期“中”字形大墓的墓道不带耳室及到晚期开始带耳室，发展到芷阳东陵陵区第一号陵园内两座“亚”字形大墓东、北两条墓道带耳室，再到第四号陵园“亚”字形大墓四条墓道都带耳室，反映出墓道带耳室现象应具有一定的陵墓制度变革的意义。

第四，秦东陵陵区除第四号陵园的“亚”字形大墓之外，其他各陵园几乎所有大墓都出现了墓上封土。考古界认为，秦国国君墓上设封土始于献公、孝公[100]。不过由于这两位秦公的陵墓遗迹尚未发现，具体封土情况不明，而秦东陵陵区目前发现的封土大墓代表了目前所知秦国国王陵墓开始出现封土的实际情况。它既印证了有关历史记载，同时也见证了秦国国王陵墓封土从无到有的发展过程。

第五，秦东陵诸陵园中主墓顶上不再如雍城陵区主墓那样出现祭享类的建筑物，而是改在主墓的旁侧建立祭享设施，而且一般都是两处建筑（第一号、三号、四号陵园主墓均有两处地面建筑遗存，但第二号陵园主墓仅有一处地面建筑遗存），东汉蔡邕在《独断》中所说“至秦始皇始出寝，起之于墓侧，故陵上称寝殿……”的制度或早在秦始皇之前的战国晚期已于秦国王陵建制中产生，并在后来一直影响到秦始皇陵及汉代帝王陵的陵寝体制[101]。与战国时期关东赵、魏、中山诸国还把祭享设施建立于墓上相比，秦国的这一做法更具创新和持久的文化意义。

（4）毕陌陵区调查与研究

先秦时期秦国国王陵墓区除了西垂、雍城、芷阳三区之外，还有平阳、栎阳及位于咸阳原上的“毕陌陵区”等。平阳、栎阳墓区尚未发现，而毕陌陵区有秦惠文王的公陵和秦悼武王的“永陵”。据王学理调查，公陵位于现咸阳原上周陵乡周陵中学之北，遗存有惠文王与惠文后两座覆斗状陵冢，南（王陵）北（后陵）相距118.5米。陵南有一处地面建筑遗迹。永陵位于西汉义陵西北、渭陵东北一带，地当今咸阳新庄、贺家与南贺村一带，目前地表已无遗迹可寻。王学理认为，秦毕陌陵区位于都城咸阳之西，而后来建于咸阳城以东芷阳县地的芷阳陵区也就有了“东陵”之称了[102]。

考古学界对东周秦国国君墓地的一系列考古活动，不仅为探讨秦国国王陵墓制度的演变以及相关丧葬礼俗和社会体制的变革提供了丰富的资料和成果，同时也为研究中国秦汉统一帝国时期帝王陵寝制度的来源及相关内涵奠立了扎实的学术基础。

**2. 东方诸国的国王陵墓考古**

东周时期，迁都洛邑的周王室渐趋衰弱，礼制松弛，东方地区诸国并起，遂出现既具共性又有各国自身特点的国王陵墓制度。迄今为止，对东方诸国国王陵墓的考古工作主要有1950年10月至1951年1月中国科学院考古研究所夏鼐、郭宝钧、苏秉琦等在河南固围村对战国时期魏国王陵的发掘[103]及该所于1957年和1962年在洛阳地区对东周王陵陵区的钻探和发现[104]；1961年至1962年河北省文物工作队孙德海等在河北易县燕下都遗址对战国燕王陵的调查勘探[105]；山东省文物工作队于1964年开始的对临淄春秋时期齐国王墓的调查和此后对王墓殉马坑的发掘[106]；河北省文物管理处于1974年11月至1978年6月对战国中山国国王陵墓的发掘[107]；20世纪80年代初河北省及邯郸市的考古人员对邯郸战国赵王陵的调查[108]，山东省文物考古研究所张学海对战国时期齐国六陵的考察[109]以及1992年罗勋章对田齐六陵的进一步考古调查勘探[110]等。这些考古工作为人们认识春秋战国时期我国不同地域王墓形制的复杂性及它们之间的相互关系，认识东方各国的国王陵墓制度演变、过程及各自的特征提供了珍贵的资料。

（1）对东周王陵的探索

公元前770年，周平王东迁洛邑。从公元前770年到公元前256年，在位周王共有22位，这些王、后应都葬于都城洛邑附近。目前，学者们将洛邑东周王陵划为三个分布区，称周山陵区、王城陵区、金村（下都）陵区[111]。

周山陵区位于东周王城西南5公里处的洛河北岸，因周陵在此而得名。陵冢位于山巅之上，共有四冢，东边三冢位置相近，作“山”字形排列。三冢以西约1公里处为第四冢，高约50米，直径约100米。据《水经注》等历史文献记载和传说资料，东边三冢为东周敬王、悼王、定王的陵墓，西边一冢为东周灵王陵墓。由于缺少进一步的考古资料，这几座周王陵的具体年代和墓室结构型制尚不清楚，目前只能推测这几座有高大封土的陵冢可能是春秋中晚期的东周王陵。

王城陵区位于东周王城的西南部和东部，前者在洛阳市九都西路一带，后者位于今洛阳中州路西工段南北两侧。中国科学院考古研究所在中州路西工段一带曾钻探发现四座大型战国墓，大墓前方和左右一带分布着车马坑、从葬坑和陪葬墓。其中一号大墓的平面呈“甲”字形，墓室近似正方形，周围填以河卵石和木炭，为积石积炭结构，斜坡墓道在墓室南侧，长达40米；墓道和墓圹壁上涂有黄、白、黑、红四种颜色，葬具周围也“积石积炭”。该墓早年被盗，残存的出土遗物中有书写“天子”二字的玉圭，因此被推测为是一座周王陵墓。

金村（下都）陵区位于汉魏故城（周下都遗址）的中北部，因1928年至1932年有八座战国大墓遭盗掘而闻名，其中大部分珍贵文物流失海外，参与文物盗卖行为的加拿大传教士怀覆光曾在《洛阳故城古墓考》等著录中记录了这批大墓的情况，如5号墓平面为“甲”字形，属积石积炭木椁墓，斜坡墓道长约76米，宽约3米；墓底铺石板，以大木构成椁室，椁室中有两重棺。该墓的车马坑出土错金银车马器等。1962年，中国科学院考古研究所洛阳工作站在金村东（汉魏故城东北角）勘探发现一座平面为“甲”字形的大墓，大墓周围有二十多座陪葬墓，也有从葬的车马坑。有学者推测，这座大墓可能是春秋晚期的周景王陵。

根据目前资料，还难以判断这些大墓是否一定就是周王陵，其平面呈“甲”字形的结构，似与周天子的身份不甚吻合（周王陵墓的墓道应为四条墓道的“亚”字形结构），是否东周时期因为周王室政治地位的衰弱，其陵墓礼制地位也会随之降低？或者到目前为止，真正的东周王陵尚未被发现？如果已发现的这批大墓确为东周周王陵墓，那么其“甲”字形平面、高大的地表封土、有陪葬墓区以及从葬车马坑、木质棺椁和“积石积炭”、彩绘墓室、使用大量精美随葬品等也许就构成了东周王陵制度的基本内涵。有关东周王陵的实际情况，还是一个有待考古界探索的问题。

（2）齐国国王陵墓制度的变化

齐国于西周初年由成王始封于薄姑（今山东省博兴县东南），公元前9世纪50年代的西周末年，齐国第七位统治者齐献公将都城从薄姑迁到临淄，从此临淄成为姜齐和田齐的国都达六百三十多年。齐国在薄姑定都时的王墓考古未见报导，而定都临淄以后的姜齐和田齐王墓都有一些重要的发现。姜齐王墓的考古工作开始于1964年对齐国临淄故城的勘探，山东省文物工作队于齐故城的大城（齐临淄都城分大城和小城两部分）内东北部河崖头村下及村西一带发现了一处西周到春秋时期的齐国贵族墓区，墓地外有淄河环绕，环境安全而静谧，墓区内勘探发现大、中型墓二十多座，有的大墓有南北墓道，规格很高[112]。从1964年冬到1976年，考古人员在该墓地西部先后挖掘了五座大墓，其中五号墓附近还发现了大型殉马坑。

五号墓平面为“甲”字形（图五），坐北朝南，墓室上部

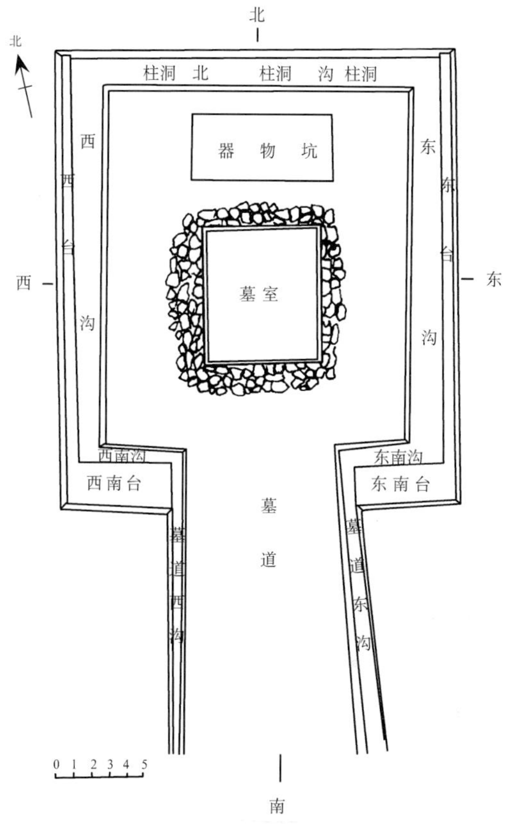


图五　山东临淄齐故城东周M5及大型殉马坑平面图
（引自《文物》1984年第9期）

早年已被破坏，现存墓口南北长 16.3、东西宽 23.35、残深 3.6 米。墓室底部作生土台状，在土台四周夯筑墓壁，南面留出斜坡式墓道。椁室开挖于墓室底部的生土台中部，椁底铺石块，椁壁亦用石块垒砌，厚达 1.5～2.5 米，石椁室南北长 7.9、东西宽 6.85、残高 2.8 米，推算石椁原深在 5 米左右。在椁室北面 2.5 米处建有专门的随葬器物库。在距椁底以上 3 米处的填土中，出土一批殉葬动物骨骼，大约有三十条狗、两头猪以及六只其他家畜家禽。

在五号墓的东、西、北三面环绕着全长约 215 米、宽 4.8 米左右的殉马坑，殉马排列自西面南端开始，由南而北、由西而东排成两列。专家推测，全部殉马总数当在六百匹以上，可装备兵车一百五十乘之多，数量惊人。考古人员分析，此墓的年代约在春秋晚期，墓主人可能是享国达五十八年的齐景公[113]。

从五号墓发掘资料可知，春秋时期姜姓齐国国君墓使用“甲”字形墓制（不排除也有使用“中”字形墓制），墓室内有石椁、器物库，填土中埋葬杀殉动物，在墓室周边设立规模庞大的殉马坑等。

战国田齐国王陵墓在临淄齐国故城的东南方泰沂山脉鲁山东北麓一带，这里有两组宏伟的封土大墓，人称“四王冢”和“二王冢”。张学海根据其“方基圆坟”的建筑特征，认为它们应是战国时期的“田齐六陵”，并推测“四王冢”的墓主人可能分别是齐威王、宣王、湣王和襄王；“二王冢”则可能是田齐的桓公陵和侯剡墓[114]。

罗勋章在 1992 年秋对田齐王陵做了进一步的考察勘探和研究[115]。调查确知，“四王冢”和“二王冢”坐落在临淄齐陵镇和青州东高镇一带，西北距齐都城遗址约8公里。“四王冢”建于山坡之上，四冢相连，东西排列；“二王冢”位于鼎足山上，气势雄伟。两组“王冢”都有台阶状的方基，台顶上筑圆形封土堆，战国时期将方、圆两种陵丘形式合于一体，作为王陵的建筑体制，目前为止仅见于田齐王陵。如果临淄齐故城大城内东北部河崖头村发现的墓区是姜齐国君公墓区，那么姜齐国君和田齐国君的陵墓在墓地布局和地表建筑上就有了截然的差异。前者还维持了强烈的“族葬”风格，国君墓和陪葬墓交杂分布在一区，墓上也未发现大型封土，而后者则突出国君个人的陵墓地位，陪葬墓区离国君陵墓有较大距离，以保证国君陵墓空间的独尊地位，地表上更是建造了高大雄伟的方基圆坟，这正反映了春秋战国时期统治贵族内部结构和政治体制的巨大变革。

“四王冢”陵区占地东西全长约700米，南北宽约245米，由西向东分别编列为第一、二、三、四冢（参见表一）。其中第一、三、四冢的北面还各有一座陪葬冢，封土形制与四王冢相同，也为“方基圆坟”式。

与“四王冢”和“二王冢”结构相同的墓葬遗迹在紧邻淄博的青州市普通镇和东高镇也有发现，现知遗迹共有三处五座大型墓葬，其中四座有台阶状方基，上起圆形封土堆，一座仅有台阶状方基。具体而言，一处在普通镇沈家营村南500米的尧山顶上，俗称“田和冢”，下为三层方形台基，边长约200米，上有长椭圆形封土。在“田和冢”南300米处有一座台阶状方基的小冢，其东南1000米处还有一座封土呈馒首状的大墓。第二处在东高镇南辛庄南200米处，西北距二王冢1600米，共有三墓，其中两墓东西并列，皆为“方基圆坟”式；

表一　　　　　　　　**临淄田齐王陵地表遗迹概览表**　　　　　　　　单位：米

| 墓例 | 全长 | 下部方基 | | | | 上部圆坟 | | 资料出处 |
|---|---|---|---|---|---|---|---|---|
| | | 层数 | 东西 | 南北 | 高 | 直径 | 高 | |
| 四王冢西起第一冢 | 东西700 南北245 | 3 | 155 | | 8.5 | 48.6 | 12.8 | 见本节注［109］ |
| 第一冢北陪葬冢 | | 3 | 118 | 118 | | | | 见本节注［108］ |
| 四王冢第二冢 | | | 138 | | 7.1 | 53 | 16 | 见本节注［109］ |
| 四王冢第三冢 | | 2 | 145 | | 3.4 | 44.7 | 14.2 | 同上 |
| 四王冢第四冢 | | 3 | 155 | | 10.3 | 44 | 14.8 | 同上 |
| “田和冢” | | 3 | 200 | 200 | 16 | 长椭圆形，长74 | 10 | 同上 |
| 南辛庄南冢东墓 | | 3 | 110 | 110 | 12.8 | 22 | 9 | 同上 |
| 南辛庄南冢西墓 | | 2 | 110 | 110 | 7.8 | 27 | 8.7 | 同上 |
| 南辛庄西南冢（点将台） | | 4 | 180 | 180 | 12 | 台上无圆坟，边长68 | | 同上 |
| 二王冢西冢 | 东西320 南北190 | 3 | 东西190 | | | | 12 | 见本节注［108］ |
| 二王冢东冢 | | | | | | | 不足12 | 见本节注［108］ |

另一墓偏西北，规模略小。第三处在东高镇南辛庄西南，西北距“四王冢”约1900米，有台阶状方基，但台上无圆坟，勘探发现台上有两座墓葬，一大一小，东西并列，较大一座的墓

室边长可能达40米左右。

罗勋章认为，“四王冢”、“二王冢”两处六座“方基圆坟”式大墓以及具有类似形制的青州普通镇“田和冢”、东高镇南辛庄、点将台等三处四座大墓计十座大墓都应是田齐国君陵墓。因为在山东临淄、青州两地，有封土的墓葬大约不下二百座，但只有六处十一座大墓的封土是方形台阶状或“方基圆坟”式（另一处是传为齐庄公的大墓，封土作方形覆斗状）。而在“四王冢”和“二王冢”周围地区共分布着四百多座墓葬，其中有封土的约三十座（含两组六座“王冢”），无封土的大墓七十四座、小墓三百余座，在有封土的二十多座大墓中，也只有六座“王冢”是“方基圆坟”式封土大墓，而且王冢附近的墓葬虽然在王陵兆域范围内，且排列有序，但它们与王冢之间却保持着清晰的隔离空间，这些都反映出方形台阶状或“方基圆坟”式封土大墓在田齐贵族墓葬体系中占有着独尊地位。他还认为，“四王冢”、“二王冢”六个封土堆，不一定是通常所认为的田齐六个国君的陵墓，目前已发现的五处方形台阶状封土大墓，每处可能只葬一位国君，至于每处有不止一个方形台阶状封土大墓，那可能是还包含了王后、夫人等成员的墓葬。他进一步指出，田齐自太公田和立为诸侯到齐王建降秦，前后一百七十三年间历经八位国王，其中有三位不应葬入田齐公墓区（田侯剡、湣王地、齐王建），剩下的只有五位国君，正好对应业已考古发现的五处有方形台阶状封土大墓的墓地，它们一处是太公田和冢（尧山）、一处可能是桓公午的陵墓（东高镇点将台大墓）、齐威王陵墓（四王冢）、齐宣王陵墓（二王冢）、齐襄王陵墓（南辛庄）。

从目前提供的考古资料可以看出，战国时期的田齐国君陵墓除了地面封土特征外，地下墓室部分可能还保持了春秋时期姜齐国君墓的一些特点，如使用石椁、墓室附近有殉马坑、随葬大量的青铜礼器等[116]。张学海、罗勋章先生既是临淄齐故城大城内姜齐国君墓的勘探、发掘者，又是田齐王陵的探索研究者，他们的种种推测性成果尽管还未得到地下考古材料的验证，但其在东周齐国陵墓制度方面所提出的诸多研究成果是十分值得重视的。

（3）燕下都战国时期燕国国君陵墓的勘察

燕国从西周初年始封，至公元前222年灭国，承延达八百多年。研究者认为，由召公奭初封的燕国，始都于今北京琉璃河故城；春秋早期燕桓侯时，由于“外迫蛮貉”，迁都临易（今河北容城）；燕襄公时，燕在齐国帮助下复国，迁都于蓟（今北京，蓟从春秋到战国一直是燕国国都，地处今河北易县的燕下都是为陪都）；春秋后期，燕文公大力营建下都（今河北易县）作为政治中心[117]。这样，燕国的国君墓地可能至少会有三处。考古界已在琉璃河故城发现了西周时期的燕君墓地，而战国时期的燕王陵墓也随着燕下都故城的勘探获得初步认识。

燕下都故城位于河北省易县城东南，城址分东西两城，该城址早在1930年已被马衡先生领导的“燕下都考古调查团”做过调查，1957年冬，河北省文管会又派员进行勘察，1958年1月，文化部文物局组织燕下都文物工作队对该遗址做全面勘察，考古人员发现，分布于燕下都东城内西北角的一批台型遗迹不是过去所认为的一般建筑基址，而可能是墓葬[118]。1961年7月至1962年底，由孙德海等组成的河北省文化局文物工作队则在详细勘探燕下都故城的考古过程中，最终确定了

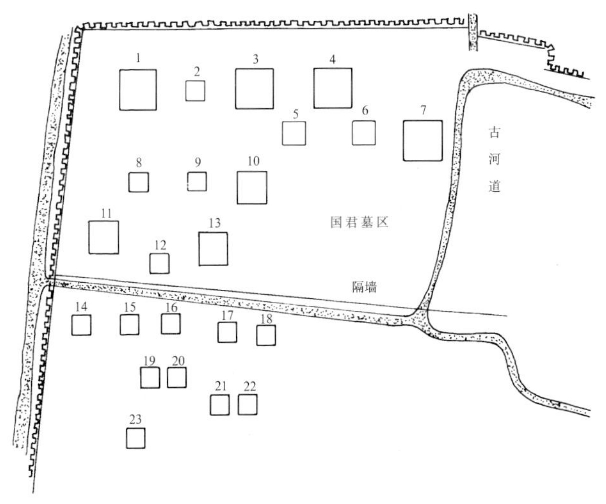


图六　河北易县燕下都虚粮冢、九女台战国燕国陵墓区墓葬分布示意图
（根据《考古学报》1965年第1期图改绘）

这一片战国时期燕君陵墓区的性质[119]。

战国燕君陵墓区位于燕下都东城城址内西北角，共有二十三座地表封土遗迹（编号为M1～M23，图六），以相传的名称“虚粮冢”和“九女台”而分成两个墓区，其中虚粮冢墓区环境较为封闭，其北、西两面为城墙，东有古河道，南有隔墙和一条古河道与九女台墓区相分离，体现了该墓区具有更强烈的隐秘性和安全性特征。该墓区有十三座墓（M1～M13），各墓均有高大的夯筑封土，封土台平面近乎方形或长方形，封土四周地面以下也有夯土遗存。这批大墓排列有序，分为南北四排，从北向南第一排四座（M1～M4），第二排（M5～M7）、三排（M8～M10）、四排（M11～M13）各三座。最北一排封土面积最大，而四排之中都是最东端的一座封土又最为高大，经对最北一排 M2 做钻探，发现其封土周围地面以下还有南北长 46、东西宽 40 米的夯土遗存；墓室建于夯土之中，平面作“甲”字形，墓口范围南北长 23、东西宽 18 米，南有长 56 米（未到头）、宽约 7 米的斜坡形墓道。

九女台墓区在虚粮冢墓区的南面，两墓区中间有夯土墙和古河道为界隔。墓区内共发现十座墓葬（编号 M14 ~ M23），皆有地面封土，大部分封土周围地面以下也有夯土遗存，墓葬排列有序，大约可分三排，最北一排五座（M14 ~ M18），又分东、西两组，西组三墓（M14 ~ M16），东组两墓（M17、M18）；第二排四墓，也分东、西两组，每组两墓（M19 ~ M22）；第三排一墓（M23），位于整个墓区的西南角。经钻探，有的墓内采用了红烧土层、木炭层、蚌壳层等防盗、防潮、防腐措施。本墓区内的 M16 已发掘，尽管这座墓规模中等，但仍然可以从中认识战国燕国国君墓制的一些特点。该墓地表上有高大的夯筑封土，平面略呈长方形，封土周边地下是大片夯土，墓室即构筑在夯土中；墓室平面作“中”字形，即有南北两条墓道，墓室为长方形竖穴式，墓口南北长 10.4、东西宽 7.7、距墓底深 7.6 米。墓室采用四壁填土夯筑，再经高温火烤使成烧土壁，以增加强度和干燥度，墓室下部用白灰掺蚌壳筑成二层台，以起到进一步加固墓壁及构建椁室的作用。此墓惜早年被盗，出土物主要是各类陶制礼器等[120]。在墓室之北 23 米的北墓道东侧，发现了该墓的长方形从葬车马坑并出土一批铜、铅质地的车马器和马车等遗物[121]。

根据现有资料，我们可以对燕下都燕国王陵制度做一分析。位于大城内西北一角的“虚粮冢”墓区可能是战国中后期的燕国国王陵区，“九女台”也是国君陵区的组成部分，即隶属于国君陵区的燕国贵族祔葬墓地。将国君陵区与王族祔葬墓地做空间上的界隔的做法，这在战国时期的齐、秦等国都可以见到。同时，将国君陵区置于都城圈内，也见于春秋时的齐国和战国时的中山等国。不过，燕下都燕国国君墓集中、成排布列的方式似有自身的特色。有专家认为，燕下都在燕昭王时获得大规模营建[122]，昭王开始的燕国五位国君（燕昭王、惠王、武成王、孝王、喜五王，除燕王喜为灭国之君外）中的四位都可能葬于燕下都，而现在“虚粮冢”十三座大墓从北到南正好分为四排，这十三座大墓依现存封土规模被分成三类，第一类六座墓（M1、M3、M4、M7、M10、M13），封土最大，长、宽约 40～55 米，高 7～15 米；第二类也是六座墓，封土堆长宽约 15～30 米，高 2～7 米；第三类仅一座（M2），其封土堆较为残损。值得注意的是，这四排大墓中的最东端一座都是封土最高大者，也是两个墓区中仅有的几座封土边长超过 50 米（除虚粮冢墓区第三排东端一墓即 M10 为 45 米 ×48 米之外）的大墓，所以，我们怀疑这四排大墓中东端第一墓是为燕王之陵，每排中的其他各墓为燕王王后或其他夫人墓。已发掘的“虚粮冢”第三排的第 8 号墓时代正属于战国中晚期[123]，也为这一推测提供了时代上的旁证。当然，最终的结论还是有待于将来发掘资料的确认。

（4）邯郸赵王陵的考古发现

河北邯郸是战国时期赵国的国都，赵王陵墓区位于国都西北丘陵地区的陈三陵、温窑一带，发现的五组墓群分别筑在五个小山头上[124]。这些陵墓都因山为基，将陵台筑于山巅，台体作长方形，南北长、东西短，最大的一座陵台南北长达 340、南北宽 216 米，台面平坦，台边约 5 米都经夯打。台上加筑平面略作长方形的墓表封土堆。这种集陵台和台上封土于一体的陵墓结构与战国田齐陵制有一定相似之处。在每座陵台的东边还建有斜坡形大路，路边也经过夯打，非常坚固，路宽都在 60 米以上，长度一般要超过百米，相当壮观。这种通向陵冢的道路依史书所言或可称“神路”或“神道”[125]。赵王陵墓中对神道建筑的重视似体现了其本身的特色。陵台上的封土墓或为一座（如陈三陵一号陵和三号陵、温窑一号陵），或为二座（如陈三陵二号陵、温窑二号陵）。有的陵台附近也筑有大墓，如陈三陵三号陵的陵台西南、西北各有一座封土大墓，台上一墓和台下二墓成“品”字形分布，台下二墓附近还分布着一些小型墓葬。在这组“品”字形的墓葬群四周造有长方形围墙，其中东墙长 496、西墙长 498、南墙长 464、北墙长 489 米（参见表二）。

**表二　　邯郸赵王陵陵台及封土、神道遗迹概况一览表**　　单位：米

| 陵号 | 陵台 | | 台上封土堆 | | 神道 | | 资料出处 |
| --- | --- | --- | --- | --- | --- | --- | --- |
| | 南北长 | 东西宽 | 底径 | 高 | 残长 | 宽 | |
| 陈三陵一号陵 | 288 | 194 | 57×47 | 15 | 246 | 61 | 见本节注［123］ |
| 陈三陵二号陵 | 242 | 182 | 南 50×42<br>北 47×43 | 12 | 85 | 63 | |
| 陈三陵三号陵　附：台西南墓；台西北墓 | 181 | 85 | 南北 66<br>东西 37 | 5.5 | 残 | 残 | |
| | | | 74×66 | 11 | | | |
| | | | 31×29 | 3.3 | | | |
| 温窑一号陵 | 340 | 216 | 49×47 | 3 | 138 | 61 | |
| 温窑二号陵 | 残长 172 | 201 | 南 39×37<br>北 43×30 | 6 | 286 | 78 | |

由上可知，战国赵王陵都位于山巅之上，每座陵墓皆建造大型长方形陵台，墓室即筑于陵台中部，每座陵的东面筑有神道，祔葬墓则布置在陵台以下附近，它们共同构成了以陵台为中心的一个陵区，有的陵区四周还建有围墙。这些大体展现了赵王陵的规制特点。在陵区内的一些中小型墓葬封土上可能还存在祭享建筑，如经考古发掘的陈三陵三号陵台下的 M1，其封土上有许多板瓦、筒瓦片，发掘者认为早年似有木构建筑。

赵王陵皆未经发掘，墓室制度不明，但三号陵台下已发掘的 M1 可以为我们认识赵王陵的墓室结构提供某些参考。其平面呈“中”字形，墓室口长 14.5、宽 12.5 米；东墓道长 33.5、口宽 7.2、底宽 5.8 米，墓道内偏西处向下挖一车马坑，坑内葬马两匹；西墓道长 28、口宽 6.8、底宽 5.8 米，近东端挖有殉葬坑，内置木椁，椁内有两棺，死者为儿童。墓室中部建内外两重椁室，内为木椁，外为石椁，椁室以外皆是夯土。

迄今所知，在文献中最早称国王墓葬为“陵”的即是赵国，《史记·赵世家》中载有公元前 335 年赵肃侯时的“起寿陵”（寿陵指君王生前为自己预筑的陵墓）。赵国从赵敬侯迁都邯郸后共传八代国君，史载赵国灭亡后赵王迁被流放房陵。所以罗平认为，现在发现的五座陵台上的七座封土大墓有可能正是赵国迁都邯郸后的七代国君的陵墓。当然也不排除陵台上两座封土墓有可能是国君夫妇墓，那么五座陵墓的墓主人就有可能分别是赵敬侯、成侯、惠文王、孝成王、悼襄王[126]。事实如何，只有等待将来通过考古发掘才可阐明。

（5）辉县固围村魏国王陵的发现

固围村位于河南省辉县城东 6 里，1950 年 10 月至 1951 年

1月，中国科学院考古研究所在这里发掘了一座战国晚期的魏国国王陵墓。墓地在固围村东1公里处，墓地范围广袤约600米，东、北、南三面都是断崖古路，中心部位高起作平台状，东西宽150、南北长135米，平台四周高起2米余，属版筑遗迹，即这是一处以岗坡为基础并给予人工建造的平面呈“回”字形的陵园。陵园中发现三座大墓，东西并列，由西向东分别命名为1号、2号、3号墓，中间一座即2号墓规模最大，是为主墓。考古人员在距1号墓西壁约5米处还发掘了两座小墓（5号、6号墓），时代亦为战国晚期[127]。参照战国中山王墓规制，2号墓可能为魏王陵墓，1、3号墓为王后墓，5、6号墓或为国王夫人墓。滕铭予认为，固围村发现的魏国王陵墓主人可能是魏惠王（公元前369年~前319年）或魏襄王（公元前318年~前296年）[128]。这处魏国王陵在1929年至1930年曾因遭大规模盗掘而受到严重破坏。尽管如此，它仍是迄今为止少有的经过全面科学发掘的一座战国王陵，相关资料弥足珍贵。

1号墓的地下部分由墓室和南、北墓道构成，其南墓道宽于墓室，北墓道与墓室同宽。墓室上口南北长18.8、东西宽17.7米；墓底南北长8、东西宽6.65米，深17.4米。南墓道长125米以上，北墓道长47米以上。墓室和墓道内近墓室约50米处都经过涂饰，在墓室、墓道上口约1米下，涂绘出不同色度的雉堞形，以喻城堡，反映出当时国君阶层“视死如视生”的丧葬观念。墓底部填砂1.8米厚，砂上铺木板，板上再铺砂0.3米，其上又铺木板一层。在墓室底部即双层地板正中建双重木椁，重椁之间也填砂。椁室内置棺，椁室四周又填砂。在南墓道口部建有放车马的木室。墓室上部经夯筑填实至地平后，于墓壁四边铺砌平面作“口”字形、宽约 1 米的石基，石基范围南北长 18. 8、东西宽 17. 7 米，与墓口同大，南面石基中部留有宽 2. 6 米的门道。石基内部留有石础，在建筑基址附近保存有大量的板瓦、筒瓦、瓦当等，依据这些遗迹遗物，发掘者推定墓室顶上原先建有瓦顶的“享堂”。考古学者还研究复原了大墓的建造过程，大体包括划地、掘坑、捶边、粉墙、奠基、井椁、埋葬、填砂、杜道、宣厩、夯土、铺石、建庙等复杂的程序。值得注意的是，在该墓的南墓道中央距北墓道 40 米处还发现被推测是当时守墓人居住的半地穴式房址一处，另在大墓的东南隅又发现两个埋玉坑，被认为是当时“墓祭”的遗存。这对认识我国王陵的墓地制度和丧葬礼仪制度都有一定的意义。

2 号墓的墓室结构比之 1 号墓要更加考究，方形圹穴口大底小，南北稍长，东西略窄，南墓道比圹穴略宽，北墓道比圹穴稍窄，圹穴内南北两面为两堵巨石砌造的垂直墙壁高 11. 59、厚约 0. 5 米，圹底平铺巨石块八层，中夹细砂，总厚约 1. 6 米；圹室东西两面和椁室东西两壁中间各砌东西向的三道短石墙，短墙中间填细砂。椁室位于圹室中心，底部用单层木枋排成厚约 0. 25 米的地板，四周是由长短木纵横叠成的厚约 1 米的墙体，顶部为纵横排列的两层木板，椁室上下四周以砂石包围。该墓与 1 号墓的最大差别是墓内用了大量的石质建筑材料，并有复杂而坚固的类似“黄肠题凑”式的椁室，这些应体现了王陵主墓的特殊地位。由于此墓被严重破坏，椁室内的木椁结构和用棺情况不明。

2 号墓的地表也有墓上建筑夯土台基遗存，台基四周围绕石子散水路面，台基上保留了少数柱础石和板瓦、筒瓦、瓦当等遗存。台基长、宽各约 25 ~ 26 米，下与墓圹填土和圹墙夯土衔接。台基周边的石子路面，边长各 29 米，由此可知 2 号墓墓上的祭享建筑规模也大于 1 号墓。

3 号墓的墓室结构亦比较复杂，墓室有人工修筑的熟土台，木构椁室四角各有一个夯筑的土墩，每个土墩中间又立有一根木柱，椁室四周填沙积沙。墓上建筑因已受到破坏而面貌不明，但从残存遗迹可以确定其形状与 1、2 号墓类同。

此外，考古学者还在固围村附近发现另外两处大墓，一处在固围村大墓南约 0.5 公里处的毡匠屯西地，该大墓规模与固围村墓相似；另一处在毡匠屯大墓西南约 0.5 公里处。由此可以推知，固围村及周边地区是战国时期魏国王陵区之所在。

傅熹年和杨鸿勋都对固围村魏国王室陵墓墓上建筑做过研究。傅熹年先生还做了原状复原想象图[129]，那是一组三间享堂并列的陵墓建筑，中间一座享堂最大，享堂基方 26 米，分为七间，两侧享堂基方 16 米左右，分为五间。这组享堂四周有围墙环绕，构成一座完整的王陵陵园。

魏国王陵在墓上建有“享堂”，其制度显然不同于齐、燕、赵诸国王陵之制。关于先秦贵族墓上的建筑是否可称“享堂”的问题曾经引起学术界的讨论。有的学者根据安阳侯家庄殷代大墓（1001 号大墓）墓上圹口以下发现砾石暗础，安阳小屯五号墓及大司空村 M11、M12、M301（或 M302、或 M307）、M311、M312 等墓圹口上出现的夯土台基及柱洞、砾石柱础等建筑遗迹，滕州前掌大商代晚期至西周早期贵族基地Ⅱ区 M205、北Ⅱ区 M203、M206、M215 墓上建筑遗迹等资料，认为很可能在奴隶制初期就产生了于陵墓地表建享堂的制度[130]。但杨宽坚持认为，古代文献中“古不墓祭”的记载是可信的，先秦时期的墓上建筑是古代陵寝之制中的“寝”，是秦汉以后陵寝制度的源头，它是墓主人灵魂起居之所，而不可能是用于祭祀的享堂[131]。先秦时期国王或相当于国王等级的墓上设立建筑，可能至少在商代已经开始。王世民认为，西周时期大墓也有地面标志，如河南浚县辛村1号墓的考古发现。不过，他又指出，辛村发现的即使是如同殷墟存在的“享堂”类建筑，但其夯高建筑基址的做法也与殷墟的同类遗存有所差异[132]。这种在墓室所处地表之上设立建筑的做法到春秋时期在秦国国君墓地也比较流行。战国时期，中山国、魏国等国国王陵墓继续保留这一制度传统，但在秦国，已经把墓上建筑移于陵冢一侧，这反映出战国时期不同国家和地域在国君陵墓制度上的差异和特色。至于这种建筑究竟是用于祭祀墓主人的“享堂”还是供墓主人灵魂起居的陵“寝”，或两者功能兼而有之，可能还值得做进一步的研究。

（6）战国中山国王墓的重大发现

1974年11月至1978年7月，河北省文物管理处发掘了平山县三汲乡境内的六座战国墓（编号为M1～M6）及其车马坑、陪葬墓等[133]。经调查，中山王陵分布于两处，一处位于中山国都城古灵寿城内西北部，这种将王陵区设于都城城垣之内的做法，与春秋时期的齐国、战国时期的燕国等相类似。还有一处中山国王陵位于古灵寿城西2公里的高地上。

位于城内的王陵区共有两座陵墓，由东向西南排列，其南一座编为M6，M6南还有三座中型墓与之呈东西排列（分别编号为M3、M4、M5），均已发掘。王陵周围有夯土墙垣环绕。局部保留下的夯筑封土残高1.7米。墓室也经夯打筑成，夯筑范围达91米。其平面作“中”字形，有南北两条墓道，总长达91米，与墓室周围的土层夯筑范围几乎相等。墓室上部长宽各为27.5、下部长宽各为25.5、底深4.6米。夯筑的墓壁外表又用泥粉刷成白色，壁上做出壁柱，东西两壁各有六个壁柱，南北两壁各有四个壁柱，构成面阔、进深均为五间的“大殿”，以象征地下宫殿。南北墓道也有上下两层壁柱，象征前后楼阁，此种做法和反映的观念与魏国王陵相似。

墓室内底部中间置椁室，在椁室两侧各设一个库室。椁壁下部凿岩而成，上部使用夯土，壁内积石、积炭。椁室内早年被盗，已基本无遗物。但椁室外东（左库）、西（右库）两库保存完整，遗物丰富，其中有一组升鼎九件，专家据此进一步肯定墓主人应是中山国王。M6的三座陪葬墓都是长方形土坑竖穴墓，在制度和规模上与国君墓形成了强烈对比。

位于都城西面2公里的一处中山王陵坐落在北高南低的台地上，后傍灵山，前瞻滹沱河，气势不凡。

国王墓（M1）居西，其东有哀后墓（M2），该墓考古发现对研究战国时期的王陵制度曾产生积极作用[134]。王墓上夯筑而成的墓丘似金字塔状，高约15米，顶部现长、宽为18米，底边东西约90米，南北约100.5米，顶部保留有“堂”、回廊等建筑基址。封土前有层层起筑的平台，大约可分五级，南北高差约7米，总长达96.6米。墓上建筑所存有墙壁、壁柱洞、地面、卵石散水、檐柱础以及板瓦、筒瓦、瓦当、瓦钉、脊饰、砖等。考古学者根据有关遗迹推知，墓丘有三层建筑，加上散水高台建筑，共四层平台，墓丘前又有五层平台，总计九层，正合九层高台之数。在墓丘前面平台最下一级底边外的中部有瓦片堆积，说明这里可能是门阙所在。哀后墓上也有类似于“王堂”的建筑基址，应属“哀后堂”遗迹。值得注

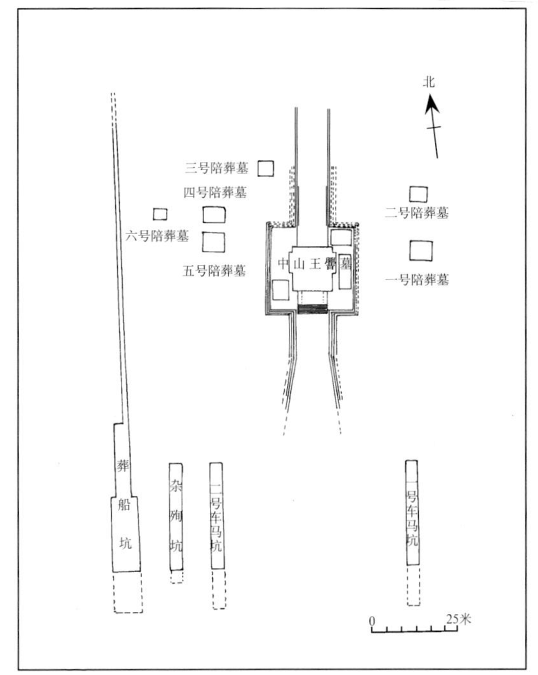


图七　河北平山战国中山王譽墓室、外藏坑及陪葬墓分布图
（引自《譽墓——战国中山国国王之墓》）

意的是，“王堂”与“哀后堂”两墓建筑用瓦有差异，王堂用大型瓦，哀后堂则用一般小瓦，这应反映了王与王后不同身份的死者在丧葬建筑礼仪方面的细部差别。

中山王墓墓室平面作“中”字形，南北各有一条墓道。墓室分地上和地下两部分，地上部分夯筑而成，高 5.6～5.7 米，其外沿部分与墓丘平台连为一体，地面以下的坑穴总深 8.2 米，自口向下 3.1 米部分是夯筑，3 米以下在岩石层中凿成。墓室内设椁室以及东、西、东北 3 座库室（外藏椁，图七）。

椁室建于墓底中部，平面呈“亚”字形。圹内四壁用石料垒砌并封盖椁室顶部，积石厚达1.5～1.87米。椁室内放置二椁二棺。根据椁室内出土的礜《兆域图》上的文字，该墓还用了“题凑”之制。东库内主要放生活用具，西库内主要放置铜、陶礼器和乐器、玉器等。依东库保存现象可知，放置随葬品时，下面铺有苇席和白麻布，随葬品上还覆盖了麻布。出土遗物中有铜器、铁器、金银器、陶器、玉石器、琉璃器、骨角器、木漆器、屏风物件、帐篷构件、乐器、车马器等，除少量为明器外，绝大多数是生前实用器。有的器物上有“涂朱”现象。

此墓椁室内虽早年遭严重盗掘，棺椁制度的详情无法得知，但室内却出土了一件极其珍贵的中山王礜《兆域图》铜版，版长94、宽48、厚约1厘米，版面用金银条、片镶嵌出一幅中山王陵园（兆域）的平面布局图。图中对陵园各建筑物的平面形状、各个部位的名称、大小间距位置等都做了文字说明，并附有中山王有关陵园建造的诏命。

《兆域图》上在陵丘之外画有“中宫垣”和“内宫垣”外、内两道围墙，可见当时国君陵园可能已有“陵宫”之称。两圈墙都在南面正中开门。内宫垣北墙上开有四门，每门对一个方100尺的庭院，分别称诏宗宫、正奎宫、执帛宫、大将宫，专家认为四宫应是陵中主持不同事务的属官所处之所。

在内宫垣之内即为墓“丘”，墓丘平面为“凸”字形，四边呈斜坡状。丘顶中央横列三座方200尺的巨大“堂”类建筑，三堂体量相近，中央一座台基稍高，用瓦稍大，是中山王礜的“堂”，两旁为王后的“堂”；两座王后“堂”外侧稍后的位置是方150尺的夫人“堂”等。根据考古发掘资料可知，

《兆域图》上的规划并未能完成，现发现的仅有中山王墓（M1）和哀后墓（M2）。傅熹年认为，王譻约葬于公元前310年左右，哀后是他的前妻，下葬时间更早，《兆域图》上其余三个墓（王后墓、夫人墓等）的墓主在王譻死时还健在，此后十余年间，赵国灭中山国，迁其王于肤施，王族及前王的遗属等可能都从行，她们死后就不可能再入葬这座陵园了，即"这幅《兆域图》实际上是一个没有能完全实现的陵园总平面规划图"[135]。但尽管如此，它仍然是迄今为止我国所知年代最早的一幅有关先秦时期国王陵墓"兆域"布局及建筑规划的设计图，对认识先秦时期国君陵墓制度及建筑面貌具有十分重要的价值。《兆域图》上所画王"堂"和考古发现的一号墓墓上建筑回廊址均呈方形，专家据此认为丘顶所建"堂"类建筑也应是正方形的，而且，王"堂"、王后"堂"建筑外形可能都作三层台榭状，两翼夫人"堂"可能是二层台榭状。整组墓上建筑轮廓方正，中轴明确，王堂居中，其余左右对称布置，建筑的高度、体量递减，做到了中心突出，主次分明[136]，尊卑有序，高低呼应，由此可以看出战国中晚期国王陵墓建筑的设计已达到较为成熟的程度。

在中山王譻墓东侧、北侧和西侧还发现了六座陪葬墓，主墓前平台东西两侧各有车马坑一座，两侧台下有杂殉坑（内葬羊、马、狗等动物）、葬船坑各一座。研究者提出，这些围绕王墓左右和后部的墓主人可能是生前居于后宫的世妇、嫔、妻、妾等，墓前设置车马坑、杂殉坑，在低下之处安排象征船行于水的葬船坑，这种埋葬布局及坑位组合即充分考虑了死者生前死后的生活追求，也为后世汉代多室墓的发展开启了设计思想上的先河[137]。

中山王兆《兆域图》铜版的出土及中山王兆墓的发掘，印证了辉县固围村魏国国王墓园布局和墓上建筑造型不是孤例。它不仅说明《周礼·春官·冢人》所载“掌公墓之地，辨其兆域而为之图”的记载有相当的历史真实性，而且也证实我国先秦时期国君或贵族墓上的“堂”类建筑至少从殷商就已开始，此后流传有绪，逐步完善，直到战国时期，终于形成如中山王兆《兆域图》铜版上所示的陵园制度。值得注意的是，这种王陵制度实际上又是先秦时期帝王陵寝制度的归纳与终结，它在战国以后即不复存在，因为由秦始皇陵开创的专制帝国的帝王陵寝制度代表着中国帝王陵寝制度的另一个新的发展阶段。

**3. 南方诸国国王墓的发现**

南方诸国主要指东周时期位于淮河流域及长江流域的有关国家。这些地区在上古时代被认为是蛮、夷之地，其国君葬制所体现出的一定的地域个性，大大丰富了先秦时期我国国君陵墓制度的内涵。

（1）黄国国君墓

黄国为周代嬴姓国，公元前648年灭于楚。1983年4月，河南信阳地区文管会等在地处淮河以南的光山县城西北宝相寺发掘了一座春秋时期夫妇合葬墓。该墓地表有高约7、8米的封土，墓平面近于“甲”字形，坐西朝东，墓室作长方形土坑竖穴状，东壁偏南设一墓道。墓口东西长7.9～9.1、南北宽12.2、深4.2米，墓壁上抹一层厚约1厘米的青膏泥，墓室填土的下部也有一层青膏泥。墓底呈两级台阶状，墓内葬两副棺椁（分别编号G1、G2），皆用二椁一棺之制。G1出土的铜器中，有十一件铸有“黄君孟”铭文，由此可知死者为黄国国君“孟”。G2出土铜器中有十四件铸有“黄子作黄夫人孟姬”铭文，说明死者是黄国国君夫人。发掘者认为，黄君孟夫妇墓的年代应是春秋早期偏晚，它为研究春秋早期淮河流域分封国君夫妇合葬墓制度提供了实例[138]。位于淮河之南的信阳市平桥西也曾出土过春秋早期的“樊君、樊夫人”合葬墓，墓底和棺上铺有木炭[139]。通过这类国君墓，我们可以了解到春秋早期淮河以南地区封立小国国君的墓葬形制、棺椁制度、随葬品组合等。以黄君孟为例，其地面高大的封土、墓室内使用青膏泥夯填，夫妇合葬、但国君夫人丧葬规格似乎比国君还高等，均体现了一定的特色。尤其是墓上封土起坟，在当时列国国君墓葬中还是值得令人注意的现象。

关于中国帝王墓上何时出现封土的问题受到诸多学者的注意。据胡方平研究，梁思永先生早在20世纪40年代已提出“殷代大墓大概原来是有坟堆”的看法。80年代，高去寻先生也持殷代墓葬已有墓冢之说[140]。但迄今为止，在有关殷代王陵的考古资料中，封土的相关内容尚未见报道。目前可知，河南省罗山县蟒张乡天湖村晚商息氏家族墓地41号墓上有残存高约0.3米的封土遗迹[141]；河南浚县辛村卫国一号墓（西周早期）墓上曾发现有厚约1.5米的夯土[142]。但直到春秋时期，在秦国、齐国、晋国等国君墓上，似乎都还没有出现真正的封土。尽管《周礼·春官·冢人》记载公墓“先王居中，以昭穆为左右，凡诸侯居左右以前，卿大夫居后，各以其族……凡有功者居前，以爵等为丘封之度，与其树数。”但韩国河依据考古资料，还是认定按墓主身份等级进行封土及封树的制度在商、西周时期并不存在，这种制度应是东周时的产物[143]。王世民也持“中国古代冢墓的普遍出现是在春秋战国之际”说[144]。黄君孟墓墓上出现高7、8米的封土，正说明春秋时期很可能是我国国君墓上出现封土制度的开始，而其早期流行地区则又可能是淮河及长江流域。

考古界普遍注意到，早在商、西周时期，长江以南地区就流行“土墩墓”葬制，高大的墓上封土直到今天还保留在江、浙等地诸多的山冈、土丘之上。而与江南接壤的淮河以南一带恰恰是目前所知最早在国君或国君级别的墓上普遍使用高大封土的地区，黄君孟墓只是其中之一。类似的实例还有安徽淮南蔡家岗赵家孤堆一号墓即战国初年的蔡侯墓[145]、河南固始侯古堆一号墓即被认为是春秋末年的宋国君之妹、嫁给吴国太子夫差的“勾吾夫人”墓，后者墓上夯筑封土高7米，直径达到55米[146]。为此，陈伟先生认为，黄君孟墓上封土的出现是我国古代北方地区“墓而不坟”的文化传统与江南地区平地起坟的土墩墓制在淮河流域交流、结合的产物[147]。如果对南方地区先秦时期的封土墓做一个系统考察，自然会得出商、周时期的封土墓的墓主人应该是贵族阶层，其中也包括少数小国首领。尤其值得一提的是，1989年9月发现于江西省新干县大洋洲乡的新干商代大墓，这座墓的时代为商代后期前段，考古学家推测墓主是赣江流域土著居民杨越民族奴隶制国家的最高统治者或其家属[148]。而这座达到国君规模的商代大墓，据彭适凡等专家调查，墓葬出土处原有一座东西长约40～50、南北宽约20～30、高5～6米的椭圆形沙土堆，后因村民历年取土，逐渐将沙土堆夷平，这才导致埋葬在沙土堆下的大墓随葬品被村民发现。新干商代大墓地表存在的沙土堆应是人工堆封而成，符合南方早期土墩墓的一般建筑特点。新干大墓的年代与安阳殷墟发现的“妇好墓”的年代相当，有意思的是，

“妇好墓”地表发现了疑为是“享堂”类的建筑遗存[149]，而新干大墓地表则出现了封土，它们分别代表着我国北方地区和南方地区在商代晚期出现的两种不同风格的贵族墓上建（构）筑物，这两种不同风格的贵族墓上建（构）筑物大约在春秋时期有互相融合的迹象，其标志之一就是墓上封土的做法在北方地区开始流行，如前文述及的春秋早期黄国国君墓上出现的高大封土。而且封土形状、规格不一，可能被赋予不同的礼制含义[150]。到战国时期，墓上封土和墓上设置“堂”类建筑即原先两种各有渊源的制度即融为一体，出现了如中山王陵、魏国王陵那样的陵上建筑制度或如秦国国君陵墓将墓上封土和陵寝建筑各自分设的做法。它们可能印证着中国帝王陵（以墓上封土为特征）、寝（以墓园建筑为特征）制度逐渐产生、演变、交流、发展直到成熟的漫长过程和不平凡的经历。至于先秦时期南、北方墓上建（构）筑物互相影响融汇的过程及细节，特别是在国家君王一级墓葬上的使用情况，还有待更多的考古材料予以揭示。

（2）蔡国国君墓的主要发现

周武王克商，封其弟叔度于蔡（今河南上蔡县）；周景王十四年（公元前531年），蔡平侯一度往新蔡（今河南新蔡县）避楚难；周敬王二十七年（公元前493年），蔡昭侯迁都州来（今安徽寿县附近，一称下蔡），历五世而亡（公元前447年国灭）。1955年5月，赵青芳等在安徽寿县县城西门内发掘了一座大型竖穴土坑墓，墓口南北长8.45、东西宽7.6米，棺木居中，棺周围距墓壁约1米处环绕放置随葬品，北面放生活用具和乐器，东、西、南三面放置兵器、车马器、贝类等，棺内出土珠、玉等佩饰。在出土的钟、鼎、簠、戈上都刻划有“蔡侯”二字。经全国学术界诸多专家的考证，大多认为这是春秋末期的蔡昭侯之墓[151]。

1958年至1959年，安徽省文物局文物工作队马道阔主持发掘了淮南蔡家岗的两座墓葬，墓上有封土，人称赵家孤堆。两座封土东、西相距约200米，南孤堆编为一号墓，北孤堆编为二号墓。一号墓封土堆残高约4、直径约24米；二号墓封土残高约1～2.4米。两墓均早期被盗，它们的形制、结构、营造方法完全相同，时代也基本一致。两墓都是平面呈“甲”字形的竖穴土坑墓，斜坡形墓道在墓坑北端，一号墓北偏东10度、二号墓北偏东1度，与寿县发现的蔡昭侯墓方向大体一致。一号墓墓口南北长5.05、东西宽4.25、深3.7米；二号墓墓口南北长5、东西宽4.13、深3.1米。在二号墓中出土了铜剑十三把，其中带“蔡侯产”铭文的有三把，所以发掘者认为蔡家岗二号墓应为蔡声侯产的墓[152]。蔡侯产卒于公元前457年，此墓应属战国初期的国君墓葬，其墓上封土形式与同时期的齐、燕、赵等国的国君陵墓封土存在明显差异。王世民认为一号墓也是蔡侯墓[153]。马道阔进一步论证一号墓可能是蔡元侯，其依据就是依《周礼·夏官·冢人》所云“先王之葬居中，以昭穆为左右”及郑玄注“昭居左，穆居右，庙位与墓位同也”。而蔡家岗二号墓在东，应为昭、为父（蔡声侯），一号墓在西，应为穆、为子（蔡元侯）[154]。此外，杨德标对在安徽舒城县九里墩发现的一座春秋末期的大墓做了比较研究，认为它在棺椁制度、遗物种类及纹饰特征和铜器铭文字体等方面都具有蔡国文化特征，尤其是在墓葬制度及青铜礼器、兵器、乐器、车马器等方面与蔡昭侯墓非常接近，证明两者都应是春秋末期的蔡侯墓，并认为舒城九里墩春秋大墓的主人可能是蔡成侯朔[155]。

（3）曾侯乙墓的惊人发现

曾侯乙墓位于湖北省随州市城关镇西北郊擂鼓墩附近（编号为擂鼓墩一号墓）[156]。这座战国早期的大墓发现于1977年9月，1978年5月开始发掘，谭维四和方酉生主持了这一重大考古项目。

该墓建造在一座小山岗上，为岩坑竖穴墓，墓坑平面呈不规则多边形，方向正南，墓口东西最长处21、南北最宽处16.5米，总面积220平方米。残存墓口最高处距墓底深11米，推测原深约在13米左右。在墓坑底部构筑木质椁室，椁由底板、墙板、盖板共一百七十一根长条方木垒成十二道墙板，将椁室分为东、北、中、西四室，每室基本独立又互相沟通，每室四壁墙上插有木钉，考古者推测这些木钉可能是用来悬挂帷幔或香囊的。椁室呈正南北向，平面作不规则的多边形。在椁的盖板上铺竹席，竹席上铺绢，绢上铺竹网。椁的四周与墓坑壁之间空隙处填以木炭，估计全墓用木炭总数在6万公斤以上。木炭之上填青膏泥，青膏泥上分层夯土，在距木椁顶2.8米时，又平铺一层大石板，石板之上继续分层填土，直至现存残墓口。此墓使用了“积石积炭”之制，符合东周时期国君葬礼之制[157]，在东周楚地墓葬中极其罕见[158]，表明墓主身份的高贵和独特。

墓的主棺置于东室中部偏西，正南北向，为双层棺，外棺为铜木结构，外表髹漆施彩，内棺是木结构，亦髹漆彩绘由龙、蛇、鸟、神等构成的繁缛花纹。内棺长2.5、头宽1.27、足宽1.25、高1.32米。

墓内有陪葬棺共二十一具，东室放八具，西室置十三具。

二十一具陪葬棺结构大体一致，但外形、纹饰、大小有异，西室陪葬棺基本上以方棺为主，纹饰是云纹和绹纹；东室陪葬棺以弧形棺占多数，纹饰多见鱼鳞纹与勾连龙纹或间以云纹。东室陪葬棺与墓主棺共在一室，棺内死者与墓主的关系当更密切，这两种造型不同的棺及其不同的纹饰是否反映出死者身份的差异颇值得注意。经鉴定墓主是一位年龄约 42 ~ 45 岁的男性，而二十一具陪葬棺内的死者都是年轻女性。在东室墓主棺旁并靠近东室通往中室的门洞处出土殉狗棺一具。

该墓的随葬品十分丰富，分青铜、漆木、铅锡、皮革、金、玉、竹、丝、麻、陶等不同质地及礼器、乐器、兵器、车马器、甲胄、生活用品、竹简等不同器类，共达一万五千四百零四件。随葬品主要放置于东室、中室、北室和墓主棺内。主棺周围有兵器、车马器（饰），两侧放衣物箱、东侧放车舆、漆豆，金器置于主棺底，主棺四周和棺盖上有玉器、角器、丝麻织品等，棺内也有玉器、珠饰、骨角饰和丝麻织品，其中出自于墓主腹部的一件四节龙凤玉佩由一块大玉料雕成四节，可以活动卷折，全器雕有七条卷龙、四只卷凤和四条蛇，雕工之奇绝，纹饰之精美，达到了惊人的程度。中室内主要存放乐器；北室放车马器及兵器；陪葬棺内也有一些玉器和漆木类随葬品。

墓内随葬品中最引人注目的是一套乐器，其中编钟一架六十五件、编磬一架三十二件以及鼓、瑟、笙等乐器，完整再现了战国早期宫廷乐队的乐器组合及乐队的基本建制。其中不仅包括几种早已失传的乐器如十弦琴、五弦琴、排箫、篪等，而且出土编钟、钟架、挂钟构件上还有大量的铭文，计达三千七百五十五字，内容大体包括铭记、标音、乐律关系三部分，它们为研究我国先秦时期音乐艺术提供了宝贵的资料，引起了国内外音乐史界广泛的关注。

此墓出土的青铜礼器、日用器、乐器、兵器中有二百零八件出现了“曾侯乙”的铭文，加之此墓的年代被考定为战国早期，因此考古学者推定墓主人是战国早期曾国国君“曾侯乙”。他们还进一步认为，今随州地区这个未见于历史文献记载的曾国，可能就是《春秋》、《左传》、《国语》等史书中提到的随国。当然对曾、随二国的关系也有一些其他不同观点[159]。但无论如何，随州出土的这座大墓为战国早期的曾国国君墓是毫无疑问的。

1981 年 7 月，在曾侯乙墓的西侧 102 米处又发现了一座大墓，即擂鼓墩二号墓，该墓亦为岩坑竖穴木椁墓，发现时墓上的封土已被推平，残存墓口近方形，东西长 7.3、宽 6.9 米。墓底填一层青膏泥，根据棺椁遗迹推论墓内为一椁、双层棺。椁内中部和东椁壁附近放置青铜礼器；近南椁壁处有编钟和编磬等；西椁壁中部放七件编钟和青铜鼓座，西椁壁偏北处和西南角主要放置车马器；东北角可能原有一镇墓兽，仅残存鹿角一对。墓内全部随葬品包括青铜礼乐器、容器、杂器、车马器、玉石器、陶器等计二千七百七十多件。其时代为战国中期，使用了诸侯级别的“九鼎八簋”葬礼。为此，有的学者认为墓主人可能是曾国的末代国君，或者是曾国国君夫人[160]。

两座曾国国君级别的大墓都修筑在山体之上，皆为岩坑竖穴式，且不使用墓道，墓上可能堆筑有封土，曾侯乙墓室内有“积石积炭”，擂鼓墩二号墓墓室则使用了青膏泥。这些都说明曾国国君既遵循着一部分传统的诸侯国君的葬制，同时还吸纳中原地区东周时期国君的丧葬礼俗，而本身似乎又体现出较为浓厚的南方方国的国君墓葬特点，这从吴越国国君墓制上也可见一斑。

（4）对吴国国君墓的考古探索

考古界对吴国国君墓的探索至少从1954年已开始。当年，江苏丹徒县农民在劳动中偶然发现一批青铜器，后经考古人员清理发掘，证实这批铜器为西周早期墓葬中的遗物[161]。该墓出土器物中最为重要的是一件带铭铜器“宜侯夨簋”，器铭中涉及周初分封宜侯夨于宜地的重要史实[162]。有学者认为，铜器中的“宜侯”就是“虞侯”，亦即吴侯，而且认为丹徒发现的这座墓葬的主人为吴国第五代国君周章，周武王时封他为虞侯，康王时又改封其为宜侯[163]。可惜的是，这座墓由于发现时已遭损毁，给后来的研究造成了一些难点。

20世纪80年代开始，由于考古界对区域文化的重视，先秦方国国君墓的研究自然也成为备受关注的问题。1990年，肖梦龙最早利用考古材料对吴国王陵区做了较为系统的探讨，提出江苏丹徒镇谏壁至大港沿江低山丘陵一带为吴国王陵区所在，并且指称考古发现的青龙山磨子顶大墓、宜侯夨墓、大港乔木山母子墩大墓[164]、大港磨盘墩大墓、背山顶吴王余眛墓[165]等可能都属于吴国国君的墓葬。他还归纳了西周到春秋时期吴国国君墓的主要特点：

第一，葬于山巅，形势雄伟开阔，寓意地位高尊。第二，采用中原地区的国君墓制，墓葬形制为带墓道的平面呈“甲”字形的竖穴墓；但也坚持南方地区土墩墓的传统，在墓上都有高大的封土。第三，墓葬都呈东西方向，一般为坐东朝西。第四，使用人殉、人祭、马牲及车马器随葬等葬仪。第五，随葬青铜礼乐器，墓中必然包含具南方土著文化风格和北方文化风格的两组器物，而且随葬的青铜礼器缺乏中原地区国君墓那种等级森严的组合规范，反映出吴国王室在文化上兼容南北、较为自由的特点。同时，在背山顶和青龙山磨子顶墓中，都出土一件其他墓中不见的青铜鸠杖，这种鸠杖可能是吴国国君拥有至高权力的象征[166]。

将吴国国君墓区定于长江南岸沿江地区的丹徒一带，这无疑与历史文献所载吴国国王墓或王室成员墓主要分布在今苏州附近之说[167]形成对比。为此，考古学者也在苏州一带开展了有关吴国王墓的调查和研究。1992 年 11 月，苏州西面的浒墅关镇境内真山主峰顶上发现一座大墓，考古人员对其进行了发掘[168]。墓穴是在山体基岩上开凿而成，墓口上有高大的封土，封土外形呈覆斗状，上为长方形平台，下为四面坡，封土顶部东西长 26、南北宽 7 米，底部东西长 70、南北宽 32 米。墓底至封土顶高 8. 3 米。墓室位于山体主峰正中，方向约坐西朝东。墓口东西长 13. 8、南北最宽 8、最高处距墓底 1. 8 米，墓坑四周凿有二层台。墓道设在墓室的东面，长 3. 6、宽 3 米。棺椁位于墓室中部，经对出土的棺椁残留漆皮作剥离分析，考古人员推断为七棺二椁[169]。棺椁放置在石块与泥土混合堆砌的棺床上。随葬品已被扰乱，发现遗物有玉石器、陶瓷器、漆皮等。其中的玉石器经复原研究，发现为春秋中晚期出现的由王侯一级贵族所使用的玉殓葬具，其主要组合包括玉面饰、珠襦、玉甲饰、阳具饰等，该墓使用了“天子棺椁七重”之制、墓上封土为目前所知江南地区规模最大者、使用珠襦玉甲[170]丧服等，为此，考古学者推论墓主人应是春秋时代的某位吴王[171]。钱公麟等甚至直接提出该墓墓主可能是春秋晚期的吴王寿梦[172]。

从江苏丹徒大港一带的吴国大墓到苏州真山大墓，无不显现出西周到春秋时期吴国国君或高级贵族墓葬的一些重要特征：葬于高山之巅；使用带墓道的“甲”字形墓制；墓上有高大的封土，从馒头形封土发展到覆斗形封土；晚期出现“珠襦玉匣”丧服等。由此也可以看出，国君墓上建大型封土的制度可能早在西周时期就于江南一带流行，春秋时期业已完成了其从馒头形封土到覆斗形封土的演变过程，吴国人当时称这种墓上封土为“丘”、为“冢”[173]。

（5）越国王陵考古

文献记载东周时期越国有三处国君墓建于今浙江绍兴地区[174]，但越王勾践因徙都琅琊而未最后完成他本人的冢墓之建设。20 世纪 60 年代，有学者曾在浙江绍兴下灶村一带调查越王夫镡墓，发现的遗迹为一处平面近似方形的石构建筑，东边长 86.5、南边长 100.1、西边长 100.5、北边长 91.5 米。调查者认为，这是一处春秋时期的越族大型石室土墩墓遗存，很可能是夫镡“若耶大冢”遗存[175]。陈元甫等经调查还认为，“若耶大冢”应该是因葬于“若耶溪”旁而得名，而古代之若耶溪，即今天的平水江，在绍兴县城东南方，即现平水江附近确实存在封土呈长方形覆斗状的特大型墓葬，它很可能就是越王夫镡之墓[176]。

20 世纪 80 年代初，考古人员在绍兴印山山顶上发现了一座封土大墓，1996 年 8 月至 1998 年 4 月，浙江省文物考古所与绍兴县文物保护管理所联合组成以陈元甫为领队的考古队，对这座大墓进行了全面发掘。结果证明，这是一座春秋末期的越王陵墓[177]。

印山位于绍兴市西南约 13 公里处，海拔 41.7 米，大墓在印山之巅，墓上堆筑东西向长方形覆斗状封土，封土底部东西长 72、南北宽 36 米，中心最高处 9.8 米。该墓是一座设有墓道的“甲”字形竖穴岩坑墓，墓向朝东，现存墓坑坑口东西长 46、南北最宽处 19 米，坑深 12.4 米，坑底东西长 40、南北宽 12 米左右。墓道位于墓坑东侧正中，全长 54、开口宽 6.5～14、底宽 3.4～8.7 米。墓坑底部铺垫厚 1.6～1.65 米的木炭，在炭层上构建墓室。墓室建于墓坑正中，平面呈与墓坑走向一致的东西向长条形。墓室结构极为奇特，南北两侧用斜立的髹漆枋木于顶端相互支撑而成，构成横断面呈等腰三角形的人字坡状长隧道形墓室，墓室内分前、中、后三室，各室间以门槛、门梁和门板相隔。中室放置一具巨大的独木棺，棺用整块圆木对剖挖空而成，一半作棺身，一半作棺盖，棺身、棺盖内外髹黑漆。墓室东端连接东西向的长条形甬道，甬道用材、构建方法和造型结构与墓室相似。在墓室顶上和两侧，覆盖了约一百四十层树皮，树皮之上又铺设木炭一层，与底部木炭连成一体，将整个木构墓室包裹于其间。经考古专家估计，整个墓坑内使用木炭总量达到 1400 立方米左右。在木炭层之上，再夯填厚达 6～8 米的青膏泥（图八）。木炭、树皮、青膏泥等材料对墓室都能起到吸水防潮、隔水防渗的作用。

可惜的是，这座大墓的随葬品早已被盗一空，仅残存玉器、石器、漆木器和残陶器等四十一件，且大部分都出土于中室内。

在印山山脚周围设有人工挖掘而成的隍壕（兆沟），将大墓围护于其中，其平面呈南北向长方形，南北长 320、东西宽 265 米。每面隍壕（兆沟）正中都有一个宽 40～60 米的通道。由隍壕（兆沟）围合的陵园面积达 8.5 万平方米。

发掘者认为，印山大墓是《越绝书》上所记载的埋葬越王

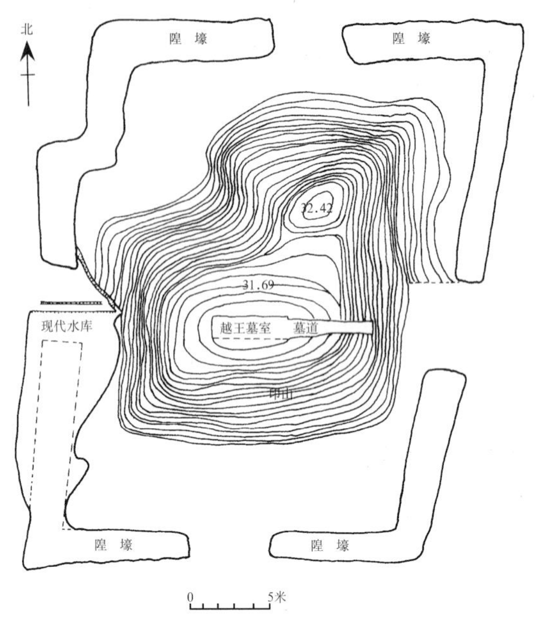


图八 浙江绍兴印山春秋末期越王陵四周隍壕平面结构图

允常的“木客大冢”，允常死于公元前497年，时属春秋末期。其奇特的木构墓室与传统越墓——石室土墩墓的石室形态极为相似，两者具有一定的可比性。同时，其在大墓周围设置隍壕（兆沟）的做法可能受到关中地区秦公陵园制度的影响[178]。

印山大墓作为春秋末年的越国王陵，其陵墓建于自然山体的顶部、采用“甲”字形岩坑墓制、墓向坐西朝东、墓上有高大的覆斗形封土等与苏州发现的疑为春秋晚期的吴国王陵具有更多的一致性，它们共同构成了东周时期南方吴、越地区国君墓葬制度的基本特征。至于其使用立面呈人字形两面坡式、横截面为等腰三角形的木构墓室与甬道、使用独木棺具等则体现了越国王陵的强烈个性。其墓室内使用“积炭”，墓园周围设置“隍壕”（兆沟）等做法，很可能是受中原及关中诸国国王陵墓制度影响后的产物，而墓内夯填大量青膏泥似又有楚地墓葬的技术风格。

（6）楚国国王陵墓的考古发现

楚国是东周时期的南方大国。立国以后，其政治中心曾先后位于丹阳、鄂、郢、鄀、陈、寿春等处，历代楚王墓的分布也因此不止一地。到20世纪末，湖北、湖南、河南、安徽等省的考古学者挖掘的楚墓达到六千座以上，但其中大体上能肯定属于楚王墓的才不过两座，它们一是1933年被盗掘的安徽寿县朱家集楚王墓[179]，一是1981年在河南淮阳发掘的疑为楚顷襄王墓的马鞍冢南冢[180]。此外，据湖北省文物考古学者的调查和研究，认为在江陵楚都纪南城城址四周数十公里范围内，分布着大量的地表有封土的楚国贵族墓，它们其中有的封土规模甚大，封土直径达到80～90、高7～8米以上，个别的直径超过100米，高10米以上，而且这些超大型的封土墓或耸立于某个山冈之上，或平地突兀独尊。为此，郭德维曾提出楚王墓的一些特点：有高大封土堆（直径在90米左右），或有陪葬冢，或为特大型孤冢；墓道为一条或两条；木椁长宽10米以上，分为九室；随葬青铜重礼器、数套编钟、编镈、编磬等各类乐器和其他各类贵重物品（如竹简、金器、玉器、漆木器、兵器）等；设车马坑，有从葬坑及殉人等[181]。这些见解为今后开展东周楚王陵墓考古提供了重要的参考。

第一座楚王陵墓的发现始于1933年夏天，但令人遗憾的是，那是一次严重的盗墓事件。当时，安徽寿县东乡45里的朱家集之李三孤堆（墓地现属安徽长丰县）被盗挖，出土文物四千多件，消息一时惊动中外。1934 年 11 月，“中央研究院”历史语言研究所委派李景聃、王湘前去调查被盗大墓[182]。李三孤堆实际是一座封土大墓，封土范围广约 300 米，高出地面约 2 米。墓室以巨木构成，主室四周围以头箱、足箱、边箱等。经诸多专家对出土青铜器铭文的研究，基本认定这是战国晚期楚幽王的陵墓。1981 年 4 月，李德文等对该墓又进行了一次勘探，确认其封土直径约 200 米，墓葬平面呈“甲”字形，在墓坑东面正中有一条墓道。墓口近正方形，东西长 41. 2、南北宽 40. 2 米。墓口以下分九级台阶，逐层内收[183]。郭德维研究认为，这座楚王墓可能有两条墓道，整个椁室长 11 ~13、宽 10 ~12 米左右，内分九室[184]。李德文认为，“九”为极数，楚幽王墓坑台阶分九级、椁内分九室，这种王墓制度和天子“九鼎”之制正相呼应。此说能否成立，可能还有待更多的材料给予验证。

1981 年春至 1983 年底，河南省文物研究所和周口地区文化局考古人员在淮阳县城东南 5 公里的瓦房庄村西发掘了两座大型楚墓。两座墓冢南北相连，人称“马鞍冢”，每个冢下各有一座大型土坑竖穴墓，冢西又各有一座车马葬坑。北冢封土高约 4 米，墓平面为“甲”字形，墓向东（方向 104 度），墓室夯筑而成，平面近正方形，东西长 16. 6、南北宽 15. 3 米，从上到下有七层台阶。冢西设一座车马坑，坑内埋葬八辆车、二十四匹殉马、两只狗，坑内西北角还随葬一批陶制明器，有鼎、敦、壶、钫、盒等。南冢残存封土高约 2 米，墓平面为“中”字形，墓向东（方向 100 度），墓室亦系夯筑，墓室东西长 14. 5、南北宽 13. 48 米，有五个台阶。墓室东、西两面各有一条斜坡墓道。南冢西面也有一座车马坑，坑内埋车二十三辆，泥马二十多匹，旌旗六面。两墓均于早年被盗，但车马坑内出土的三十一辆车种类很多，包括战车、安车、乘坐游戏的小轮车等，对研究战国时期楚国的车制颇有意义。

主持发掘的曹桂岑等根据墓中出土陶器的时代特征，确认这两座大墓为楚都陈时期（公元前 278 年楚都陈，在陈三十八年）的墓葬，其中的南冢平面为“中”字形，这在商代是仅次于殷王“亚”字形墓的墓葬规格，西周至战国时期，陕西凤翔秦国国君墓、辉县固围村魏国国君墓等都使用“中”字形墓制，可见，淮阳马鞍冢南冢的墓主人应当是某位楚王，而北冢则是南冢的陪葬墓[185]。曾参加过马鞍冢楚墓发掘的马全经过对考古资料的比较，认为马鞍冢南冢墓主的身份高于淅川下寺二号墓的楚令尹、上村岭 1052 号墓的虢国太子和浚县辛村一号墓的卫侯，墓主人应是一位楚国国君，而且是死于公元前 263 年的楚顷襄王[186]。

不过，尽管专家们认定淮阳马鞍冢南冢是为战国晚期楚王陵墓，但也不能不看到，虽然它的“中”字形墓制的地位要高于北冢“甲”字形墓制，然而其车马坑内埋葬的都不是如同北冢那样的杀殉的活马；墓坑的规模也比北冢略小，墓坑台阶仅有五层，少于北冢的七层；残存的封土高度也低于北冢。对这些现象，我们只能推测，也许楚顷襄王时期，楚国已处于风雨飘摇阶段，顷襄王长期面临秦国大兵压境。《史记·楚世家》载顷襄王“十九年（公元前 280 年），秦伐楚，楚军败，割上庸、汉北地予秦；二十年，秦将白起拔我西陵；二十一年，秦将白起遂拔我郢，烧先王墓夷陵。楚襄王兵散，遂不复战，东北保于陈城。”此后秦人先后攻取楚之巫、黔中郡，二十七年，襄王入太子为质于秦，直至三十六年（公元前263年）时病故。因此，河南淮阳马鞍冢楚墓虽然是一座战国晚期的楚王墓，但由于当时处于特定的历史时期，其墓葬规模、丧葬制度等可能还不足以反映战国时期楚王陵墓的真正水平和制度内涵。

## 注　释

［1］贾兰坡《中国大陆上的远古居民》，天津人民出版社1978年版；吴新智《周口店山顶洞人化石的研究》，《古脊椎动物与古人类》1961年第3期。另见王仲殊《中国古代墓葬概说》，《考古》1981年第5期。

［2］濮阳市文物管理委员会等《河南濮阳市西水坡遗址发掘简报》，《文物》1988年第3期。

［3］濮阳市西水坡遗址考古队《1988年河南濮阳西水坡遗址发掘简报》，《考古》1989年第12期。

［4］冯时《河南濮阳西水坡45号墓的天文学研究》，《文物》1990年第3期。

［5］冯时《星汉流年——中国天文考古录》第160～162页，四川教育出版社1996年版。

［6］陆思贤、李迪《天文考古通讯》第14页，紫禁城出版社2000年版。

［7］辽宁省考古研究所《辽宁牛河梁红山文化“女神庙”与积石冢群发掘简报》，《文物》1986年第8期。

［8］郭大顺《红山文化的“唯玉为葬”与辽河文明起源特征再认识》，《文物》1997年第8期。

［9］魏凡《牛河梁红山文化第三地点积石冢石棺墓》，《辽海文物学刊》1994年第1期；辽宁省文物考古研究所《辽宁牛河梁第五地点一号冢中心大墓（M1）发掘简报》，《文物》1997年第8期；李恭笃《辽宁凌源三官甸子城子山遗址试掘报告》，《考古》1986年第6期；辽宁省文物考古研究所《辽宁牛河梁第二地点一号冢21号墓发掘简报》，《文物》1997年第8期等。

［10］同［8］。

［11］苏秉琦《谈“晋文化”考古》，《文物与考古论集》，文物出版社1986年版。

[12] 严文明《中国王墓的出现》，《考古与文物》1996 年第 1 期。

[13] 同 [8]。

[14] 山东省文物管理处等《大汶口》第 3 ~ 23 页，如大汶口墓地 M10，墓坑有二层台，使用木椁，随葬陶器、象牙器、玉石器、鳄鱼鳞板、猪头等一百多件，但墓主人是一位成年女性，文物出版社 1974 年版。

[15] 山东省文物考古研究所等《临朐县西朱封龙山文化重椁墓的清理》，《海岱考古》第一辑，山东大学出版社 1989 年版；中国社会科学院考古研究所山东工作队《山东临朐朱封龙山文化墓葬》，《考古》1990 年第 7 期。

[16] 同 [12]。

[17] 同上。

[18] 良渚文化大墓或人工堆筑土台大墓墓地资料参见浙江省考古研究所《浙江余杭反山发现良渚文化重要墓地》，《文物》1986 年第 10 期；浙江省考古所反山考古队《浙江余杭反山良渚墓地发掘简报》，《文物》1988 年第 1 期；浙江省考古研究所《余杭瑶山良渚文化祭坛遗址发掘简报》，《文物》1988 年第 1 期；沈德祥《浙江省余杭县安溪瑶山 12 号墓考古简报》，《东南文化》1988 年第 5 期；刘斌《海宁荷叶地良渚文化遗址》，《中国考古学年鉴》第 158 页，1989 年；刘斌《余杭汇观山良渚文化祭坛与墓地》，《中国考古学年鉴》第 206 页，1992 年；南京博物院《江苏吴县张陵山遗址发掘简报》，《文物资料丛刊》第 6 辑，1982 年；《江苏吴县草鞋山遗址》，《文物资料丛刊》第 3 辑，1980 年；《苏州草鞋山良渚文化墓葬》，见徐湖平主编《东方文明之光》，海南国际新闻出版中心 1996 年版；苏州博物馆等《江苏省昆山少卿山遗址》，《文物》1988 年第 1 期；《江苏昆山赵陵山遗址第一、第二次发掘简报》，见《东方文明之光》；南京博物院《江苏昆山绰墩遗址的调查与发掘》，《文物》1984 年第 2 期；《江苏武进寺墩遗址的试掘》，《考古》1981 年第 3 期；《1982 年江苏常州武进寺墩遗址的发掘》，《考古》1984 年第 2 期；《江苏武进寺墩遗址第四、五次发掘报告》，见《东方文明之光》；上海文管会《上海福泉山良渚文化墓地》，《文物》1986 年第 1 期；黄宣佩《青浦县福泉山良渚文化墓葬》，《中国考古学年鉴》第 148 ~ 149 页，1988 年等。

[19] 陆建方《良渚文化墓葬研究》，《东方文明之光》，海南国际新闻出版中心 1996 年版；张驰《良渚文化大墓试析》，北京大学考古系《考古学研究》（三），科学出版社 1997 年版。

[20] 王明达《反山良渚文化墓地初论》，《文物》1989 年第 12 期。

［21］同［19］。

［22］同上。

［23］同［12］。

［24］同［19］。

［25］中国社会科学院考古研究所山西工作队等《1978—1980年山西襄汾陶寺墓地发掘简报》，《考古》1983年第1期。

［26］高炜、高天麟、张学海《关于陶寺墓地的几个问题》，《考古》1983年第6期。

［27］同［12］。

［28］中国社会科学院考古研究所二里头队《河南偃师二里头二号宫殿遗址》，《考古》1983年第3期。

［29］同［16］。另见张立东《初论中国古代坟丘的起源》，《中原文物》1994年第4期。

［30］参见胡厚宣《殷墟发掘》，学习生活出版社1955年版。

［31］杨锡璋《商代的墓地制度》，《考古》1983年第10期。另参见中国社会科学院考古研究所《殷墟的发现与研究》"殷墟的重要墓葬群"，科学出版社1994年版。

［32］梁思永、高去寻《侯家庄、第一〇〇二号大墓》，台北，1965年。另参见［31］。

［33］梁思永、高去寻《侯家庄、第一五〇〇号大墓》，台北，1974年。另参见［31］。

［34］梁思永、高去寻《侯家庄、第一〇〇一号大墓》，台北，1962年。另参见［31］。

［35］殷墟西北冈王陵区已发现祭祀坑一千四百三十三个，坑中发现数千具被杀祭的人架、头颅、无头躯体以及牛、羊、马牲坑。黄展岳先生认为，这些被作为祭品而杀死的人应称"人牲"，身份属于俘虏，而那些埋葬在王陵墓室中的从死者应叫"殉人"，身份多属于殷王的近亲、近臣、近侍。参见黄展岳《殷商墓葬中人殉人牲的再考察》，《考古》1983年第10期。

［36］杨鸿勋《关于秦代以前墓上建筑的问题》，《考古》1982年第4期；《关于秦代以前墓上建筑的问题要点的重申》，《考古》1983年第8期。

［37］杨宽《先秦墓上建筑问题的再探讨》，《考古》1983年第7期。另参见杨宽《中国古代陵寝制度史研究》第113～119页，上海古籍出版社1985年版。

[38] 杨锡璋、杨宝成《从商代祭祀坑看商代奴隶社会的人牲》,《考古》1977年第1期。另参见《殷墟的发现与研究》第120～121页，科学出版社1994年版。

[39] 陈梦家《殷代铜器》,《考古学报》第七册，1954年。

[40] 郑葵《试论商代的车马葬》,《考古》1987年第5期。

[41] V·KANE *ARE – EXAMINATION OF AN – YANG ARCHAEOLOGY*, ARE ORIENTALIS 10, 1975。转引自《殷墟的发现与研究》第111页，科学出版社1994年版。

[42] 杨锡璋《商代墓地制度》,《考古》1983年第10期。

[43] 曹定云《论殷墟侯家庄1001号墓墓主》,《考古与文物》1986年第2期。

[44] 张光直《殷礼中的二分现象》,《庆祝李济先生七十岁论文集》（上册）第361页，台北，1965年；曹定云《殷代初期王陵试探》,《文物资料丛刊》第10辑，1987年；张光直《殷墟5号墓与殷墟考古上的盘庚、小辛、小乙时代问题》,《文物》1989年第9期。

[45] 杨锡璋《安阳殷墟西北冈大墓的分期及有关问题》,《中原文物》1981年第3期；郑振香《殷墟妇好墓》第229页，文物出版社1981年版。

[46] 曹定云《殷代初期王陵试探》,《文物资料丛刊》第10辑，1987年。

[47] 同上。

[48] 谷飞《殷墟王陵问题之再考察》,《考古》1994年第10期。

[49] 山东省博物馆《山东益都苏埠屯第一号奴隶殉葬墓》,《文物》1972年第8期。

[50]《殷墟的发现与研究》第452页，科学出版社1994年版。

[51]《吕氏春秋·孟冬纪》“题凑之室，棺椁数袭，积石积炭，以环其外”。高诱注“石以其坚，炭以御湿。环，绕也。”杨爱国先生认为，陕西长安张家坡西周井叔墓底木炭层是最早的“积炭墓”实例，益都商代大墓实际比之更早。见杨爱国《先秦两汉时期陵墓防盗设施略论》,《考古》1995年第5期。

[52] 参见郑振香《殷墟妇好墓》彩版十三，文物出版社1981年版。

[53] 殷之彝《山东益都苏埠屯墓地和“亚醜”铜器》,《考古学报》1977年第2期。

[54] 近年来，考古界已在陕西省岐山县周公庙遗址发现一处大型贵族墓地，在已钻探出的二十二座墓葬中，有十座带四条墓道即平面呈“十”字形（又称“亚”字形）的大墓，另有分别带三条墓道、两条墓道和一条墓道的大

墓各四座以及十四座从葬车马坑。其中编号为 M1 的四墓道大墓，其北墓道长 30.29 米、宽 4 米，东墓道长 22.91 米、宽 2.6 米，墓室长 10.2 米、宽 7.8 米。有专家推测，发现的带四条墓道的大墓可能是西周王陵，但也有可能为周公旦家族墓。陕西省考古研究所和北京大学文博学院已对发现的大墓群中带四条墓道的第 18 号墓作考古发掘。该考古发掘工作将会对研究西周王陵制度产生重大影响。有关资料参见朱文轶《寻找西周王陵》，《三联生活周刊》2004 年第 25 期。

[55] 岳连东《西周王陵位置初探》，《文博》1998 年第 2 期。

[56] 中国科学院考古所、北京文物研究所琉璃河考古队《北京琉璃河 1193 号大墓发掘简报》，《考古》1990 年第 1 期。

[57]《北京琉璃河出土西周有铭铜器座谈纪要》，《考古》1989 年第 10 期。

[58] 参见北京文物研究所《琉璃河西周燕国墓地（1973—1977）》有关章节，文物出版社 1995 年版。

[59] 中国科学院考古研究所《上村岭虢国墓地》，科学出版社 1959 年版。另见许永生《从虢国墓地考古新发现谈虢国历史概况》，《华夏考古》1993 年第 4 期。

[60] 参见《新中国的考古发现和研究》第 284 ~ 285 页，文物出版社 1984 年版。

[61] 河南省文物研究所等《三门峡上村岭虢国墓地 M2001 发掘简报》，《华夏考古》1992 年第 3 期。另主要参见《三门峡虢国墓》（第一卷）第二章、第八章，文物出版社 1999 年版。另见王斌等编《虢国墓地的发现与研究》，社会科学文献出版社 2002 年版。

[62] 河南省文物研究所等《三门峡虢国墓》（第一卷）第三章、第八章，文物出版社 1999 年版。另见姜涛等《三门峡虢国贵族墓出土玉器精粹》，（台湾）众志美术出版社 2002 年版。

[63] 许永生《从虢国墓地考古新发现谈虢国历史概况》，《华夏考古》1993 年第 4 期。

[64] 王斌等《虢国墓地的发现与研究》第 24 ~ 25 页，社会科学文献出版社 2000 年版。另见《虢国墓地发掘又获重大发现》，《中国文物报》1992 年 2 月 2 日第 1 版。

[65] 见《仪礼・既夕礼》。

[66] 北京大学历史系等《天马—曲村遗址北赵晋侯墓地第二次发掘》，《文物》1997 年第 11 期。

[67] 李伯谦《从晋侯墓地看西周公墓地制度的几个问题》,《考古》1997年第11期。

[68] 参见马承源《晋侯》,香港中文大学中文系编辑《第二届国际中国文学研讨会论文集》,1993年;《晋侯稣编钟》,《上海博物馆集刊》,上海书画出版社1996年版;邹衡《论早期晋都》,《文物》1994年第1期;裘锡圭《关于晋侯铜器铭文的几个问题》,《传统文化与现代化》1994年第2期;李学勤《晋侯苏钟笔谈》,《文物》1997年第3期;张长寿《关于晋侯墓地的几个问题》,《文物》1998年第1期;徐天进等执笔《天马—曲村遗址北赵晋侯墓地第五次发掘》,《文物》1995年第7期;孙华《关于晋侯组墓的几个问题》,《文物》1995年第9期;《晋侯组墓的几个问题》,《文物》1997年第8期。

[69] 资料均见《天马—曲村遗址北赵晋侯墓地第一次至第五次发掘简报》,分别刊载于《文物》1993年第3期、1994年第1期、1994年第8期、1995年第7期。

[70] 孙华《关于晋侯组墓的几个问题》,《文物》1995年第9期;《晋侯组墓的几个问题》,《文物》1997年第8期。

[71] 卢连成、胡智生《宝鸡弶国墓地》,文物出版社1988年版。

[72]《尚书·牧誓》:"周武王朝至于商郊牧野,乃誓。王左杖黄钺,右秉白旄以麾。"可见钺、旄是国君权柄之象征,故商周国君墓或掌征伐大权的高级贵族墓中常有青铜钺等出土。

[73] 韩伟《凤翔秦公陵园钻探与试掘简报》,《文物》1983年第7期。

[74] 陕西省雍城考古队《凤翔秦公陵园第二次钻探简报》,《文物》1987年第5期。

[75] 陕西省考古研究所、临潼县文管会《秦东陵第一号陵园勘查记》,《考古与文物》1987年第4期。

[76] 参见马振智《试论秦国陵寝制度的形成发展及其特点》,《考古与文物》1989年第5期。另王学理先生等也使用"芷阳陵区"或"芷阳陵地"一称,参见王学理、尚志儒、呼林贵等《秦物质文化史》第273~271页,三秦出版社1994年版;王学理《咸阳帝都记》第223~234页,三秦出版社1999年版。

[77] 韩伟、焦南峰《秦都雍城考古综述》,《考古与文物》1988年第5、6期;王学理、尚志儒、呼林贵等《秦物质文化史》第270~271页,三秦出版社1994年版。

[78] 陕西省考古研究所、临潼县文物管理委员会《秦东陵第二号陵园调查钻探简报》，《考古与文物》1990 年第 4 期；陕西省考古研究所秦陵工作站《秦东陵第四号陵园调查钻探简报》，《考古与文物》1993 年第 3 期；张海云、孙铁山《秦东陵再探》，《考古与文物》1993 年第 3 期。

[79] 戴春阳《礼县大堡子山秦公墓地及有关问题》，《文物》2000 年第 5 期。

[80] 王学理等《秦物质文化史》第 254 ~ 255 页称“西垂墓地”，三秦出版社 1994 年版；张天恩先生在《礼县等地所见早期秦文化遗存有关问题刍论》中称“西山陵区”，见《文博》2001 年第 3 期。

[81] 同［79］。

[82] 李学勤、艾兰《最新出现的秦公壶》，《中国文物报》1994 年 10 月 30 日第 3 版。

[83] 韩伟《论甘肃礼县出土的秦金箔饰片》，《文物》1995 年第 6 期。

[84] 李朝远《上海博物馆新获秦公器研究》，《上海博物馆集刊》第七辑。

[85] 卢连成《秦国早期文物的新认识》，《中国文字》第 21 期。

[86] 王辉《也谈礼县大堡子山秦公墓地及其铜器》，《考古与文物》1998 年第 5 期。

[87] 陈平《浅谈礼县秦公墓地遗存与相关问题》，《考古与文物》1998 年第 5 期。

[88] 祝中熹《大堡子山秦西陵墓主及其他》，《陇右文博》1999 年第 1 期。

[89] 张天恩《试说秦西山陵区的相关问题》，《考古与文物》2003 年第 3 期。

[90] 韩伟《凤翔秦公陵园钻探与试掘简报》，《文物》1983 年第 7 期；陕西省雍城考古队《凤翔秦公陵园第二次钻探简报》，《文物》1987 年第 5 期。本节秦雍城陵区考古资料均取自这两篇考古简报。

[91] 关于秦雍城陵区及陵园周边具有界隔标志、排水和防御功能的沟壕，有的学者称之为“隍”，详见上注；但陈伟先生认为其“外隍”、“中隍”应称“兆沟”，“内隍”可称“封沟”，可备一说。详见陈伟《凤翔、临潼秦陵壕沟作用试探》，《考古》1995 年第 1 期。

[92] 陕西省考古研究所等《秦东陵第一号陵园勘查记》，《考古与文物》1987 年第 4 期。

[93] 骊山学会《秦东陵探查初议》，《考古与文物》1987 年第 4 期。

[94] 陕西省考古研究所《秦东陵第二号陵园调查钻探简报》，《考古与文物》1990 年第 4 期。

[95] 陕西省考古研究所秦陵工作站《秦东陵第四号陵园调查钻探简报》，《考古

与文物》1993 年第 3 期。

[96] 王学理《咸阳帝都记》第 229 ~ 230 页，三秦出版社 1999 年版。

[97] 王建新《西汉后四陵名位考察》，北京大学中国考古学研究中心等编《古代文明》第 2 卷，文物出版社 2003 年版。

[98] 对秦东陵陵区各陵园主墓的墓主人，至少有五种说法，分别参见程学华《秦东陵探查初议》(《考古与文物》1987 年第 4 期)、《秦东陵考察述略》(《秦陵秦俑研究动态》1992 年第 1 期)；张海云、孙铁山《秦东陵调查记》(《文博》1987 年第 3 期)、《秦东陵再探》(《考古与文物》1993 年第 3 期)《对秦东陵有关问题的几点看法》(《考古与文物》1996 年第 5 期)；尚志儒等《秦物质文化史》第七章第二节，三秦出版社 1994 年版；王学理《咸阳帝都记》第 226 ~ 234 页，三秦出版社 1999 年版；赵化成《秦东陵刍议》,《考古与文物》2000 年第 3 期等。

[99] 参见王学理《咸阳帝都记》第 231 页，三秦出版社 1999 年版。另段清波先生引《史记・秦本纪》、《秦始皇本纪》、《吕不韦传》等对葬入秦芷阳陵区的各位秦王、王后、太子的入葬时间做了考证，见段清波《秦始皇陵封土建筑探讨》,《考古》2006 年第 5 期。

[100] 王学理《咸阳帝都记》第 272 页注①。另参见上注段清波文注⑦。秦孝公、秦献公墓出现封土之说见睡虎地秦墓竹简简文："何谓甸人？守孝公、献公冢也"。见《睡虎地秦墓竹简・法律答问》，文物出版社 1990 年版。另《汉书・刘向传》载"及（秦）惠文、武、昭、（孝文）、庄襄五王，皆大作丘垅"。

[101] 参见马振智《试论秦国陵寝制度的形成发展及其特点》，《考古与文物》1989 年第 5 期。

[102] 王学理《咸阳帝都记》第 220 ~ 224 页，三秦出版社 1999 年版。另参见王学理《东陵和西陵》，《考古与文物》1988 年第 5、6 合期。关于秦"东陵"之得名，一说因该陵区位于雍城之东及咸阳之东而得名，见骊山学会《秦东陵探查初议》,《考古与文物》1987 年第 4 期。

[103] 参见中国科学院考古研究所《辉县发掘报告》第二编"固围村区"，科学出版社 1956 年版。

[104] 黄明兰《洛阳历代皇陵》，洛阳市第二文物工作队编《洛阳考古发掘与研究》,《中原文物》1996 年增刊。

[105] 河北省文物局文物工作队《河北易县燕下都故城勘察和试掘》，《考古学报》1965 年第 1 期。

［106］群力《临淄齐国故城勘探纪要》，《文物》1972 年第 5 期；山东省文物考古研究所《齐故城五号东周墓及大型殉马坑的发掘》，《文物》1984 年第 9 期。

［107］河北省文物管理处《河北省平山县战国时期中山国墓葬发掘简报》，《文物》1979 年第 1 期。

［108］河北省文管处等《河北邯郸赵王陵》，《考古》1982 年第 6 期。

［109］张学海《田齐六陵考》，《文物》1984 年第 9 期。

［110］罗勋章《田齐王陵初探》，载《中国考古学会第 2 次年会论文集》，文物出版社 1997 年版。

［111］同［38］。以下有关东周王陵的内容皆采自黄明兰先生此文。

［112］群力《临淄齐国故城勘探纪要》，《文物》1972 年第 5 期。

［113］山东省文物考古研究所《齐故城五号东周墓及大型殉马坑的发掘》，《文物》1984 年第 9 期。

［114］同［108］。

［115］同［109］。

［116］同［109］。罗勋章先生在文中介绍，1990 年发掘了四王冢西北 700 米处的四座齐王陵祔葬大墓，其中 2 号墓为石椁大墓，地表有封土，墓室口部略为方形，南北长 16.5、东西宽 16.3 米，斜坡墓道残长 7 米。墓内二层台上埋十二个殉人（年轻女子）和二十多辆车。墓室北侧有长 45 米的马坑，内埋殉马六十九匹，墓内出土七鼎六簋，墓主身份相当卿一级的贵族。这座墓虽然不是齐王陵墓，但它使用的石椁、“甲”字形墓制、墓室附近设殉马坑等做法都与齐临淄故城大城内河崖头五号墓（推测为春秋时期姜齐国君墓）类似，由此可以推测，田齐国君陵墓制度中应有承自姜齐国君墓的内容。

［117］韩嘉谷《燕史源流的考古学考察》，北京市文物研究所编《北京文物考古》，燕山出版社 1991 年版。但有学者认为燕下都可能是战国中期燕昭王时营建，见河北省文化局文物工作队《河北易县燕下都故城勘察和挖掘》，《考古学报》1965 年第 1 期。

［118］中国历史博物馆考古组《燕下都城址调查报告》，《考古》1962 年第 1 期。

［119］河北省文化局文物工作队《河北易县燕下都故城勘察和试掘》，《考古学报》1965 年第 1 期。

［120］河北省文物研究所《河北易县燕下都第 16 号墓发掘》，《考古学报》1965 年第 2 期。

［121］河北省文物研究所《河北易县燕下都第16号墓车马坑》，《考古》1985年第11期。

［122］曲英杰《先秦都城复原研究》第308～311页，黑龙江人民出版社1991年版。

［123］李晓东《介绍燕下都遗址》，《河北学刊》1982年第1期。

［124］河北省文管处等《河北邯郸赵王陵》，《考古》1982年第1期。

［125］《后汉书·中山简王焉传》载“大为修冢茔，开神道”。

［126］同［123］。

［127］中国科学院考古研究所《辉县发掘报告》《第二编　固围村区》，科学出版社1956年版。

［128］滕铭予《秦文化：从封国到帝国的考古学观察》第147页，学苑出版社2002年版。

［129］傅熹年《战国中山王嚳墓出土的〈兆域图〉及其陵园规制的研究》；杨鸿勋《战国中山王陵及兆域图研究》，均载《考古学报》1980年第1期。

［130］参见上注杨鸿勋先生文，另见杨鸿勋《关于秦代以前墓上建筑的问题》，《考古》1982年第4期；《〈关于秦代以前墓上建筑的问题〉要点的重申》，杨鸿勋《建筑考古学论文集》，文物出版社1987年版。大司空村殷墓资料见马得志、周永珍、张云鹏《一九五三年安阳大司空村发掘报告》，《考古学报》1955年第9期。滕州前掌大资料见中国社会科学院考古研究所《滕州前掌大墓地》第122页，文物出版社2005年版。

［131］杨宽《先秦墓上建筑和陵寝制度》，《文物》1982年第1期；《先秦墓上建筑问题的再探讨》，《考古》1983年第7期。

［132］王世民《中国春秋战国时代的冢墓》，《考古》1981年第5期。另参见郭宝钧《浚县辛村》第14页，科学出版社1964年版。

［133］河北省文物管理处《河北省平山县战国时期中山国墓葬发掘简报》，《文物》1979年第1期。

［134］河北省文物研究所《嚳墓——战国中山国国王之墓》，文物出版社1999年版。

［135］傅熹年《战国中山王嚳墓出土的〈兆域图〉及其陵园规制的研究》，《考古学报》1980年第1期。

［136］同上。另见杨鸿勋《战国中山陵及兆域图研究》，《考古学报》1980年第1期。

［137］同［133］。

［138］河南信阳地区文管会等《春秋早期黄君孟夫妇墓发掘报告》,《考古》1984年第4期。

［139］河南省博物馆等《河南信阳市平桥春秋墓发掘简报》,《文物》1981年第1期。

［140］胡方平《中国封土墓的产生和流行》,《考古》1994年第6期。另参见高去寻《殷代墓葬已有墓冢说》,台湾大学《考古人类学刊》第41期,1980年。

［141］河南省信阳地区文管会等《罗山天湖商周墓地》,《考古学报》1986年第2期。

［142］中国科学院考古研究所《浚县辛村》,科学出版社1964年版。

［143］韩国河《论中国古代坟墓的产生与发展》,《文博》1998年第2期。

［144］同［131］。

［145］安徽省文物局文物工作队《安徽淮南市蔡家岗赵家孤堆战国墓》,《考古》1963年第4期。

［146］固始侯古堆一号墓发掘组《河南固始侯古堆一号墓发掘简报》,《文物》1981年第1期。另见河南省文物考古研究所《固始侯古堆一号墓》第100页,大象出版社2004年版。

［147］陈伟《关于中国早期坟丘墓的若干问题》,《武汉大学学报》(社会科学版),1988年增刊。

［148］江西省文物考古研究所等《江西新干大洋洲商墓发掘简报》,《文物》1991年第10期。另参见江西省博物馆等《江西新干商代大墓》,文物出版社1997年版。

［149］杨鸿勋《关于秦代以前墓上建筑的问题》,《考古》1982年第4期。

［150］据《礼记·檀弓上》载,孔子葬父母于防,“封之,崇四尺”;又子夏曰:“……昔者,夫子言之曰:‘吾见封之若堂者矣,见若坊者矣,见若覆夏屋者矣,见若斧者矣,从若斧者矣’。马鬣封之谓也”。《礼记·檀弓下》讲到吴国“延陵季子适齐,于其反(返)也,其长子死,葬于嬴、博之间。孔子曰:‘延陵季子,吴之习于礼者也。’往而观者葬焉。其坎深不至于泉,其以时服,既葬而封,广轮掩坎,其高可隐也。”说明春秋时代有不同形状、规格的墓上封土,而且各自适用于不同身份的死者。

［151］寿县古墓清理小组《安徽寿县战国墓出土的铜器群记略》,《文物参考资料》1955年第8期。对墓主人的研究文章分别有郭沫若的“声侯”说,见《由寿县蔡器论到蔡墓的年代》,《考古学报》1956年第1期;史树青的

"成侯"说，见《对五省出土文物展览中几件铜器的看法》，《文物参考资料》1956 年第 8 期；唐兰的"悼侯"说，见《五省出土重要文物展览图录序言》，文物出版社 1958 年版；李学勤的"元侯"说，见《读近年来新发现的几种战国文字资料》，《文物参考资料》1956 年第 1 期；陈梦家、孙百朋、于省吾、殷涤非等人的"昭侯"说等，见陈梦家《寿县蔡侯墓铜器》，《考古学报》1956 年第 2 期；《寿县蔡侯墓出土遗物·附录孙百朋先生"蔡侯"的考证》；于省吾《寿县蔡侯墓铜器铭文考释》，皆见《古文字研究》第一辑；殷涤非《寿县蔡侯铜器的再研究》，《考古与文物》1984 年第 4 期等。

[152] 安徽省文物局文物工作队《安徽淮南市蔡家岗赵家孤堆战国墓》，《考古》1963 年第 4 期。另参见马道阔《谈蔡侯墓》，《文物研究》总第三期，黄山书社 1988 年版。

[153] 中国社会科学院考古研究所《新中国的考古发现与研究》，文物出版社 1984 年版。

[154] 马道阔《谈蔡侯墓》，《文物研究》总第三期，黄山书社 1988 年版。

[155] 杨德标《舒城九里墩墓主考》，《楚文化研究论集》，湖北人民出版社 1991 年版。

[156] 发掘资料参见随县擂鼓墩一号墓考古发掘队《湖北随县曾侯乙墓发掘简报》，《文物》1979 年第 7 期；湖北省博物馆《曾侯乙墓》，文物出版社 1989 年版。

[157] 春秋时期国君墓室中用"炭"已见于史籍。《左传》成公二年（公元前 589 年）载："八月，宋文公卒，始厚葬，用蜃炭，益车马，始用殉，重器备，椁有四阿，棺内翰桧"。

[158] 郭德维先生认为，已发掘的大小约五千座楚墓中，没有发现墓坑内有积石积炭的，而曾侯乙墓墓坑中却用了大石板、积炭，河南汲县山彪镇等处战国大墓也有"积石积炭"，说明曾侯乙墓吸纳了中原地区的贵族丧葬礼俗。见湖北省博物馆《曾侯乙墓》第 460 页，文物出版社 1989 年版。

[159] 参见《曾侯乙墓》第 471 页正文及注释，文物出版社 1989 年版。

[160] 湖北省博物馆等《湖北随州擂鼓墩二号墓发掘简报》，《文物》1985 年第 1 期。另见刘彬徽《随州擂鼓墩二号墓青铜器初论》，《文物》1985 年第 1 期。

[161] 江苏省文物管理委员会《江苏丹徒县烟墩山出土的古代青铜器》，《文物参考资料》1955 年第 5 期。

[162]《宜侯夨簋》出土后，有多位学者对其做了考证研究，主要有陈梦家《宜侯夨毁和它的意义》；陈福《夨毁考释》，两文见《文物参考资料》1955年第5期。郭沫若《夨毁铭考释》，《考古学报》1956年第1期；唐兰《宜侯夨毁考释》，《考古学报》1956年第2期等。

[163] 同上唐兰先生文。

[164] 有学者认为这座大墓是西周时期吴国国君周章之子熊遂墓，参见张敏《吴王余昧墓的发现及其意义》，《东南文化》1988年第3、4期。

[165] 同上。

[166] 肖梦龙《吴国王陵区初探》，《东南文化》1990年第4期。

[167] 如《越绝书》卷二载吴王："阖闾冢，在（苏州）阊门外，名虎丘"；"夫差冢，在犹亭西卑位"。《吴越春秋·阖闾内传》载吴太子波娶齐女作夫人，死后"乃葬（常熟）虞山之巅"。《越绝书》卷二言"胥女大冢，吴王不审名冢也，去县四十五里"等。

[168] 苏州博物馆《江苏苏州浒墅关真山大墓的发掘》，《文物》1996年第2期；张照根《真山吴王陵的营造技术》，《江苏文史研究》1998年第4期。

[169] 苏州博物馆《真山东周墓地·吴楚贵族墓地的发掘与研究》第48~54页，文物出版社1999年版。

[170]《吴越春秋·阖闾内传》载阖闾葬女，以"珠襦"之宝送女；《史记·齐太公世家》正义引《括地志》言及晋永嘉末有人盗掘齐桓公墓，墓中出土"珠襦、玉匣"等物。到西汉时期，帝王丧葬仍用"珠襦玉匣"之制，见《西京杂记》卷一。

[171] 同[167]。

[172] 苏州博物馆《真山东周墓地·吴楚贵族墓地的发掘与研究》第67~68页，文物出版社1999年版。

[173]《越绝书》卷二载吴王"阖庐（闾）冢，在阊门外，名虎丘……"，"蛇门外大丘，吴主不审名冢也"；"胥女大冢，吴王不审名冢也"；"蒲姑大冢，吴王不审名冢也"，"夫差冢，在犹亭西卑位"。等。春秋时期，列国国君墓之封土可能多称"丘"或"冢"，不独吴国如此。战国时国君墓称"陵"，如顾炎武《日知录》卷十五"陵"条："古王者之葬，称墓而已。……及春秋以降，乃有称丘者。楚昭王墓谓之昭丘，赵武灵王墓谓之灵丘，而吴王阖闾之墓亦名虎丘。盖必其因山而高大者，故二三君之外无闻焉。《史记·赵世家》肃侯十五年起寿陵；《秦本纪》惠文公葬公陵，悼武王葬永陵，孝文王葬寿陵，始有称陵者，至汉则无帝无称陵矣"。又《周

礼·春官·冢人》曰“以爵等为丘封之度与其树数”。郑玄注：“别尊卑也。王公曰丘，诸臣曰封”。可见春秋时期国君墓称“丘”，与后世称“陵”有异曲同工之意。

[174]《越绝书》卷八载：“若耶大冢者，勾践所徙葬先君夫镡冢也，去县二十五里。”“木客大冢者，勾践父允常冢也”。“独山大冢者，勾践自治以为冢。徙琅琊，冢不成。去县七里”。战国时，北方国君墓封土亦或称“冢”，如云梦睡虎地秦墓竹简文字言秦孝公、献公冢。

[175] 方杰《越国文化》第175、371～372页，上海社会科学出版社1998年年版。

[176] 浙江省文物考古研究所等《印山越王陵》第51页，文物出版社2002年版。

[177] 浙江省文物考古研究所等《浙江绍兴印山大墓发掘简报》，《文物》1999年第11期。又参见上注有关内容。

[178] 浙江省文物考古研究所等《印山越王陵》第44～67页，文物出版社2002年版。

[179] 李景聃《寿县楚墓调查报告》，《田野考古报告》第一册，商务印书馆1936年版。

[180] 河南省文物研究所等《河南淮阳马鞍冢发掘简报》，《文物》1984年第10期。

[181] 郭德维《楚系墓葬研究》第74、77、119页等，湖北教育出版社1995年版。

[182] 河南省文物研究所等《河南淮阳马鞍冢发掘简报》，《文物》1984年第10期。

[183] 李德文《朱家集楚王墓的形制与棺椁制度》，《楚文化研究论集》第一集，荆楚书社1987年版。

[184] 同[180]第77～86页等。

[185] 同[181]。

[186] 马全《马鞍冢楚墓墓主考》，《楚文化研究论集》第一集，荆楚书社1987年版。

# 二　秦汉帝王陵寝布局的再现

## (一) 中国第一帝陵的惊人规制

秦朝是中国开始进入统一的专制主义中央集权的时代，也是帝王陵寝制度发展到一个崭新阶段的时代，过去那种列国国君可以使用不同王陵制度的历史已宣告结束。有意义的是，在20世纪的中国帝王陵考古工作中，可能也没有任何一座帝王陵像秦始皇陵这样让几代考古学人投入那么大的精力和吸引学术界那么多的注意力。

早在20世纪初叶，国内外学者已对秦始皇陵产生了兴趣，做过一些初步的调查和测量[1]，但严格意义上的秦始皇陵考古仍是新中国成立以后的事情。1962年2月，陕西省文物管理委员会的王玉清、雒忠如和临潼县文化馆的彭子健开始了较为系统的秦始皇陵的田野调查和钻探工作，他们发现了陵园的内外城墙和内城的东、西、北三门及外城东门；对陵冢高度做了测量；在外城西墙基外发现三处房子遗迹；其他的考古发现还包括局部暴露的陶、石质排水管道、陶俑、砖瓦建筑材料等[2]。这次考古为此后的一系列工作奠定了基础。对秦始皇陵的大规模考古开始于1974年，其机缘起于一次偶然的发现。1974年3月，临潼县晏寨公社西杨生产队农民在打机井过程中，于地下发现了部分陶俑残片，此事引起了各级有关部门的高度重视，在国家文物局的领导下，由陕西省博物馆等派员组成始皇陵秦俑坑考古发掘队，对陶俑出土地点开展了勘探和试掘工作[3]。考古人员将陶俑发现地点编为一号俑坑，经过一年多的钻探，1976 年 4 月，袁仲一等先后又在一号俑坑北侧探出二、三号兵马俑坑和一座空坑。这些就是后来轰动海内外的秦始皇陵兵马俑及兵马俑坑。

随着秦始皇陵兵马俑的惊人发现，对秦始皇陵更具系统的考古学调查和研究工作也随之展开，一项项新的发现持续问世，并由此解开了有关秦始皇陵的一个个千古之谜。

1976 年 10 月至 1977 年 1 月，在秦始皇陵东侧上焦村一带钻探发现八座马坑和一批陪葬墓群[4]；1977 年 3 月，临潼县博物馆清理了始皇陵内城西半部南侧的一组建筑基址，发掘主持者赵康民推测其为寝殿建筑的附属建筑群[5]，袁仲一则认为是“便殿”遗存[6]。1997 年 7 月至 1998 年 3 月，袁仲一等在秦始皇陵内、外城西垣之间的西门大道南侧探出陪葬坑一组，经试掘，获知是为珍禽异兽陪葬坑[7]。1979 年 12 月，秦始皇陵西侧赵背户村农民在平整土地时发现一片墓地，经秦俑坑考古队证实，这正是一处与建造秦始皇陵相关的秦刑徒墓地，印证了《史记》等文献记载的用数十万刑徒修筑秦始皇陵的历史事实[8]。这一年还在秦始皇陵园内城南区封土北侧西部钻探发现一处大型建筑基址，后经确认这应是东汉蔡邕在《独断》中记载的秦始皇陵的“寝殿”遗址[9]。1980 年冬，秦俑考古队的程学华等对 1978 年钻探发现的一座位于秦始皇陵封土西侧的陪葬坑进行了发掘，结果从中清理出土两乘大型彩绘铜车马[10]，这是秦始皇陵考古的又一次重大发现。1981 年，秦始皇陵考古工作开始引入了现代科技方法，当时，中国科学院地学部学部委员谢学锦建议将地球科学中的汞量测量技术应用于秦始皇陵考古，借以验证《史记·秦始皇本纪》所载秦始皇陵内“以水银为百川江河大海，机相灌输”的历史真实性，主持该项研究的常勇、李同以大量科学数据证明始皇陵中确实有大量埋藏汞，而且相关成果还为推动陵墓坐向、地宫的位置以及始皇陵地宫在楚汉战争中是否受到过项羽的破坏等问题的研究提供了新的思路[11]。1985 年开始，宋德闻、杨文刚、赵培洲等还将航空摄影测量技术和航空遥感技术与考古方法相结合，探查秦始皇陵地下文物的分布情况，了解滑坡等灾害地质现象对陵园内文物的影响及破坏，同时开展陵墓和兵马俑的摄影测量测绘等[12]。近年来，秦始皇陵科技考古工作甚至首次被列入国家 863 计划，利用遥感和地球物理化学探测技术，探测秦始皇陵区的文物分布状况，在一百多位专家的协同研究中，发现了秦始皇陵地宫的真实存在、封土堆下有高出秦代地面达 30 米的夯土地宫墙以及地宫中存在石质板材等新资料，证实地宫只有东、西两条墓道，而不是如过去所推测的东、西、南、北各有一条墓道[13]等等，使秦始皇陵考古工作在诸多方面获得了新的进展。

在 1980 年至 1985 年期间，考古人员还先后在秦始皇陵园的西北角临潼郑庄村南发现一处秦石料加工场遗址[14]；在秦始皇陵园西北陈家沟发现一处陶窑遗址，类似遗存在秦始皇陵园周边其他地方也有发现[15]。在秦始皇陵园南、北两面分别调查发现防洪堤遗址和《水经注》中已见记载的鱼池遗址及位于鱼池东北的一处大型宫殿遗址[16]。特别是 1981 年 11 月至 1982 年 5 月，袁仲一等发掘了秦始皇陵内外城区西垣之间的一处建筑遗址，出土陶瓷器上刻有“丽山食官”等铭文，证实这是掌管供奉陵寝膳食的“食官”遗址[17]。

秦始皇陵的大规模考古勘探工作于1985年底基本停止。1995年，由陕西省考古研究所为主，开始了对该陵新一轮的更加全面、学术理念更加新颖的系统勘探考古工作，并相继取得诸多突破。1998年8月，王望生等在秦始皇陵园东南角内外城之间勘探发现一座青石铠甲从葬坑[18]；1999年3月在铠甲坑南35米处，段清波等又勘探发现了一座埋藏有大型铜鼎及百戏陶俑的从葬坑[19]；2000年7月，在秦始皇陵封土西南一座编号为0006号的陪葬坑内，发掘出土了一批彩绘文官陶俑、御手俑及殉马[20]。接着，段清波等又在秦始皇陵园外城垣东北角之外约900多米处发现了一座以埋藏青铜水禽为特色的从葬坑。这些发现对全面认识秦始皇陵的陪葬坑布局及其表现的帝陵丧葬思想、研究秦代多方面的文化内涵具有重要价值。此外，20世纪末的秦始皇陵重大的考古发现还包括秦始皇陵墓周围的地下阻排水系统、陵园东西两侧内外城之间分别存在的一组南北对称的三出阙以及内城垣廊房等[21]。经陕西省几代考古学人的不断辛勤探索，相关发现逐步完善了对秦始皇陵寝制度的认知体系，为全面恢复中国第一座帝陵的庞大恢宏的布局和设计思想提供了极为丰富翔实的资料，也开拓出一个个新奇的研究视域。

**1. 秦始皇陵冢、地宫及陵园的考古与研究**

（1）陵冢

秦始皇陵的主体是其陵冢、地宫及陵园。其陵原称“丽山”[22]，既表其地位崇高，故移山名作为陵称，同时也说明其地面有高大的封土。陵冢即墓上封土作覆斗形，按《汉书·楚元王传》等书记载，“其（封土）高五十余丈，周回五里有余”。折算相当于今高约115米，周长2087.65米[23]。但是，尽管当代有多位考古学者从不同测点对该陵做过高度和周长的测量，然而所有资料都无法达到《汉书》所说的规模尺度，目前公布的实测数字是封土底部南北长350、东西宽345米，周长1390米，顶部东西长24、南北宽10.4米；高76米或51.4米[24]。至于出现的古今尺度差异之原因，或认为是文献记载字误，或认为测点不同所致，或认为缘于水土流失，或认为是因秦末农民起义阻断了原设计高度的最后完成[25]等等，众说纷纭，尚难定夺。

陵上封土均为夯筑。陵体过去认为作三层台阶状，与《汉书·楚元王传》所载"上崇三坟"之说正可相应[26]，甚至还有专家曾经推测陵台顶部可能原建有高大的享堂类建筑[27]。根据最新的考古勘探和研究结果，秦陵封土呈三级台阶状的现象其实并不存在，而仅在封土中上部存在一个台阶，况且这个台阶也不是当年人们有意筑成的，因为在这个所谓封土"台阶"的下部，恰巧埋藏着修筑在秦始皇陵墓圹周围的一个高达30米的台阶式墙状夯土台，这个神秘的夯土台顶部设有木结构并铺设瓦面。正是这个巨大的藏而不露的夯土台建筑顶部造成了封土中上部位置外观呈台阶状结构的形成。该墙状夯土台上窄下宽，剖面呈"凸"字形，四面墙的外侧均为九级台阶，其顶部内侧东西长124米，南北宽107米，外侧东西长168米，南北宽142米，南墙顶宽16米，北墙顶宽19米，东、西墙顶宽22米。段清波认为，这座高出地面30米但都被覆盖在陵冢封土内的九级台阶式木构建筑可能是从此前的地面享堂墓、台阶状享堂墓发展到汉代陵墓之间的过渡形态，是《汉书·贾山传》所载秦始皇陵"中成观游"的实际结构遗存，它的作用就是满足皇帝的灵魂离开墓室登览出游娱乐的愿望[28]。至于封土顶上存在享堂建筑之说，迄今未获考古资料的证实[29]。

（2）地宫

帝陵地宫是陵寝制度的核心，也是后代最引人注目的文物遗存，特别是秦始皇陵地宫，在《史记》、《汉书》等典籍中有生动的描写，如《史记·秦始皇本纪》言其“穿三泉，下铜而致椁，宫观百官奇器珍怪徙臧满之。令匠作机弩矢，有所穿近者辄射之。以水银为百川、江河、大海，机相灌输。上具天文，下具地理。以人鱼膏为烛，度不灭者久之。”这种记载两千多年来引起过人们无数的猜测和联想，加之史籍中又有始皇陵地宫曾在秦末遭项羽兵焚之说，也让人们为之惋惜不已。迄今，考古界尽管尚未探明秦始皇陵地宫的详细形制结构，但有关勘测资料和研究成果仍然使当代对它有了一定的科学认识。

1986 年之前的勘探资料表明，秦始皇陵地宫平面近似方形，四周用土坯筑宫墙，墙南北长 460、东西宽 392 米，墙体高与厚各约 4 米，墙体顶部距地表深约 2.7～4 米。宫墙的四面开门，东边发现有五个斜坡门道，北边、西边各有一个墓道，南边墓道未能探明，但专家们仍推断地宫应有东、西、南、北四条主墓道，平面作“亚”字形。其中东面中墓道为主墓道，长约 60 米，近端宽 20 米，远端宽 13 米。整个地宫开口面积约为 180320 平方米[30]。此后又有地宫墙东西 380 米、南北 430 米[31]，或墓圹外口（“方中”）南北长 515、东西宽 485 米，宫城（“方城”）南北长 460 米、东西宽 392 米，椁室（“明中”）底部东西长 160、南北宽 120 米[32]等诸说。不过，最新的考古资料显示，秦始皇陵地宫确实埋藏在封土之下，平面作横长方形，墓室四面筑夯土墙（宫墙），墙体下部深度还不明，但上部高出地面约 30 米的部分埋在封土堆下，并有覆瓦的台阶式墙状夯土台遗存。地宫墙东西长约 168、南北宽约 141 米，南墙宽 16 米，北墙宽 18.5 米，东西墙宽 22 米。仅发现东、西两条墓道，南北两侧未发现过去所认为的墓道遗迹。地宫宫墙高出地表 30 米的部分亦仅在东、西两面墙上留有缺口，并与地下墓道重合，即其地宫平面作“中”字形，而非过去所认为的“亚”字形。勘探资料还说明，其地宫完好无损，墓室内也没有进水的迹象。勘探人员还在地宫范围内深 48～56 米的不同位置上发现了不同于骊山山体石质的青石板材遗存，这些石质板材被认为可能属于覆盖墓室或墓道顶部抑或用于砌造地宫墙壁的建筑材料。同时，1981 年和近年来的陵园区汞（水银）异常测定资料也证实，《史记·秦始皇本纪》关于秦始皇陵地宫中使用水银“为百川江河大海”的记载应是可信的，地宫区含汞量所呈现的东南、西南强、东北、西北弱的规律性分布也为研究地宫布局提供了一定的参考依据[33]。同时这还能反证秦始皇陵地宫在秦末可能并未遭到项羽军队的破坏。

关于地宫深度，有 33.18 米、内高约 10 米[34]以及 26 米[35]或最深不超过 55 米[36]等几种研究推论。有资料分析认为，地宫顶部呈弧形体，可能象征天宫[37]，一些学者甚至还提出，地宫内应有用巨石和枋木筑成的巨大立体空间，葬具可能是铜质棺椁，外围大型的“黄肠题凑”式木椁[38]等等，这些只能有待将来进一步的考古资料予以证实。

考古人员还在陵墓地宫周围发现一大型地下阻排水系统，它由明井和暗渠组成，共有八段明井，七处暗渠，已勘探确认的长度为1303米，其中阻水渠长778、上口宽8.4、底宽9.4、最深处39.4米，排水渠长525米。阻水渠下层夯筑17米厚的青膏泥，上层夯筑21米厚的其他土层。这一大致围绕陵墓而设置且规模巨大的地下阻排水系统，显然是为了阻挡陵墓周围的潜水进入地宫[39]，以确保地宫的安全和干燥。

（3）陵园城垣

秦始皇陵园原称“丽山园”。陵园有内外两重城垣，均呈南北向长方形。外城垣南北长2188米，东西宽971米，周长6321米；东、西、南三垣各开一门，三座垣门大体正对陵冢之中心位置；北垣据原调查资料说有一门，但近年经考古钻探并未找到门址[40]。内城垣南北长1355米，东西宽580米，周长3870米，东垣开三门，西、南二垣各开一门，内城东垣之主门与西、南二垣城门和外垣三门相对，设计颇为严密；北垣开东、西二门。内城东北区域被用西、南两条隔墙围合成一个独立的小城式空间，其南墙长330米、西墙长695米[41]，原内城北垣上所开二门的东面一门成为该小城的北门，又在南面隔墙上开一门，面对陵冢。业已发现的内、外各垣门址处均出土板瓦、筒瓦及红烧土等，证明门上原皆有门楼建筑。根据内城东南角、西南角、外城西北角有面积较大的夯土及瓦砾遗存判断，内外城四角可能原多有角楼建筑。另部分墙体基址沿线有瓦砾、木炭、红烧土等出土，王学理推测墙垣顶部当年应有瓦顶遮护[42]。

（4）内城区地面建筑

内城区的地面建筑以陵冢、寝殿和便殿为中心。内城区的南部主要为陵冢所占，且内、外城垣东、西、南各三座门道都基本正对陵冢之中轴线，表明内城区建筑布局是以陵冢及其下面的地宫作为核心；内城区南部除陵冢外，在冢之北侧53米处还发现一大型建筑基址，该建筑平面近方形，南北长62、东西宽57米，周围设回廊。袁仲一认为，这正是蔡邕《独断》中所说“至秦始皇出寝，起之于墓侧”的“寝殿”遗址[43]。即内城南区南、北相依的二处建筑物构成了秦始皇陵“陵寝”建筑的主体。内城北面的东部已为有隔墙的小城所据，西部区域在南北长670、东西宽250米的范围内，发现了成组的建筑基址由南向北密集排列，组与组之间还用河卵石路面或青石板路面相连通，其中1～4号建筑基址已发掘，袁仲一结合《三辅黄图》等史料，推论这组位居寝殿北侧的基址应是陵园中的“便殿”遗存[44]。在内城城垣一周内外两侧还发现有连绵不断的廊房建筑遗存，廊房的壁面上彩绘着壁画[45]。

（5）外城区地面建筑

外城区的地面建筑主要分布于西北一片，在南从内、外城垣西门之间的道路北侧起，北至内城垣的北墙附近大约南北长1000米、东西宽约180米的范围内，考古人员发现了三组建筑基址。经发掘和研究，可以确认它们分别属于“丽山食官”和“园寺吏舍”建筑区[46]。

“丽山食官”即秦始皇陵陵园的食官，掌管为寝殿内供奉的墓主灵位进奉饮食及为寝园管理人员提供膳食等事务。“丽山食官”建筑基址位于西门址大道北侧，东西长169.5米，南北深约200米，已发掘其东段部分，出土了六座大型建筑基址以及大量遗迹遗物，其中部分陶器上出现“丽山食官”等刻铭[47]，为确认该组建筑的性质提供了直接依据。

在“丽山食官”建筑基址之北还发现大片的建筑遗存，

有的约呈“四合院”式布局。研究者认为，这里正是负责陵园日常管理、守护和勤杂事务的园寺吏舍、宫女等使用区[48]。

在陵冢与内、外城东、西大门相连的中轴线上，于东、西两侧内、外城之间各发现一组我国目前所知时代最早的独立三出阙建筑基址，东侧内、外城之间的北阙南北长45.9、东西宽4.6～14.6米；西侧内、外城之间的南阙南北长44、东西宽5～15.5米[49]。东、西两组三出阙更加强化了陵冢及内、外城东、西门道所构轴线的中心地位，也表明秦始皇陵应是以东向为陵寝的主方向。

（6）内城区地下陪葬墓和从葬坑

在内城区已发现两处陪葬墓，一处位于内城东北面的小城内，勘探发现有二十八座墓葬，从东到西排列成三行，都呈南北向，墓道在北，型制以“甲”字形居多。但由于其位置在内城范围，且有独立的墙垣围合区和通行道，埋葬者的身份应有一定的特殊性。另一处陪葬墓位于陵冢西墓道北侧，仅一座大墓，平面呈“甲”字形，墓道在西面，通长30多米。专家根据其所在位置，推测墓主人可能是被胡亥迫害致死的秦始皇诸公子之一的“公子高”[50]。

内城区已发现的从葬坑都分布在陵冢的四周。东面有三个南北并列的坑，埋葬着车马器及弓箭等武器。南面有三座坑，为大型陶俑及动物坑，偏西南角一坑（K0006）平面作“中”字形，发掘出土一批彩绘文官陶俑、御手俑、殉马、铜钱等，陶俑如真人大小，头戴长版冠，腰挂书刀、砥石，恭谨袖手站立。研究者认为，这座从葬坑是秦王朝中央政府中一个官府机构在地下的模拟反映，其性质可能为秦代主管监狱与司法的廷尉[51]；北面有十五个坑，其中有的埋有木质和铜质车马；西面有铜车马坑，其南部还有一组从葬坑。1980 年冬天，在距封土 20 米的铜车马坑过洞里发掘出土的两辆铜车马（分别编为一、二号车）是秦始皇陵的重大考古发现之一，每车驾四马，车上各有一御官俑，一号车古名立车（或称轺车、高车、戎车）；二号车古名安车，它们是当时皇帝法驾卤簿内的两种车[52]。两辆车大小约为真车、真马、真人的二分之一，皆完全仿真车马精工制作而成，结构完整，鞍挽具齐全，装饰极其华丽，对研究秦代皇帝仪仗銮驾制度和我国古代车结构及秦始皇陵不同方位的从葬坑之内涵象征有重要价值。

（7）外城区已发现的陪葬墓和从葬坑

相关遗迹都在偏南一带。陪葬墓区位于内城西门外大道之北与“丽山食官”遗址之间，墓区占地东西长 17、南北宽约 90 米，勘探发现六十一座墓坑，形制有“甲”字形、瓦刀形、曲尺形、长方形等多种，但奇怪的是墓坑内未发现遗物，即它们似乎为空墓[53]。专家推测，这片墓区在规划并营造完成后秦朝已经灭亡，可能最终未投入使用。

外城区的从葬坑已勘探或发掘的有东南面的铠甲坑、百戏俑坑，西面的珍禽异兽坑、殉马坑等。铠甲坑（K9801）大约在陵冢东南 150 米处，南北长 128、东西宽 120 米，试掘区出土了一百五十领石质铠甲和五十顶石质兜鍪，部件之间用铜丝编缀[54]。有专家将这处从葬坑的性质推测为“武库”的象征[55]。在铠甲坑南侧 35 米处，考古人员发现了一座平面呈“凸”字形的从葬坑（K9901），总长 70、宽 12.5 ~ 16 米，在试掘区已出土十一件彩绘百戏陶俑和一件重达 212 公斤而且是秦始皇陵考古工作以来发现体量最大的青铜鼎。段清波通过对俑的造型及含义的研究，认为它们展示了战国以来流行的

“都卢寻橦”、“乌获抗鼎”等杂技百戏场面[56]，此坑应是为让秦始皇亡灵永享宫廷娱乐而设。

珍禽异兽从葬坑区位于内外城之间的西门大道南侧，分布范围南北长 80、东西宽 25 米。发现的三十一座坑分南北向三行排列，已试掘的东、西两行坑内各有一件面东跽坐的陶俑，中间一行坑内各置一具瓦棺，每棺内遗存一珍贵动物如鹿、麂等或珍禽类的骨骼以及陶钵、铜环各一。袁仲一、王学理等认为，这组从葬坑可能象征着秦代宫廷苑囿及其中豢养的珍禽异兽，那些跽坐陶俑则是负责喂养管理动物的仆役[57]。在珍禽异兽坑区的南侧分布着北、南相依的两个大面积殉马坑，有学者因其形制分别称之为“双门道马厩坑”（北）和“曲尺形马厩坑”（南）。其中后者已作局部发掘，发现每三匹马置于一木槛间，作卧姿，排列密集，估计被杀殉的马有数百匹，坑中出土部分陶俑。袁仲一认为，这里象征着秦宫廷厩苑，陶俑身份是饲马的圉师、圉人[58]。

据目前资料显示，秦始皇陵园以两周城垣划分成内外两个主要空间，内城垣以南部的陵冢为中心，寝殿紧依其北侧，占据内城北区西部的便殿又在寝殿之北。在陵冢周围地下分布着象征帝王出行仪仗、宫廷娱乐、中央管理机构等功能的从葬坑以及死者与帝王关系十分密切的陪葬墓。外城区西北部布置服务于寝殿祭祀和陵园管理机构饮食的食官、负责陵园日常管理保护和杂役事务的园寺吏舍等，它们与内城区寝殿、便殿等距离最为接近，便于沟通联系。外城区偏南一带的西部分布着象征帝王后宫宫廷苑囿、厩苑的从葬坑，东南部分布着武库、娱乐场所等，另在西面还有一片陪葬墓区（空坑），可能原是拟作服务于皇帝宫廷生活的中下层人员的陪葬墓地。

**2. 陵园外以东的考古发现**

这是秦始皇陵的主向区域，已发现的有轰动海内外的秦始皇陵兵马俑及兵马俑从葬坑、上焦村殉马坑、上焦村陪葬墓区等。

（1）兵马俑及兵马俑坑

兵马俑坑位于秦始皇陵园之东约1225米处，地当陵园东出大道的北侧。共发现四个坑，分南北两行并列，皆坐西面东（图九）。一号坑在南面，其北20～25米处从东向西依次为二、四、三号坑。四个坑都是规模庞大的地下坑道式土木结构，其中一号坑呈长方形，东西长210、南北宽62、深4.7～6.5米，共出土手执兵器的武士俑和军吏俑约六千尊、四十多乘驷马战车及各种青铜兵器四万余件，俑、车按长方军阵的要求排列，前有“锋”，后有“卫”，两侧设“翼”，场面极其壮阔；二号坑呈曲尺形，东西长124、南北宽98、深5米，共

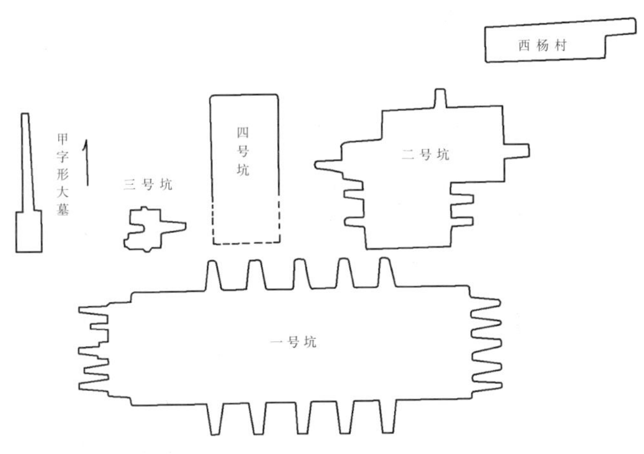


图九　陕西临潼秦始皇兵马俑从葬坑平面布局示意图

出土九百三十九尊兵俑、四百七十二匹陶质鞍马、八十九乘战车，涉及弩、车、步、骑四个兵种，并构成不同的混合编队；四号坑是座空坑，推测是因秦末起义军迫近咸阳且调走修陵刑徒投入战斗而未能完工留下的遗迹；三号坑平面呈“凹”字形，东西长 17.6、南北宽 21.4 米，其前庭放一乘驷马华盖车，后置四尊铠甲武士俑，两厢布列六十四尊手持长殳的侍卫甲俑，专家们认为此坑象征着整个俑群的指挥部“军幕”所在[59]。秦兵马俑及俑坑出土之后，在学术界引起了强烈的反响和持久的讨论，其性质也有不同说法，但专家们都赞同它是秦代军阵的模拟。体大如真、雕塑精致、施彩鲜活的兵马俑不仅再现了秦始皇陵的庞大规制和丰富内涵，而且刷新了中国的雕塑史和整个艺术史，还涉及秦代军事史、服饰史等多个领域，其崇高的学术地位得到国内外的公认。

（2）殉马坑

殉马坑位于陵园外墙以东约 400 米处的上焦村一带，分布范围南北长约 1900、东西宽约 50 米，共有近四百个左右的马坑（其中也有少数俑坑、俑马同坑），呈东西两行排列。多数马坑已受破坏，清理出土的马坑皆为东西向长方形竖穴土圹，每坑埋一马，马头向西，马头前放陶质的盆、罐、灯、铁镰等喂马及照明器具，有的盆内还有谷粒、谷草。俑坑出土体型较小的跽坐陶俑，俑前有陶罐、铁锸、铁斧、镰刀、陶灯等。坑中出土的器物上有“大厩”、“中厩”、“小厩”、“宫厩”、“左厩”等铭文。为此，专家们认为这些殉马坑象征着秦代的厩苑，跽坐俑则属于饲养马的圉人[60]。

（3）陪葬墓

陪葬墓已发现两处，一处在秦俑三号坑正西 90 米处，为平面作“甲”字形的较大型竖穴土圹墓。有学者认为，此墓墓主身份可能是统帅兵马俑的“指挥者”，也有说可能是被赵高、李斯杀害的秦始皇长子扶苏之墓[61]。亦有学者对该墓墓主提出其他看法。另一处属陪葬墓区，位于陵园外城东墙外350米的上焦村西，东邻殉马坑，共发现十七座墓，成南北一字形排列，平面都呈“甲”字形，除七号墓墓道向东外，其他墓道皆朝西；葬具为一棺一椁，并使用不同质地的随葬品，已发掘的八座墓内有六座死者似被肢解而死。研究者根据考古迹象推断，这批死者可能是《史记·秦始皇本纪》及《史记·李斯列传》所载被秦二世胡亥处死的秦公子、公主及秦始皇的近臣[62]。

**3. 陵园外以北的考古发现**

发现包括鱼池遗址及其东北的宫殿基址和鱼池西、南一带的水禽走兽类从葬坑，此外还有可能属于秦始皇陵陵邑的“丽邑”遗址。

（1）鱼池遗址及附近宫殿建筑遗址

鱼池位于陵园以北约2公里多处。鱼池在《水经注·渭水注》中已有记载，并认为是因造秦始皇陵时取土开挖而成。有学者提出，“鱼池”是筑陵工程有意筑造的人工湖面，其功能是积蓄秦始皇陵地宫坑穴排出的地下水，在旱季为数十万筑陵人提供生活用水，同时还长期作为掩饰地宫“井渠”排水工程的出水口[63]，但这一推论尚未获得考古资料的证实。在鱼池遗址东北面，发现一大型宫殿遗址，出土夯土墙垣、房基、下水道、井等遗迹和砖、瓦建筑材料等，考古人员推测其原为战国晚期秦步寿宫遗址，到秦始皇时用作修陵工程的官邸[64]。

（2）水禽类从葬坑

在鱼池以南以西一带，发现了两座大型的从葬坑，其中一座（K0007）约在陵园东北900多米处，坑平面呈“F”形，总面积约978平方米，经试掘，出土了模拟河道式水环境的地下建筑遗迹，在河道两侧放置着仿真的青铜水禽，包括天鹅、鹤、鸿雁三类，所有水禽展示的都是动态过程中的瞬间姿态。从葬坑内出土的陶俑分箕踞式和跽坐式二种，陶俑埋藏区还出土了骨质、青铜质和银质的小件器物，被认为可能是用来驯化水禽的小型乐器。在这座从葬坑以西约1000米的吴西村南，分布着另一座面积约300米的从葬坑，坑内甬道的南北两侧十六个耳室内已出土一批动物骨骼，它们有飞禽、走兽、鱼鳖等十多个品种。段清波等认为，这两座从葬坑都在鱼池的附近，靠近水源，又都出土水禽类殉葬动物或青铜质水禽类俑，这表明从葬坑与鱼池水资源之间存在着很强的联系[65]。

（3）“丽邑遗址”

“丽邑”是秦始皇十六年（公元前231年）专门为自己的陵墓工程而设立的城邑，这一举动开启了中国帝陵陵邑制度的先河。考古学者在秦始皇陵园以北约4公里的刘家寨沙河村南一带发现了面积达200多万平方米的秦汉建筑遗址，出露遗迹有城墙、夯土房基、陶水道、砖瓦等，有的砖瓦上戳印“宫寺”等陶文，与秦始皇陵出土陶文极为相似。王学理认为，这一大型建筑遗址应是我国首次出现的帝陵陵邑“丽邑”及后来西汉初年更名为“新丰”的城址所在[66]。

**4. 陵园外以南的发现**

秦始皇陵园及整个陵区地处骊山北麓的洪积扇上，如何防止山上洪水对陵区的破坏，成为造陵工程的重要问题。考古学者在陵园南及东南一带勘查发现了骊山北麓的大水沟及防洪堤遗址。防洪堤呈西南—东北走向，全长约3500米，地表遗迹长约1000米、宽约40米，残高约2～8米，堤坝用土和砂石筑成，整个大堤围护着陵园、陵园以东的陪葬墓区和从葬坑区，并将山上来水导引到渭河，确实起到了防洪的作用[67]。

近年来，科技考古专家还在陵园以南约700米处发现一片重力异常区。学者们推测，这种异常区可能是秦始皇陵地宫最初的挖掘地点，后因土中含大量砾石导致无法继续开掘而将陵址北移到了现在所知封土堆的位置。此外，在陵园南面山间冲积扇缓坡上发现了一处深达30米的巨型凹陷，其土质与秦始皇陵陵冢封土土质相同。有专家提出，历史上所谓始皇陵冢封土取自北面“鱼池”的说法可能不确，这一新发现的巨型凹陷也许与始皇陵工程取土起封有关[68]。

**5. 陵园外以西的发现**

秦始皇陵坐西面东，陵园以西是其“背向”之处，发现的遗存性质与陵园以东的遗存面貌构成了强烈的反差。迄今所知，这一区域的主要遗存多与造陵工程有关，包括造陵刑徒墓地、石料加工场、窑场等。

（1）石料加工场遗址

石料加工场遗址位于陵园外西北部郑庄村南，东西长1500、南北宽500米，出土大量石材及石质半成品或废品，包括石水道、渗水井盖、门臼等，还有打制石料的铁工具、刑具铁钳和生活用具等，另有五处房屋基址[69]。这里正是为秦始皇陵工程打制石材及石质建筑构件的工场遗址，而出土刑具证明当时的劳动者可能多为刑徒。

（2）砖、瓦窑址

砖、瓦窑址地处陵园西北陈家沟，类似的遗存在秦始皇陵陵园外周围也有发现，但以陵园西侧一带最为密集。窑址出土文物以瓦件为主，还有铁工具、铁刑具等，也有灰坑、砂坑、墓葬等遗迹[70]。秦始皇陵大量建筑物的砖瓦用材应多是由这些窑场制作生产的，而劳动者也以刑徒为主。

（3）造陵刑徒墓地

造陵刑徒墓地已发现两处，一处位于陵园西南约 500 米的赵背户村西，另一处在赵背户村西南约 450 米的姚池头村南。赵背户村造陵刑徒墓地南北长达千米，考古人员在南北长 180、东西宽 45 米的范围内勘探发现了一百六十多座墓葬，墓作三行排列，墓向不尽一致。经发掘的三十二座墓都是竖穴土圹墓，以小型墓居多，墓坑中很少有葬具，一坑一般葬二、三人，多的达到十四人，葬式混杂不一，死者以青壮男性为主，但也有少量女性和儿童，多具骨架有被杀戳后埋葬的迹象。墓中出土文物以铁工具和陶器为主，从死者身边放置的刻字瓦片可知，他们的身份有不少是“居赀役人”，即以服劳役形式抵偿债务或因有罪而罚交财物的犯人。瓦文还显示，这些人是从关东原三晋、齐、楚故地被征调前来参加修建皇陵的居赀役人或刑徒[71]。位于姚池头村南的刑徒墓地占地约 1000 多平方米，距今地表深 0.5 ~ 0.7 米，尸骨凌乱，肢体不全，类似“万人坑”式的乱葬坟场，出土文物主要是秦代的铁工具和陶制品。专家认为，死者身份是修筑秦始皇陵的农民、刑犯和奴隶[72]。

在秦始皇陵园以西发现的无论是造陵刑徒墓地还是石料加工场、窑场的出土刑具等，都证明《史记·秦始皇本纪》所载秦始皇“及并天下，天下徒送诣七十余万人穿治郦山”的历史是可信的，当年煌煌巨制的秦始皇陵正是建造在受奴役大众生命和血汗及累累白骨基础之上的时代杰作。

迄今，考古学者已在秦始皇陵园内外获得大量发现，除陵、寝主体建筑之外，仅从葬坑就有近二百座。由地上、地下各类建筑和数量庞大无比的埋葬品构成的秦始皇陵极为复杂的丧葬文化系统，再现了专制帝国第一代皇帝在对待死亡和灵魂问题上极欲贪婪的追求。学者们认为，秦始皇陵陵区占地面积达到近 60 万平方公里，它的总体设计既吸取了战国时期各国尤其是秦国国君陵寝的成功之处，但更主要的意图是仿照当时的都城咸阳的格局[73]，视死如视生，以实现对无限帝权永占的欲求和目的。从其陵寝规模、内涵和对后世的影响而言，这座中国第一帝陵可以说是空前绝后，对它的考古探索和研究仍会是 21 世纪我国帝陵考古的重要指向。

## （二）西汉帝陵的调查和发现

西汉帝陵的科学考古工作开始于 20 世纪 60 年代初。1962 年 3 月和 12 月，陕西省文管会的何修龄和雒忠如、崔汉林对兴平县汉武帝茂陵的陵冢、陵园、“白鹤馆”遗址及其陪葬墓等做了调查和钻探[74]。1966 年，西安东郊白鹿原任家坡村发现了彩绘陶俑，后经发掘，在四十七个从葬坑中出土了一批彩绘陶女俑及马、牛、羊、鸡、鹤等禽兽骨骼等。王学理、吴镇峰认为，这是属于汉武帝初年为孝文窦皇后陵所设的从葬坑及丧葬品[75]。1968 年，咸阳渭河北塬上的韩家湾公社狼家沟发现一方“皇后之玺”印文玉印，出土地点东北约 1 公里处即有大型陵冢。1970 年，在离该陵冢约 2 公里的柏家湾出土了两件“长陵东当”铭瓦当，由此证明这里正是汉高祖长陵和吕后陵所在[76]。根据这些材料，研究者认为此印既出土于长陵附近，它就有可能原是吕后陵旁便殿内的供祭之物，这方珍贵的玉玺也当属吕后陵遗物[77]。

1970年11月至1976年11月，石兴邦等发掘了长陵区的两座约当文、景时期的陪葬墓及其从葬坑，这两座墓的墓葬形制、三万多件兵马俑、银缕玉衣等为研究西汉早期帝陵陪葬墓制度提供了重要资料。发掘者推断，这两座墓的墓主人可能是周勃和周亚夫父子[78]。

1972年春，在景帝阳陵西北1.5公里处发现一处面积达8万平方米的西汉刑徒墓地，经发掘，发现死者尸骨枕藉，互相叠压，埋葬草率，特别是一些尸骨上还留有沉重的铁刑具[79]，证明汉代帝陵与秦始皇陵一样，其建造者中有大批受奴役的刑徒。在刑徒墓地发掘期间，陕西省考古研究所的杜葆仁对西汉帝陵做了调查和研究，发现唐代以前有关文献中对西汉诸帝陵位置的记载是准确的，而清代毕沅给西汉各陵所定名位出现了张冠李戴的错误。他对西安市渭北咸阳原上的西汉帝陵做了重新排序，认为从西向东依次是武帝茂陵、昭帝平陵、成帝延陵、平帝康陵、元帝渭陵、哀帝义陵、惠帝安陵、高祖长陵、景帝阳陵，而文帝霸陵和宣帝杜陵则在西安市东南一带[80]（图一〇）。这一考定得到了学术界的普遍认同。直到近年，才有学者对其中的延、康、渭、义四陵之排序提出异议，认为实际应是延、渭、义、康的排序[81]。杜葆仁还提出西汉诸陵的空间布局关系体现了古代的“昭穆之制”。1973年至1975年，茂陵范围内还出土了一些画像砖、陶水管和文字瓦当等[82]，对了解茂陵陵寝建筑风貌有一定的帮助。在20世纪70

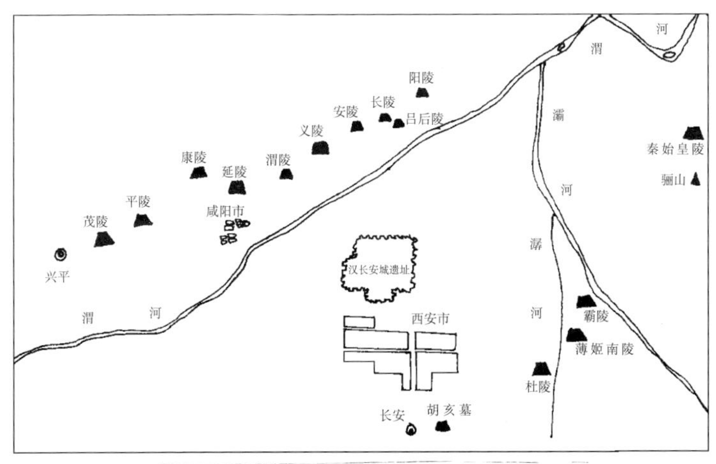


图一〇　陕西西汉帝陵陵位分布示意图

年代中后期，咸阳市博物馆的王丕忠、李宏涛、张子波等对渭陵、阳陵、长陵、安陵、云陵等开展了考古调查和研究[83]，并陆续发表了有关这几座西汉帝陵的陵园、陵冢、陵阙、皇后陵、陵邑（渭陵无）、寝园、陵庙、陪葬墓等资料。

1981年，在茂陵东侧约2公里处的陪葬墓区，发现了一号无名冢周边的三十八个从葬坑和另外四座墓葬，经对一号从葬坑的发掘，出土了一批西汉中期的铜器，其中不少铜器都鎏金、鎏银或错金银，另有刻铭文者十八件。铭文证明，这批铜器的主人是“阳信家”，有的铜器自铭为皇室未央宫中物品。据负安志研究，“阳信家”所指应为汉武帝之姊阳信长公主之家，这证明该墓墓主人当是武帝时期的皇家眷属或朝廷重臣[84]。刘庆柱、李毓芳认为墓主人应是阳信长公主[85]。此外，茂陵陵园外城范围内出土的一件可能原为门扉装饰的四神纹玉铺首，也为人们推想茂陵陵寝建筑的豪华壮观提供了依据[86]。

20 世纪 80 年代的西汉帝陵考古有一个重要特征，就是一方面系统的考古研究成果陆续问世，另一方面有计划有学术目的的考古发掘相继展开。1982 年，刘庆柱、李毓芳发表了他们耗时近十年对西汉帝陵持续调查研究的初步成果[87]，内容涉及十一座帝陵及高祖之父太上皇陵、高祖薄姬南陵、钩弋夫人云陵的陵墓、陵园、陵邑、陪葬墓等，同时，他们还专门报道了过去考古工作较为薄弱的太上皇陵考古资料[88]。1982 年 4 月，杨宽等在对西汉帝陵做考察后，也对西汉诸帝陵园布局等问题做了综合研究，提出西汉早期三陵分布遵循了左昭右穆制度，但武帝以后即不再执行，而是构建了以皇帝为中心的墓制[89]。这一时期石兴邦等对长陵做了系统的考察和研究，特别是对帝陵与后陵的关系、陵邑制度、帝陵陪葬墓及陪葬坑制度等发表了见解[90]。此外，从 1982 年到 1985 年，由中国社会科学院考古研究所主持的对宣帝杜陵陵园及陵寝遗址及有关陵园门道、寝殿、便殿、陪葬坑等一系列的发现[91]，推进了对西汉帝陵制度的深入认识。在此基础上，1987 年，刘庆柱、李毓芳发表了他们更加系统全面的有关西汉帝陵考古的研究成果[92]，包括对各陵调查、勘探、发掘的资料、帝陵布局昭穆制及其渊源和影响、帝陵形制、陵园和寝园制度、陵庙、陪葬坑、陪葬墓、陵邑诸问题及帝陵的营建和管理机构等，代表了截止到 20 世纪 80 年代有关西汉帝陵考古研究的最新水平。

1990 年 5 月起，陕西省考古研究所为配合咸阳国际机场公路建设，对汉阳陵做了大规模的考古发掘和研究工作。到 1998 年止，已勘探了帝陵、后陵、门阙、阳陵邑、陪葬墓等遗迹，发现八十一座各类从葬坑，一百三十多座陪葬墓园，五之间，各后陵则在300～400米之间（依目前资料）。陵园四面围墙正中各辟一门。以杜陵为例，其陵园门东门址通宽85米，进深20米，由门道、左右塾和左右配廊构成，其中门道宽13.2米，进深20米；陵园南门由一组三出阙相连而成，三出阙的平面由大小依次递减的三个长方形组成，东西面阔131.5米，南北进深分别为25.5、17.4、11米，阙门中央是门道，长25.5、宽5.5米，门道两侧为东、西、内、外四塾，塾外侧是主阙台，主阙台外侧为副阙台，塾和主、副阙台周围环以回廊，回廊之外砌河卵石散水。门阙之上原都覆有瓦顶门楼，其当年之壮观不难想象。陵园之内除陵冢之外，还安排一些礼制建筑，特别是西汉早期，寝殿、便殿等设在陵园内，如高祖、吕后陵园内北部即有疑为是寝殿类建筑的基址。

封土之下有面积广大的夯土台座，范围直到陵园的围墙附近，厚度达到数米。王志友认为，这一与封土底部相连的大型夯筑台基即为《汉旧仪》上所说天子之陵的“堂坛”。封土下的墓室（汉代称“方中”）即开口于“堂坛”之中[100]，帝陵封土下四面正中各有一条羡道（墓道）通向地宫，杜陵的羡道宽约8米，底部在封土边处深达20米。阳陵考古资料证明，东墓道为主墓道，东西长69米，东端宽8、西端宽32米，南墓道南北长11米，南端宽3.5、北端宽12米。按照制度，墓室（方中）的中心建筑是为“明中”，一称“玄宫”，内放皇帝的一套葬具。研究者们普遍推测，西汉皇帝的葬具采用“梓宫”、“便房”、“黄肠题凑”之制。

陵园四门之内封土以外的地下分布着众多的从葬坑。以阳陵为例，其东侧有二十一座、南侧十九座、西侧二十座、北侧二十一座，东侧和西侧坑为东西方向分布，南侧和北侧坑为南北方向分布，坑之规模一般宽3～4米，最短的4米，最长的超过100米，深3米左右。坑中所埋有各类骑兵俑、步兵俑、动物俑、兵器、车马器、各类生活用品等，具有模拟死者生前宫廷生活的含义。王学理、梁云认为，帝陵陵园墙垣之内象征宫内，墙垣之外象征宫外，帝陵墓圹则象征“殿内”，陵园从葬坑的埋葬品正是根据皇帝生前活动的空间格局及其内容而予以设计的，如帝后陵园内封土外从葬坑中的武士俑群便象征着西汉守卫皇宫的“南军”卫士[101]。皇后陵的地宫也有四条墓道，东侧墓道最长、最宽，应为主墓道。封土外围同样分布着诸多从葬坑。

（2）寝园

帝王陵建筑体制中的“寝”起于战国后期的秦国，其更早的源头应是殷商至战国时期的墓上之“堂”。当秦始皇正式建立帝陵制度时，陵侧起“寝殿”和墓上造“山陵”就构成了帝王陵寝制度的主要内涵。西汉时代承秦制，诸帝、后陵皆有寝殿，并发展为相对独立的“寝园”。汉初的寝殿可能像秦始皇陵那样仍设于陵冢之北，如高祖、吕后陵之北各有一处建筑遗址，即被疑为寝殿遗址。阳陵陵园内也分布着多处地面建筑遗址，有关专家推测它们大体包括了寝殿、便殿、食官、园寺吏舍等建筑遗存。大约武帝以后，寝殿类建筑可能即移置于陵园之外，在茂陵东南“白鹤馆”遗址东面一带曾出土画像砖、文字瓦当等，有专家认为其属寝园遗物。特别是经发掘的杜陵帝、后寝园，都位于两处陵园之外，它证明至迟西汉中期，帝陵寝殿的方位和建筑格局都已在秦代的基础上发生了变化。

以杜陵寝园（图一一）为例，它位于陵园之外东南一角，

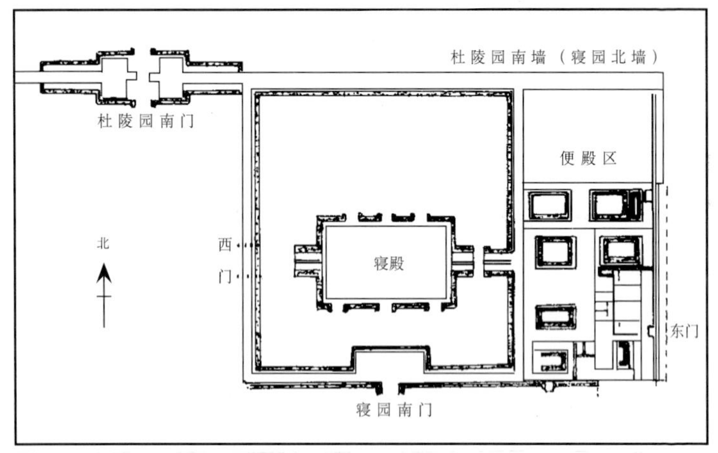


图一一　陕西西安西汉杜陵寝园平面示意图
（引自《西汉十一陵》）

四周有园墙（北墙系利用陵园南门以东一段墙体），寝园平面长方形，东西长 173.8、南北长 120 米，辟有南、东、西三门，南门是通向寺吏舍建筑区的主要通道；寝园中安排寝殿和便殿两组建筑，寝殿居西，便殿在东；寝殿筑于长方形夯土台基上，东、西面各一门，南、北面各三门，其西门正对寝园西门，东门正对便殿西门；寝殿通宽（东西）十三间、进深（南北）五间，四周环以外廊。寝殿以北为一广场。刘庆柱推测，这可能是举行重要礼仪活动的场所。便殿由殿堂、院落和成套的房间组成，其中有的房子中设窖穴，窖穴中出土粮食、动物骨头、钱币、大型铁器等，这种窖穴可能是用来储放祭祀物品的设施。杜陵王皇后寝园在其陵院外西南，周有园墙，其北墙同样利用陵园南门以西一段墙体，寝园中也分寝殿、便殿两区，建筑布局等与宣帝杜陵寝园相似，只是规模略小[102]。

西汉帝陵将寝殿、便殿等建筑移出陵园，并形成相对独立的寝园，强化了陵园以内陵冢区的肃穆与隐秘，是帝陵制度走向进一步规范化的重要举措。

（3）陵庙

陵庙之设始于西汉。目前大约有三处相对明确是为陵庙的遗存，它们分别属于阳陵、杜陵和平陵。阳陵陵庙遗址位于阳陵东南约300米处，这是一处以“罗经石”为核心的大型正方形建筑基址，边长260米，中央部位以“罗经石”为中心，构筑一个边长54米的方形大土台，围绕中心夯土台的是两重回廊式建筑。内层回廊四边各有三个门址，出土的青龙、白虎、朱雀、玄武“四神”纹砖标志着各门的方位；外回廊四边中心部位有门庭，四角筑有曲尺形配房，整个建筑群四周还绕以边长达260米的正方形沟隍，结构奇特，体量宏大。王学理认为，陵庙遗址中心的“罗经石”可能就是体现“庙以藏主”功能的“木主”神坛[103]。杜陵陵庙遗址位于杜陵东北400米处，为一平面略作方形的建筑基址，出土空心砖上也装饰有表示方位的青龙、朱雀纹等，基址东西两侧各有一条南北向大道，向南分别通往宣帝陵和王皇后陵陵园及寝园[104]。平陵陵庙基址在平陵东南约5公里处，平面亦近方形，曾出土朱雀纹空心砖等[105]。如果将已发现的寝殿、陵庙建筑基址做一比较，除了两者在建筑结构上存在巨大差异之外，它们在建筑平面上则分别为长方形和方形或近于方形；在使用的建筑材料上，后者都出现了表示四方方位的“四神纹”砖，而这一点恰恰与西汉长安城南郊发现的王莽“九庙”宫门遗址出土标志方位的“四神”纹瓦当有异曲同工之效[106]。

（4）从葬坑

考古资料证明，西汉所有帝、后陵都设有从葬坑，从葬坑以陵园内最为密集，陵园之外也有分布。迄今，在太上皇陵和昭灵后墓附近已发现五座，坑内埋藏车马具等；窦皇后陵陵园西墙以西发掘的四十七座从葬坑内出土彩绘女侍俑、禽兽遗骨、盛有谷物的陶罐等；杜陵北 1 号从葬坑内出土陶俑、铜器具、铁兵器、陶器、漆器、明器车等，4 号坑出土俑、铜钱、铁兵器、“大仓”款铜印等；薄姬南陵陵园西墙外发掘的二十多座从葬坑内有彩绘女侍俑、陶罐、动物骨骼等，经鉴定，埋葬动物中有犀牛、大熊猫、马、羊、狗等[107]。尤其是阳陵陵园内在封土周围钻探发现了八十一座从葬坑，出土各种士兵俑、动物俑、不同质地的生活用品、兵器、车马器等，反映出当时帝王丧葬礼仪设计中所追求的“视死如视生”的目标，即在从葬坑中要埋藏满足皇帝死后“灵魂”生活的各种所需物品，这同时也表现出汉代最高统治者对死亡的恐惧和对享乐的极度贪恋。就此而言，西汉帝陵完全继承了秦始皇陵所开创的复杂的从葬坑制度及其丧葬思想。

（5）陪葬墓

西汉帝陵皆有陪葬墓并形成墓区，一般多位于陵东或东北方的东司马门道旁，少数在陵北或其他方位。如长陵陪葬墓在长陵以东，东西绵延约 7.5 公里，地表尚存封土的有六十三座，略呈南北方阵形排列，成组分布，每组墓冢多并列成对，可能反映了“族墓地”和夫妻“同茔不同穴”的葬制[108]。有的墓还建造墓园、祠堂等，并有自己的从葬坑，如已发掘的疑为与周勃或周亚夫有关的杨家湾四、五号汉墓即为长陵陪葬墓之一，其中四号墓仅从葬坑就有十一个，出土骑兵俑和人俑等二千五百多件[109]。安陵陪葬墓区也在陵东，地面保留有十二座墓冢，该墓区曾挖掘过一个设于墓圹四周的环绕式从葬坑，估计埋藏陶俑总数在三千件以上。茂陵陪葬墓区在东司马门道两侧，现存封土的有十二座，分四组，道南、北各两组，著名的卫青、霍去病墓等位于北侧，南侧有霍光墓，其中霍去病墓封土上设巨石，墓前置石人、石马、石虎、石象、石牛、石象等大型石雕，是目前所存我国帝王陵陵区最早出现的墓前石雕（与其同时代的张骞墓前也有石雕）。刘庆柱、李毓芳认为，这是受西域文化影响下的产物，对此后我国陵墓神道石刻制度的产生影响深远[110]。考古界曾发掘过这批陪葬墓区中的汉武帝姊阳信长公主墓的从葬坑。

杜陵的陪葬墓分布在陵东南一带和东面的东司马道以北一带；渭陵陪葬墓地位于陵东北约 800 米处，尚存墓冢十八座，有规律地排成四行；延陵陪葬墓在陵东 1500 米处；义陵陪葬墓除东北一片之外，陵东南、西北也有少量分布，显得较为零乱。

迄今为止，对阳陵陪葬墓的考古勘探工作做得最为全面。阳陵陪葬墓区在帝陵东侧约 1100 米处的东司马门大道两侧，东西长 2350、南北宽 1500 米，占地面积约 3.5 平方公里。其东、西各有南北向壕沟一条作为界限，墓区内又划分成若干个墓园，墓园之间再隔以壕沟，区内共有十六排一百零七座墓园。墓园平面多为正方形，少数作长方形，每座墓园内有数量不等的墓葬和从葬坑。经勘探，整个墓区有各类墓葬五千多座，分早、中、晚三期，早期墓园三十座，紧挨东司马道两侧，每侧各两排，布置有序，各墓园内有一至五座墓葬不等，墓葬形制主要是“甲”字形，一般都有从葬坑，墓主身份以诸侯、公主等皇亲国戚及政治权贵为主；中期墓园五十五座，位于早期墓园的南北两侧，墓形变小，墓主级别较低；晚期二十二座墓园又在中期墓园的南北两侧，墓园门道方向不一，排列规律已不明显。焦南峰等认为，阳陵陪葬墓区中的早期墓葬是为阳陵陪葬墓，而中、晚期墓葬的时代已进入西汉晚期甚至东汉时期，这时已无必要陪葬阳陵，当属于独立的家族墓园。此外，阳陵陪葬墓墓园以壕沟为界的做法当是受秦人葬俗影响所致[111]。这批资料对深入了解西汉帝陵的陪葬墓制度有重要的学术价值。

（6）陵邑

帝陵设陵邑始于秦始皇，西汉时期续用此制。考古界已发现的西汉陵邑有长陵邑、太上皇陵“万年邑”、薄姬南陵邑、安陵邑、霸陵邑、阳陵邑、茂陵邑、钩弋夫人云陵邑、平陵邑、杜陵邑等。自元帝渭陵开始不再建陵邑，但元帝之后的成帝又开始造昌陵邑，不过，昌陵邑遗址至今尚未发现。昌陵以后，陵邑之制即不再实行。考古资料证实，早期的如太上皇陵、长陵、安陵、霸陵等陵陵邑都位于陵园之北，从阳陵开始，陵邑设于陵园之东，如阳陵、茂陵、平陵均如此。杜陵陵邑又移于西北。薄姬南陵邑和钩弋夫人云陵邑比之帝陵陵邑规模要小许多，如帝陵陵邑城墙东西长度一般在 1200 ~ 2500 米，南北长度在 500 ~ 2200 米，而云陵邑东西长 370 米，南北长也仅 700 米。业已发现的西汉诸陵邑大多还保存着部分城墙或城墙基部，城址范围内尚有大量的建筑基址和砖、瓦、陶水管等建筑材料遗存。

**2. 西汉帝陵朝向和陵位安排思想**

对西汉帝陵的朝向，有东向说和南向说两种。关于“东向说”，最早由石兴邦提出，后杨宽、刘庆柱、李毓芳等也持千多座各类型墓葬，发掘了陵园南阙门遗址、部分从葬坑、二百八十座汉墓，出土骑兵俑、步兵俑、彩绘陶山羊、狗、绵羊、小乳猪等以及陶、铜、漆等不同质地的生活用品、车马器、兵器等各类文物九千三百多件[93]。其中发掘的“罗经石”建筑遗址，韩伟认为是“太社”遗存[94]，王学理则坚持是阳陵陵庙“德阳宫”遗存[95]。焦南峰等认为，汉阳陵考古收获不仅对研究西汉帝陵制度有特别意义，而且对探讨汉代宫廷制度、帝王生活方式以及西汉物质文化等都有重大价值。除阳陵考古之外，孙铁山等继续对惠帝安陵开展调查，发现了安陵陵园，在安陵陵邑平面形制方面取得新的突破[96]。

20世纪的田野考古为全面恢复西汉帝陵的规制奠定了雄厚的学术基础。

**1. 西汉帝陵规制**

西汉帝陵大约由皇帝陵园、皇后陵园、寝园、陵庙、陪葬墓区、地下从葬坑以及陵邑等构成[97]。具体到每一座帝陵，又有一些局部的差异。

（1）帝陵陵园

陵园以陵冢为中心，四边设围墙。陵冢都作方形或长方形覆斗状，少数呈二层或三层台状，早期陵冢规模帝、后相差不大，如长陵和吕后陵基本接近；阳陵、平陵、杜陵三陵帝陵略大于后陵；渭陵以下帝陵远大于后陵。长陵和安陵都是帝、后合一陵园，惠帝以下的帝、后皆独立设园。一般采取帝陵在西、后陵在东的布局。刘庆柱、李毓芳认为，这是受西汉宫城布局影响的结果[98]。陵园平面正方形居多，少量为长方形。长陵陵园规模最大，边长东西1000、南北900米[99]，其次为安陵，其东西940、南北840米，其他各帝陵陵园墙长度在370～430米此说，这已为汉太上皇陵、阳陵等四条墓道中以东墓道为主墓道之资料获得进一步实证[112]。但也有一些学者认为汉帝陵的中轴线是南北向的，陵墓建筑也是南向为主[113]。与陵向有关的另一重要问题是西汉帝陵陵位究竟是依据什么思想原则安排设计的，其中意见分歧最大的就是有无“昭穆制”。叶文宪认为，既然西汉陵园方向不是朝南而是朝东，那么渭北诸陵大致成东西一线分布，各陵之间即无昭穆关系可言。他主张左昭右穆的礼制和公墓制度在西汉时已不通行，也不存在所谓“尊长在西、卑幼在东”的礼制说法，西汉实行的是帝陵中心制，帝陵坐西向东为尊位，后陵和陪葬墓居东匍匐于帝陵的足下[114]。持西汉帝陵无昭穆制及“公墓制”之说的还有雷依群、焦南峰和马永嬴、黄展岳[115]等。

杜葆仁、石兴邦、李毓芳、沈睿文、秦建明、姜宝莲[116]等都认为西汉帝陵排位实行了昭穆制。其中李毓芳最早系统论述了这一问题，他坚决主张西汉帝陵的分布主要是受昭穆制度的影响。具体表现是：第一，在咸阳原汉陵区中，存在属于同一辈分者因其昭穆序位相同而不能进入同一陵区的现象，如文帝、昭帝都因这一因素而另辟陵区，遂形成了西汉时期的两大帝陵区。第二，咸阳原上的九座帝陵可分为三组，第一组包括长陵、安陵和阳陵，均属西汉初期的帝陵，是以长陵为中心；第二组包括茂陵和平陵，为西汉中期的帝陵，是以茂陵为中心；第三组包括渭陵、延陵、义陵和康陵，属西汉晚期的帝陵，是以渭陵为中心。这三组汉陵中，二、三组汉陵的分布位置受第一组汉陵的制约，后两组中心帝陵即茂陵和渭陵都以第一组汉陵中的中心帝陵“长陵”为“祖位”而排列。当然，她也承认，由于政治情况的变化和地形条件的限制，陵区中的昭穆序位排列并不是很整齐，但西汉帝陵实行昭穆制及存在“公墓”制应是没有问题的[117]。

以上两说均是建立在考古资料的基础之上，也都有各自的理论依据，孰是孰非，目前都还没有到下结论的时候。有学者认为，西汉帝陵目前所见的排列顺序是当时随意而为的结果，或完全出于皇帝个人的好恶，这未免将西汉时期作为国家最重要政治行为和礼制行为之一的皇帝丧葬看得过于简单与草率。我们认为，西汉帝陵的陵位安排肯定遵循着某种思想，只不过这种思想随着岁月的流逝而变得渺茫起来，需要学者们继续去探索和讨论。

## （三）西汉王陵发掘和王陵制度阐释

20 世纪的西汉王陵考古工作起步于 60 年代后期。1968 年 6 月至 9 月，中国科学院考古研究所发掘了河北满城西郊陵山上的两座大型汉墓。根据有关资料判断，这两座规模很大的横穴式崖洞墓的墓主人是西汉中山靖王刘胜（M1）和王后窦绾（M2）[118]。其独特的墓葬形制和一套完好保存的随葬品，为人们讨论西汉王陵丧葬制度提供了难得的材料，特别是墓中第一次出土两件完整的汉代金缕玉衣，更引起了学术界的注意，也为此后讨论汉代帝王丧礼中所用“玉衣”以及中国古代“玉敛”之制提供了实证和启迪。

70 年代，相继发现和发掘的诸侯王墓数量众多，包括山东曲阜九龙山鲁王墓[119]、河北定县西汉后期中山王刘修墓[120]、北京丰台区大葆台汉墓（广阳顷王刘建墓）[121]、湖南长沙象鼻嘴 1 号墓（疑为长沙王吴著或刘发墓）[122]及陡壁山 1

号墓（某长沙王王后墓）[123]、山东巨野红土山大型崖墓（疑为昌邑王刘髆墓）[124]、山东淄博窝托村齐王墓（疑为汉初第二代齐王刘襄墓）五座从葬坑[125]、河北石家庄北郊西汉初年赵王张耳墓[126]、江苏高邮天山西汉广陵王刘胥墓[127]等。这一时期的考古工作大大丰富了对西汉诸侯王陵墓制度的认识，特别是北京大葆台汉墓发现的保存基本完好的"梓宫、便房、黄肠题凑"遗存，为学术界深入探讨西汉作为"天子之制"的葬具形制找到了直接的依据。进入80年代以后，对西汉诸侯王陵墓的考古工作呈现出集中成片进行勘探发掘的态势，其中的江苏徐州地区的楚王墓、河南永城地区的梁王墓、广州的南越王墓三项考古工作最有成就。先后发现和发掘的楚王墓包括徐州铜山县龟山西汉第六代楚王刘注夫妇墓[128]、徐州石桥东洞山西汉中晚期某楚王墓、徐州狮子山西汉早期某楚王墓（疑为第二代楚王刘郢［客］或第三代楚王刘戊墓）[129]及其从葬兵马俑坑[130]、徐州驮篮山某楚王墓（疑为第三代楚王刘戊墓）[131]、徐州北洞山楚王墓（疑为第四代楚王刘礼墓或第五代楚王刘道墓）[132]。有些田野工作一直延续到90年代，相关考古资料为阐明西汉刘姓楚王陵墓制度体系创造了良好的条件。

河南商丘永城市芒砀山地区是西汉梁王陵墓分布区。1984年，河南省文物局在文物大普查中首次确认了这一诸侯王墓区。1990年10月，安金槐等又做了详细调查。此后，从1986年起至1998年止，历时十多年，河南省文物局组织河南省文物研究所、商丘地区文化局和永城县文管会的专家对该墓区开展了更加深入的调查，同时也对部分遗存做了考古发掘。它们包括保安山一号墓即梁孝王墓及其寝园，保安山二号墓（梁孝王王后墓）及其从葬坑，柿园汉墓，窑山一、二号墓，僖山一、二号墓，夫子山一、二号墓，南山一、二号墓，黄土山一、二号墓，铁角山一、二号墓[133]等。已经调查确认的八处大型墓葬与西汉梁国八代九王大体相应，调查、清理、发掘的二十多座王陵、后陵、嫔妃墓等资料基本构建起了西汉梁王陵墓的制度系统。

这一时期最重要的考古发现之一还有广东广州象岗南越王墓的发掘。该墓发掘于 1983 年 8 月，是岭南地区首次发现的级别最高的汉代墓葬。其复杂的墓葬结构、丰富而精美的随葬品、多具殉人、全国第一次出土的西汉金质帝玺、墓主人使用的丝缕玉衣等，给考古界提供了另一种帝王陵形制。根据墓中出土印玺和随葬品的时代特征，发掘者认为墓主为西汉南越国第二代国王赵眜，《史记》、《汉书》的《南越（粤）列传》中将其误写作“赵胡”[134]。1983 年，在广州市区凤凰岗还发现了一座规模仅次于象岗南越王墓的大型木椁墓，可惜墓中随葬品早已被盗一空，有学者推测它可能是第三代南越国王婴齐墓[135]。

20 世纪最后一个十年的西汉诸侯王墓考古也取得了令人瞩目的成绩，重要发现包括山东长清双乳山西汉末代济北王刘宽墓[136]、山东章丘洛庄西汉吕国第一代国王吕台墓[137]、北京老山西汉某燕王王后墓[138]、湖南长沙望城坡西汉早期吴氏长沙国王后“渔阳”墓[139]以及河北获鹿高庄西汉常山国王刘舜墓[140]等。它们从不同方面充实和完善着西汉诸侯王陵墓制度的内涵，如济北王墓的宏大；吕台墓从葬坑出土的一百四十多件乐器、马车、刻铭铜器以及首次发现的诸侯王墓祭祀坑现象；老山燕王王后墓与望城坡长沙王后“渔阳”墓的“黄肠题凑”葬制结构等，为揭示不同地区和不同时期西汉诸侯王墓的特点及相关诸侯国的历史提供了大量新资料。

根据俞伟超[141]、王仲殊[142]、黄展岳[143]等专家研究，西汉诸侯王墓分“凿山为藏”（地下坑道式横穴式崖墓或崖洞墓）和“穿土为圹”（竖穴土圹墓或竖穴土石坑墓）两种形式，黄展岳对这两类墓葬形式做了系统论述，可资参照。

**1. 横穴崖洞式诸侯王墓**

以在石质山体内部开凿横穴式墓室为特点，学界一般多认为这种“因山为藏”的陵墓形式是效仿西汉文帝霸陵的结果[144]。但有的学者不主张此论，据梁勇、梁庆谊、王涛等研究，江苏徐州地区发现的前两代楚王墓即楚王刘交和刘郢［客］墓较文帝霸陵为早，加之史书中说到刘交、刘郢［客］与文帝关系非同一般。为此，他们认为，这两代楚王的造墓方式对文帝“凿山为葬”的陵墓形式的产生具有明显的启发性[145]。不过，徐州楚王墓中真正属于横穴崖洞式墓的是从狮子山汉墓（即推测为第二代楚王刘郢［客］墓）开始的。而据文献所载，刘郢［客］即楚王位是在文帝二年，至文帝五年时即去世。按汉代规定，“汉天子继位一年而为陵”，亦即楚王刘郢［客］即位时文帝霸陵当已开建，而刘郢［客］的陵墓至少比文帝陵开建时间晚一年。所以，有关“因山为陵”而开建的横穴崖洞式陵墓制度的源起和流播仍然还是个有待研究的问题。

迄今发现的这类诸侯王墓制主要流行于地域相接的原西汉楚国（今江苏）、梁国（今河南与江苏、安徽接壤处）、鲁国（今山东）、中山国（今河北）等诸侯国。就考古资料而言，则楚、梁两国最为系统。

(1) 江苏徐州西汉楚王墓

西汉一代共有刘姓楚王十二位，而江苏徐州已发现的楚王墓已有八处十四座（含王后墓）。除第一代楚王刘交墓外，其余均为横穴崖洞式墓，而非楚王身份的死者则一概不用此类墓制。根据墓葬形制及出土文物的类型学分析，有学者分析出徐州楚王墓的先后顺序：楚王山汉墓（第一代楚王刘交墓）→狮子山汉墓（第二代楚王刘郢［客］墓）→驮篮山一、二号墓（第三代楚王刘戊及王后墓）→北洞山汉墓、“桓魋石室”（第四代楚王刘礼或第五代楚王刘道及王后墓）→龟山二号汉墓（第六代楚王刘注及王后墓）→东洞山（石桥）一、二号墓（推测为第八代楚王刘延寿墓）→南洞山墓（推测为第九代楚王刘嚣或第十一代楚王刘衍墓）→卧牛山汉墓（末代楚王刘纡墓）[146]。

从徐州楚王墓调查发掘资料可以发现其从竖穴石坑石室墓向横穴崖洞式墓演变的大概历程，第一代楚王刘交墓墓室开凿于楚王山北侧支脉的一座山头上，地表有下方上圆的封土，墓室平面为“甲”字形，斜坡墓道东向，墓道两侧各有一个耳室，墓室顶部以石板砌成穹隆顶；狮子山楚王墓为由竖穴崖墓向横穴崖墓过渡的墓型，竖穴呈“天井”式，横穴即墓室，此墓南向，总体结构采用中轴对称布局，由外墓道、天井、内墓道、甬道、耳室、主墓室等组成，墓室为平顶；驮篮山一、二号汉墓均南向，墓室平面为中轴对称“前堂后室”的布局，甬道两侧各有两两相对的三间耳室，另设厕间、沐浴间等侧室，空间布局更加“人性化”，墓室石壁表面涂澄泥后外敷朱漆，十分考究，墓顶有平顶、两面坡、四面坡等不同形式，墓室内设有完善的排水系统。通过这三座楚王墓，可以发现横穴崖洞式诸侯王墓之形成及由简单到复杂的变化过程。大约从汉武帝初年开始，楚王墓发生了诸多变化，如墓室平面布局不再遵守中轴对称形式；墓道由长变短、由宽变窄；甬道内的塞石由双层双列变成双层单列；横穴石室内出现了瓦木结构的房屋，墓室中出现擎天柱；由以前的前、后两室变成前、中、后三室，但总体上墓室空间结构趋向简单。如末代楚王刘纡墓（卧牛山汉墓）仅由墓道、甬道、前、后室与侧室构成；楚王、王后墓由“异茔异穴”变为“同茔异穴”，两墓距离从远到近乃至两墓可有门相通等。这其中的致变因素当包括崖洞墓营构技术的不断进步、丧葬思想的变迁、王国政治和经济实力由强到弱的转化[147]等多种。

（2）河南永城梁王墓

西汉梁国王陵墓区位于河南省永城市东北30多公里的芒砀山区（图一二），现已发现的八处十二座梁王陵墓主要分布在芒砀群山的保安山、李山头、夫子山、铁角山、南山、窑山、僖山、黄土山等山头上。其中属于横穴崖洞式墓的有十座，另四座为竖穴石室墓，前者年代均早于后者。已发掘的三座崖洞墓可以反映早期梁王陵的特点。

保安山一号墓，多数学者认为这是梁孝王刘武（公元前168～前144年在位）墓[148]，刘武陵也是芒砀山西汉梁国王陵区的首座王陵。此墓在《水经注·獲水》中已有记载，言其特点是“斩山作郭，穿石为藏”。考古证实，该墓位于保安山南山头，整个墓室穿凿于山体之内，墓门朝东，墓全长90、最宽处30米，由墓道、车马室、甬道、主室、回廊、排水设施等组成，规模宏大，结构复杂，墓内还有模仿地面上木结构的建筑。保安山二号墓即目前认为的梁孝王王后墓，规模比一

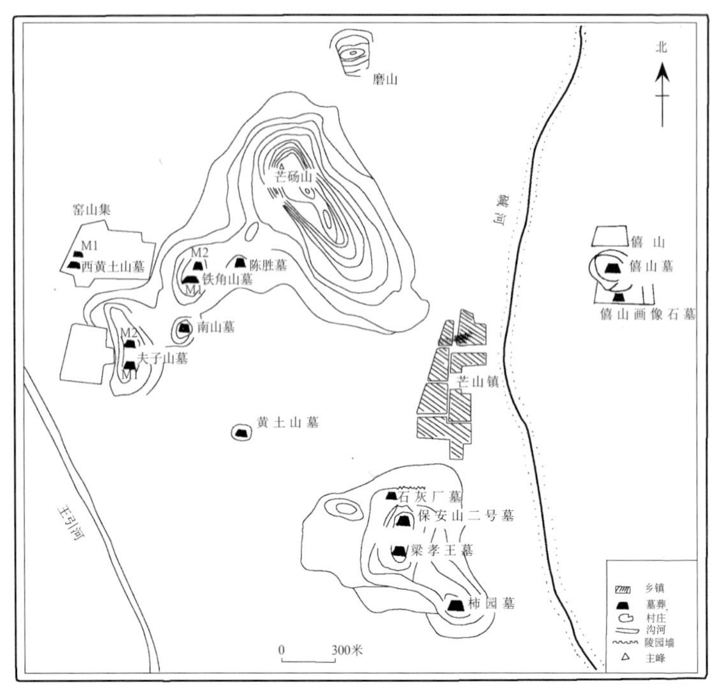


图一二　河南永城芒砀山西汉梁国王陵分布图

（引自《华夏考古》1992年第3期）

号墓还要宏大。此墓位于保安山北峰，南距一号墓约200米，由东、西两个墓道、三段甬道、前庭、前室（自名“东宫”）、后宫（自名“西宫”）及后室回廊、三十四间侧室以及隧道、排水设施等组成，全长210米，最宽处72.6米，总面积达1.6万平方米，总容积为6500多立方米。墓道、甬道、侧室门道等处使用的大型塞石数量估计要达到六千块左右[149]。其结构之复杂，营建工程规模之宏大，在迄今所发现的西汉诸侯王陵墓中都是罕见的。在保安山东南约500米的李山头柿园村发现的柿园汉墓（李山头一号墓）也是一座横穴式崖洞墓，墓门向西，由墓道、甬道、主室、耳室、过道等构成，全长约70米，墓壁两侧和室顶装饰以青龙、白虎、朱雀及云气纹图案为主要内容的壁画。赵志文认为，这是我国已发掘西汉诸侯王陵墓中时代最早、规模最大、保存最好、艺术水平最高的彩绘壁画。有学者推测，该墓墓主人可能是梁共王刘买（公元前144～前136年在位）[150]。

对于梁国使用的这种"因山为陵"的横穴崖洞墓制度的来源，学者们多认为是梁孝王效法其父汉文帝霸陵的结果。与徐州楚王陵发展过程相比，梁王陵的这种墓室形制似乎在这里是突然出现的，这其中不排除它确实受到长安霸陵制度影响的可能。换句话说，梁孝王及王后墓庞大而复杂的墓室结构为我们了解汉文帝霸陵的墓室状况提供了某种可能。

（3）河北满城中山靖王刘胜及王后窦绾墓

西汉中山靖王刘胜及王后窦绾墓位于今河北满城西郊的陵山上，两墓南北并列，相距约120米，墓门向东，一号墓在南，为刘胜墓，二号墓居北，为王后窦绾墓，这符合西汉诸侯王墓右位为上的一般规律。两墓均是横穴崖洞式墓，一号墓全长51.7、最宽处37.5米，由墓道、甬道、南、北耳室、中室（前室）、后室、侧室、回廊及排水系统等组成（图一三），各室大约呈中轴对称布置，墓道口用两道土坯墙封门，墙之间灌以铁水；墓道用石块填塞。南北耳室和中室内原建有瓦顶木屋，这一做法也见于徐州西汉中期的楚王陵。后室系在室内用石板建成石屋。墓内各室承担不同功能，其中南耳室和甬道是车房，置车六辆、马十六匹、狗十一只；北耳室是贮藏食物、饮料的仓房和磨房；中室意为"前朝"，放铜器、陶器、铁器、金银器、

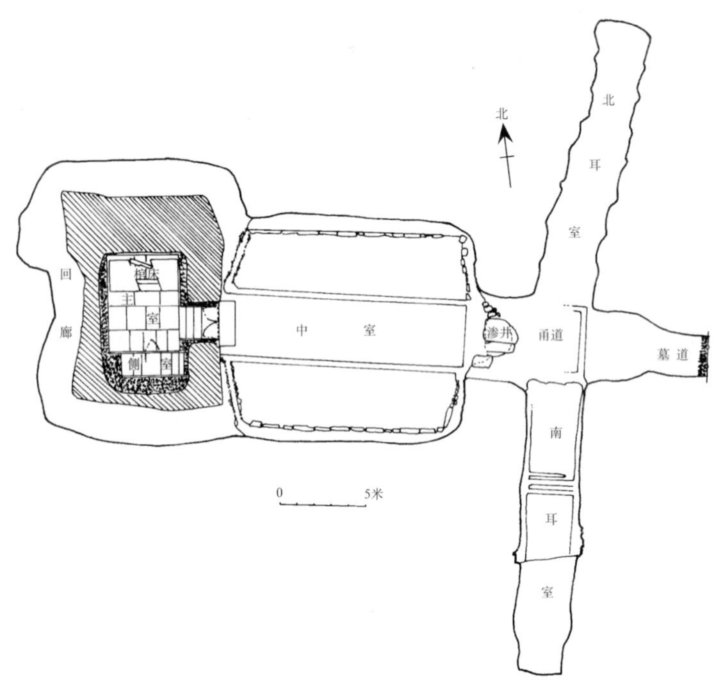


图一三　河北满城西汉中山王刘胜墓（陵山 **M1**）平面图
（引自《满城汉墓发掘报告》）

漆器以及陶俑、石俑等，厅堂中、南部还张设两具帷帐；后室象征“后寝”，室中放置棺椁及贵重物品，室旁有类似浴间的小侧室。二号墓平面结构与一号墓相近，但不是“前朝后寝”格局，而是在主室右面设一侧室，主室顶、壁加盖石板材，棺置于侧室之内，侧室旁还有一象征浴间的小室[151]，这可能体现了王与王后在生前居住空间或墓室制度上的地位差异。

（4）山东曲阜鲁王墓

西汉鲁王墓位于山东曲阜九龙山，共发现五座横穴崖洞墓，东西并列，墓门南向，考古人员清理了其中四座（M2～M5）。以M3为例，全长72.1、最宽处24.3、最高处18.4米。由墓道、墓门、东、西车马室、甬道及东、西耳室、前室及左、右两边的前、后侧室、后室及后壁龛、排水系统等组成，各室依中轴对称布局。根据出土遗物，大致可以知道各室的功能，东、西车马室内放置车马、车上置有弩机、彩绘陶器等；东、西耳室象征着厨房、仓库，内放鸡、猪、鱼等畜禽类动物和粮食；前室为“朝堂”，内有乐器（石磬、陶埙等）、漆器、陶器、铜器等；后室为“后寝”，放置棺椁和其他珍贵用品、饰品等。墓门用十九块长方形巨石（自名“塞石”）封墙，有的塞石上刻有铭文，其中有“王陵塞石广四尺”的字样，明确说明其用途、名称和尺寸[152]。其后室内原建有瓦顶木屋，这也见于中山王刘胜墓、楚王刘注墓等。第二、四、五号墓的平面布局与三号墓大致接近。发掘者认为，这几座大型横穴崖洞式墓应与西汉鲁恭王等诸鲁王相关，它们在墓葬形制、平面布局、构筑方式甚至各室功能配置等方面与考古发现的楚、梁、中山等诸国同类王墓几乎非常接近，加之这些诸侯王国在地域上比邻而存，这可能是它们采用较为统一的以横穴崖洞式墓作为诸侯王陵墓制度的重要原因。

**2. 竖穴石圹石室式诸侯王墓**

这类诸侯王墓在制度上与横穴崖洞式诸侯王墓既有关联也有差异，所以予以专门介绍。目前所知这类王墓最早的一座是江苏徐州发现的楚元王刘交（公元前201～前179年在位）墓，该墓地面以上有高大封土。竖穴墓室开凿于山岩中，平面呈“甲”字形，斜坡墓道朝东，墓道两侧各对称布置两间耳室，甬道处于墓道与墓室之间，墓室顶部以条石砌成券顶[153]。诸多学者经对徐州地区楚王墓资料做系统研究后，认为刘交墓是此后楚国出现的横穴崖洞式诸侯王墓的初始形态。

河南永城西汉梁国王陵区发现了四座上有封土、下为竖穴石圹石室的诸侯王（含王后）墓，分别为窑山一号墓（疑为西汉晚期的梁王刘嘉墓）和窑山二号墓（疑为梁王刘嘉王后墓）和僖山一号墓（疑为西汉晚期的梁王刘遂墓）、僖山二号墓（疑为梁王刘遂王后墓）。四墓墓室都开凿于山顶之上，平面结构均呈“甲”字形，以条石在岩坑内砌墓壁，墓室顶部用下端呈燕尾槽的石板扣合成两面坡式平顶[154]。梁国王陵早期采用横穴崖洞式墓制，晚期改行竖穴石圹石室墓，这是梁国国力由盛而衰的结果，其演变路径与楚国王陵似乎正好相反。赵志文还注意到，僖山梁王墓砌建墓室的块石约呈方形，石块上刻写有关方位、编号、工匠姓名等文字，这种石块应属“黄肠石”，并认为这是目前西汉诸侯王陵墓中发现的最早一例“黄肠石墓”[155]。由此可知，东汉时期帝王陵葬制中流行的“黄肠石”墓，其起源可能与西汉晚期中原地区帝王墓中出现的这种竖穴石圹石室墓制有一定关联。

山东巨野红土山西汉墓（推测为汉武帝后期在位的昌邑王刘髆墓）位于巨野东南的红土山东侧山腰处，竖穴石圹呈长方形，由封土、墓道、墓圹和石室构成，墓道向东，墓道内筑两堵石墙，墓门处还有封门石墙。墓室结构与楚元王刘交墓及四座梁王墓的“甲”字形有异，而是为前、后双室制，棺椁放于后室中；墓顶做法也不同于前两者，它先是在顶部铺盖木料形成木顶，再在木顶上铺砌四层方石。石室所用石材中的一部分亦刻有地名和工匠姓氏[156]。

这类诸侯王墓中结构最为复杂的是发现于广东广州象岗的

西汉南越王墓。该墓构筑于象岗山腹心深处，墓室用石板砌建，墓道向南，墓室中轴线上有前、中、后三室，其中前室设左（东）、右（西）耳室，形成第一道横轴线，中室有左（东）、右（西）侧室，形成第二道横轴线。根据各室出土文物，大体可以看出各室的功能，其中前室放木车，可能象征车库和前厅；东耳室是宴饮之地；西耳室为仓库；中室为主棺室，是墓主人最重要的活动场所；东侧室为“夫人”居处；西侧室为厨房；后室象征后宫“太官”机构所在[157]。墓道、前室及东耳室、左、右侧室中殉葬十多人，既反映出当时南越政权中存在的野蛮落后的习俗，同时也说明墓内各室可能象征着墓主人生前的宫室布局。高崇文认为，南越王墓的墓室结构及各室的用途与广西罗泊湾发现的西汉“西瓯君”夫妇墓形制相似，这种形制的来源与战国楚制有关，同时也汲取了中原地区墓葬加耳室的做法，形成了一种以百越葬制揉以楚制、汉制为一体的独特的王陵制度[158]。

由上可知，西汉时期不同区域的诸侯王使用的竖穴石圹石室墓制有着单室、前后双室、前中后三室并加上数目不等的耳室、侧室等若干差异。它们既可以发展为横穴崖洞式墓制（如楚王墓），也可以由横穴崖洞式墓制简化而来（如梁王墓），还可以用本地区的传统结合中原地区诸侯王葬制而构成自己较有地域特色的王陵葬制（如南越王墓）。

**3. 竖穴石圹或土圹“黄肠题凑”式木结构墓**

由梓宫、便房（楩椁）、柏黄肠题凑、枞（松）木外藏椁构成的一套木构葬具体系（简称为“黄肠题凑”式葬制）为西汉时期丧葬礼制中一种级别最高的葬制，亦即“天子葬制”，这在考古界大体已成共识。而20世纪对“黄肠题凑”

式葬制的学术讨论是由北京大葆台两座“黄肠题凑”墓（分别为广阳顷王刘建墓及其王后墓）的发现而引发的[159]。尽管到目前为止尚未对任何一座西汉帝陵地宫做发掘，但由于西汉时期诸侯王“宫室百官”同制京师，这自然也会影响到其墓葬形制也极力模仿“天子之制”。所以，从已发现的西汉诸侯王使用的“黄肠题凑”式墓例上仍可窥见西汉皇帝地宫葬具的大略情况。

所谓“黄肠题凑”，史书言其“以柏木黄心致累棺外，故曰黄肠；木头皆向内，故曰题凑”[160]。考古实物见其位于墓圹之外围，用短枋木按东、西壁横向放置，南北壁纵向放置，自下而上层层叠置而成，形成一状如方城的巨型木构椁室。长沙望城坡西汉某长沙王后“渔阳”墓枋木墙体上有自名“题凑”的刻文是为明证[161]。在“题凑”之内再构建内椁室即棺房（“便房”或“楩椁”），在“便（楩）房”中放置“梓棺（宫）”[162]。

目前已发现的“黄肠题凑”式墓葬包括河北石家庄小沿村汉墓（赵王张耳墓），湖南长沙象鼻嘴1号墓（吴氏长沙王吴著墓）、陡壁山汉墓（吴氏某长沙王王后墓）、望城坡1号墓（吴氏长沙王、王后墓），河北定县40号墓（中山王刘修墓），江苏高邮天山1号墓（广陵王刘胥墓）和2号墓（广陵王刘胥王后墓），北京大葆台1号墓（广阳顷王刘建墓）和2号墓（广阳顷王刘建王后墓）、老山汉墓（某燕王王后墓）等十座。其中石家庄和长沙发现的四座可能皆为西汉早期异姓王所用墓例，其他均为刘姓封王所拥有。黄展岳、刘振东等都认为，这批“黄肠题凑”墓中以石家庄小沿村墓的时代最早，所以结构也较为简单，黄肠题凑以木板构建，题凑室内筑棺房（楩房）、正中置棺椁。长沙发现的三座题凑墓时代也较早，它们的结构大体相同，但两座“王后”墓的规模比“王墓”略小，题凑墙内的小椁房数量少而且构筑简单，王墓比王后墓在棺房（便房）和小椁房之间还多一道回廊，以体现王与王后的地位差别。大约到西汉中期，在“题凑”墙的内外出现了更多层次的回廊式空间，如江苏高邮天山1号汉墓（广陵王刘胥墓）在题凑墙外设一周外回廊，题凑墙内一周设有如同象鼻嘴1号墓的十五间小椁房，这些小椁房的双扇木门上漆书“食官第×内户”、“中府第×内户”等文字，说明这些小椁房是象征着不同功能空间的外藏椁；另外在棺之外设立了两层棺房，形成平面呈“回”字形的内、外棺房或内外椁房（便房），在两道椁房（便房）之间形成了内回廊。如果连同外椁房与十五间小椁房之间的回廊式空间，那么，广陵王刘胥墓的

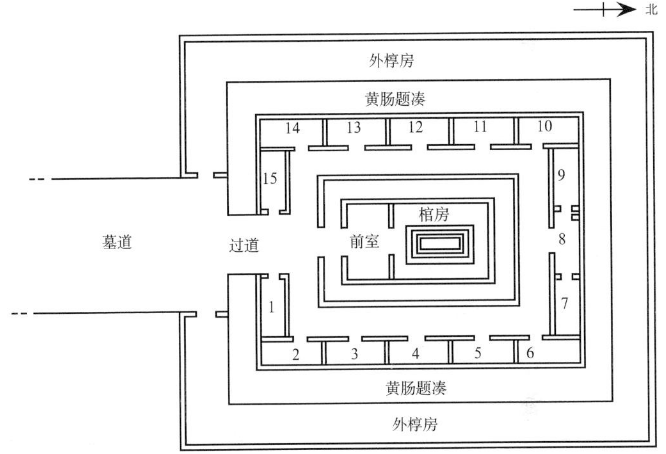


图一四　江苏高邮西汉广陵王刘胥墓题凑椁室平面示意图
（引自《考古学报》1998年第1期）
1～15. 椁房内藏室

题凑墙内外则有外、中、内三道回廊（图一四）。北京大葆台广阳顷王刘建墓的题凑墙外出现了二道外回廊，在结构上和与它时代相近的广陵王刘胥墓形成了一定的差异（图一五），广陵王墓与象鼻嘴墓存在着结构上的相似性，其来源可能与战国时期楚墓中椁内分箱的传统形式有关[163]。刘振东甚至认为，西汉作为“天子之制”的黄肠题凑墓的构造本身就类似于东周时期南方楚国的“题凑”墓，黄肠题凑对应东周时期即已存在的“题凑”，“便房”对应边厢，“梓宫”对应棺室及棺或套棺，外藏椁对应车马坑等。他推测，西汉儒生在制订丧礼中的“黄肠题凑”葬制时，有可能受到了原楚国题凑形制的影响[164]。

竖穴石圹或土圹“黄肠题凑”式木结构墓作为西汉诸侯王的重要葬制，在不同地区和不同时间内肯定存在着变化和差异，但它的主体结构仍具有统一性。它和横穴崖洞式墓构成了西汉诸侯王葬制的两大主流系列，正好与西汉帝陵中分别存在的竖穴土圹“黄肠题凑”葬制和“因山为陵”的两种葬制相对应。它们其中存在的内在联系和同构的礼制意义仍然值得进一步探析。

**4. 竖穴石圹或土圹木椁墓**

西汉诸侯王使用的这类墓葬不同于上述使用“天子葬制”的“黄肠题凑”式木结构墓，为此予以单独介绍。山东长清双乳山一号汉墓是目前所知此类墓葬的典型墓例[165]。该墓坐南朝北，为一大型竖穴石圹“甲”字形木椁墓。由覆斗形封土、墓道、木构椁室等几部分组成。椁室分内藏椁和外藏椁两部分。内藏椁椁箱分内外两层，椁箱平面皆作“Ⅱ”字形，外、内椁之间可分成东、西、南、北四个边箱，中间内椁棺箱

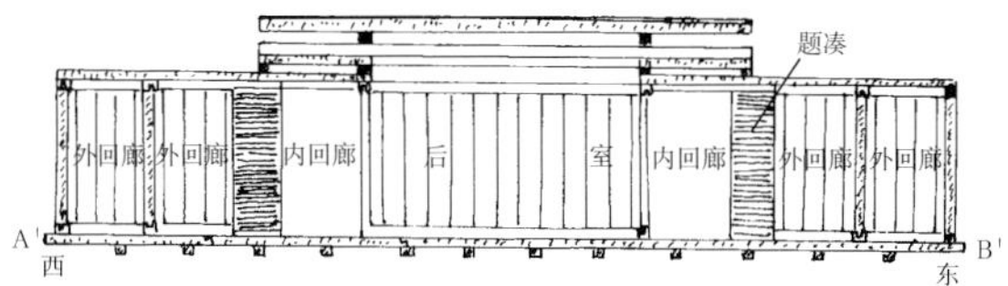


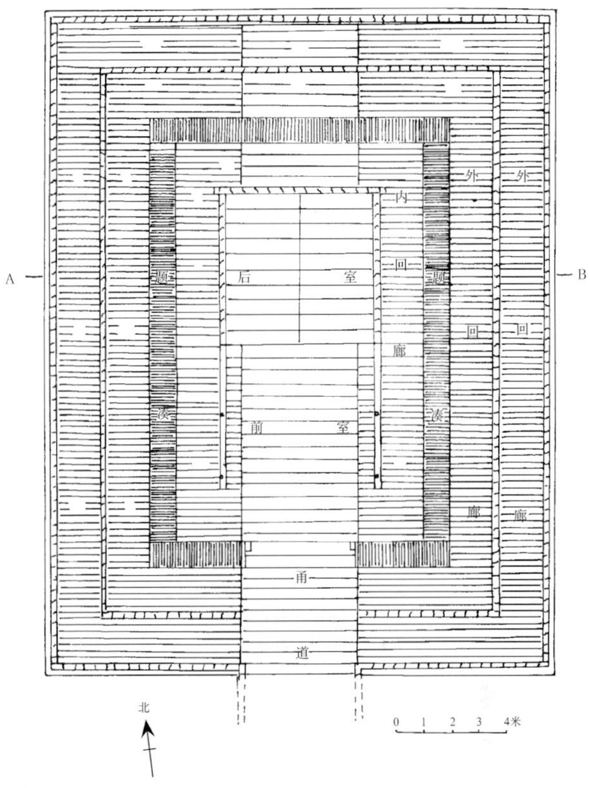


图一五 北京丰台大葆台西汉广阳顷王刘建“黄肠题凑”墓平、剖面图
（引自《北京大葆台汉墓》）

内放置墓主的三重漆棺。外藏椁位于墓道南部近墓室处，南北长达31.5米，内有挡板分为南北两部分，北部放车马冥器和一匹真马；南部葬真马车三辆、小车一辆、马七匹、鹿两只。这座王陵的竖穴石圹凿石量达到8800立方米以上。发掘者任相宏、崔大庸认为，其工程量在我国已发掘的汉王陵中属规模最大者，墓主人被考定为在汉武帝晚期去世的西汉末代济北王刘宽。不过，这一石圹巨大的西汉诸侯王陵墓却未使用当时应当拥有的“黄肠题凑”葬制，死者棺木中也不见玉衣。任相宏对此现象做了解释，认为可能是因刘宽“诗人伦”、“祝诅上”而畏罪自杀，所以未能完全使用当时的诸侯王葬制[166]。

这类墓葬值得一提的还有几例。

第一，广东广州区凤凰岗山冈中腹出土的一座大型竖穴土圹木椁墓，平面呈“甲”字形，墓道向北，墓圹长13.8、宽5.7米，椁室长11.5、宽3.8米，这是目前广州发现的规模仅次于象岗南越王赵眛（胡）墓的西汉大墓。墓室虽然早年被盗，但残存的玉器也具有罕见的质量。有学者认为，这座大墓的墓主人可能是西汉南越国第三代国王婴齐[167]。如果此说成立，则表明西汉南越国晚期的王墓制度已发生较大变化。

第二，近年，杨琮在福建武夷山城村汉城遗址附近的牛山山巅主持发掘了一座迄今福建省已发现汉墓中规模最大的墓例。该墓地表有长方形覆斗状封土，封土底部东西长46、南北宽33米，墓葬形制为“甲”字形竖穴土（石）圹木椁墓，墓室和墓道总长度为32米，墓圹上口长14、宽9.2米，底部长10.2、宽约5米，建有主椁室和外藏椁。主椁室长9.6米，又分前椁室和后椁室，前椁室作长方箱形，后椁室是主室，为“人”字形（三角形）结构。这种墓室形制过去仅见于浙江绍兴印山东周越王陵。为此，专家判断，此墓与印山越王陵墓应有文化传承关系，而史书记载西汉闽越王是东周越王勾践的后裔，所以此墓墓主当是闽越国高级贵族[168]。也有学者直接推论墓主可能是西汉时期的繇王丑[169]。由于该墓早年几乎被盗一空，目前还难以找到确定墓主人的直接证据。

第三，1956年，云南省博物馆的孙太初等在晋宁石寨山遗址发掘了一处汉代滇人墓地，其中M6约位居墓地的中部，竖穴墓圹长4.2、宽1.9、深2.85米，墓内随葬品丰富，有铜鼓、贮贝器、铜洗、鎏金耳杯、铜钟、铜兵器、熏炉、编钟（六件）、玉璧、车马饰、数量较多的玛瑙、绿松石、黄金珠子等，特别是其中有一枚金印，印文为“滇王之印”[170]。《史记·西南夷列传》载汉武帝时“有滇王名尝羌，元封二年（公元前109年）内附，汉赐其王印，仍长其民”。而在晋宁石寨山墓地发现的八十六座墓葬中，仅有M6出土“滇王之印”。所以可以推论，M6的墓主人很可能就是汉武帝时期那位受赐“滇王之印”的滇国国王“尝羌”，M6即为西汉中期的一座滇王墓葬。当然，该墓地还有近十座规模和随葬品数量与M6不相上下，甚至超过M6的大墓，这些大墓的主人也有可能是汉代不同时期的滇国国王。

通过考古学者所发现的属于西汉时期的滇王之墓、繇王之墓、南越王墓以及不同形制的由西汉王朝分封的异姓和同姓的诸侯王陵墓资料，我们可以获得一个印象，中国是个多民族的大国，在不同时期，除汉民族之外，还有诸多其他民族建立的地方王国的存在。中国古代帝王陵墓制度作为重要的文化表现形式，它也受到不同地域不同民族文化传统的制约，试图用一个统一的“模式”去囊括中国不同地域的帝王陵墓制度，不仅是不可能的，而且也会遮蔽了中国古代文化包括丧葬文化的丰富性和多样性。当然，在汉文化的中心区域，确实也存在较为一致的帝王陵墓制度，不过，这种制度作为统一的“文化模式”，在时间上和空间上都应有比较严格的“边缘”界定，而且它也同样受到不同分封王国与中央王朝之间的亲疏关系、国力的强弱、地理地质、营造技术水平和物资供应能力等条件的限定。与地处都城的帝陵制度相比，诸侯王陵墓制度具有一定的不稳定性，其“统一”之中又有诸多变化和适应，这些都是西汉诸侯王陵墓考古给我们提供的启发和思考。

西汉诸侯王陵墓考古除了墓室形制之外，还应包括从葬坑及外藏椁制度[171]、陪葬墓或家族墓地制度[172]、寝园制度[173]、玉衣制度[174]等，这些方面都有一些学者做过探讨，相关成果可资参考。

## （四）东汉帝王陵寝遗迹的考察

### 1. 东汉帝陵考古研究

东汉一朝共有十二座帝陵，除汉献帝禅陵在今河南焦作市修武县以外，其余十一陵都在当时的都城洛阳附近。清代人龚崧林曾对洛阳东汉帝陵做过调查考证，认为东汉十一陵都在洛阳北面的邙山之上[175]。民国时期，邙山汉墓多被盗掘，出土大量与帝王陵或皇族墓葬有关的“黄肠石”，石上多刻有年号、刻工名号、尺寸等内容的隶书文字[176]，为东汉帝陵大体方位所在提供了信息。1964 年 8 月，地处邙山之上的河南孟津县送庄村出土了一座东汉晚期的黄肠石墓[177]，黄肠石上有“元嘉二年”、“永兴二年”刻铭，并出土“铜缕玉衣”玉片。

郭建邦认为，该汉墓东距明、章、和、桓诸帝陵约 2 公里，正在东汉皇陵范围内，可能属于皇族之墓[178]。

1982 年，黄明兰在对邙山诸陵长期实地调查的基础上，首先对汉光武帝的原陵位置做了研究，指出位于孟津县城西约 7 里的铁谢村“刘秀坟”是北宋初年人的误指，真正的光武帝陵应是今洛阳城东北 8 里的盘龙冢村“盘龙冢”，该冢高约 18 米，直径约 30 米。同时他还认为，位于“盘龙冢”西面和西南面约 1 公里左右的两座大冢应分别与灵帝文陵和安帝恭陵有关[179]。20 世纪 80 年代初，陈长安也对东汉帝陵做了调查研究[180]。他依据《后汉书》李贤注和《东汉会要》引《帝王世纪》的资料，并结合考古调查，认定东汉帝陵分成两个大区，分别位于东汉都城洛阳（今汉魏洛阳城遗址）的东南即洛河以南今偃师市境内和西北邙山一带即今孟津县境内。其中邙山陵区包括光武帝原陵、安帝恭陵、顺帝宪陵、冲帝怀陵、灵帝文陵五陵；而偃师陵区则应包括明帝显节陵、章帝敬陵、和帝慎陵、殇帝康陵、质帝静陵六陵。由此观之，清人龚崧林将东汉十一陵都考定于邙山地区显然有误。陈长安指出，今位于邙山北坡之巅的“刘家井大冢”应是光武帝原陵（龚崧林考为桓帝宣陵），此陵封土出露夯层，周围散见砖石碎块；今三十里铺的“大汉冢”是为安帝恭陵（龚崧林考为显节陵）；“大汉冢”之南南北并列的“二汉冢”、“三汉冢”当分别是顺帝宪陵（龚崧林考为章帝敬陵）和冲帝的怀陵（龚崧林考为和帝慎陵）；洛阳西北约 10 公里处护驾庄的西南大冢是灵帝文陵。原、恭、文三陵中原陵居北，恭、文二陵居南，构成三足鼎立之势。他还指出，今孟津县铁谢村西南俗称“刘秀坟”并被近人定为刘秀原陵封土堆的遗迹实为北魏孝文帝建造的“方泽坛”；而邙山东汉五陵正南方邙山山麓象房村中所保存的大石象，很可能是东汉帝陵神道两侧的石刻[181]。

1984年5月，李南可在文物普查时，于陈长安考定的“光武帝原陵”陵冢顶部低凹处采集到玉衣残片一件，玉衣片上还留有带金缕和银缕的两个圆孔，另又在刘家井一农户家发现两块原在该冢东南10多米处挖出的黄肠石，石上分别写有“熹平六年二月”、“建宁五年三月”等字样，而这两个纪年都是属于汉灵帝的在位年号。因此，李南可提出，这座陵墓应为灵帝之文陵，而不是陈长安所考定的光武帝原陵，此外还证明灵帝刘宏也是预修了寿陵。他同时认为，“文陵”东北和东南方向各有一座墓冢，它们当分别是灵帝何皇后和王皇后的陵冢。李南可还发现了该墓陵冢前尚存的陵寝建筑台基遗迹，台基南北长57、东西宽50、高1.2米，台基断面暴露出大量砖瓦建筑材料等遗物[182]。

近年来，韩国河对东汉帝陵再次做了田野调查[183]。他把偃师境内的东汉陵区分为四个小区（分别编为Ⅰ、Ⅱ、Ⅲ、Ⅳ区）；把孟津境内的东汉陵区编为Ⅳ区。调查结果发现，东汉帝陵有馒头形和覆斗形两种封土。他推测，偃师陵区Ⅲ区（在大口乡西南的周寨村南一带）的M1可能和殇帝的康陵有关；Ⅳ区（在寇店乡的东北一片）的M2或M3可能与和帝慎陵有关；Ⅰ区（在高龙乡逯寨村西南一带）、Ⅱ区（在高龙乡高崖村南一片）的M1可能分别和桓帝宣陵、质帝静陵有关。他对陈长安考定的孟津陵区（Ⅳ区）的五座帝陵分别做了编号（原陵为M1、恭陵为M2、宪陵为M3、怀陵为M4、文陵为M5）。在对各陵陵主的确认方面，他倾向于赞同陈长安的意见，并认为至少M3、M4应分别与宪、怀二陵相关。

由于东汉帝陵迄今未做系统深入的调查勘探，在陵区布局、陵冢结构、陵寝制度等方面还难以有全面科学的结论。以光武帝原陵为例，迄今就有传统的“刘秀坟”、黄明兰的“盘龙冢”、陈长安的孟津刘家井大冢（韩国河的Ⅴ区 M1，李南可则认为它是文陵）等诸说。东汉时期，帝陵陵寝布局及建筑、封土形式、陵墓方向、神道石刻、墓室营构、陪葬制度等各方面都在西汉帝陵的基础上发生了重大变化，这种变化又对东汉以后的历代帝陵产生了直接影响，而发生变化的细节则必须要通过将来的考古工作才有可能解决。

**2. 东汉诸侯王墓考古收获**

迄今为止，考古界较为确定的东汉诸侯王墓至少有七座。它们分别是 1959 年 3 月至 9 月发掘的中山简王刘焉墓（河北定县北庄汉墓）[184]、1969 年 11 月发掘的中山穆王刘畅墓（河北定县 43 号汉墓）[185]、1977 年发现的某彭城王墓（江苏徐州土山二号汉墓）[186]、1980 年发掘的广陵王刘荆墓（江苏扬州邗江甘泉二号汉墓）[187]、1988 年 8 月至 11 月发掘的陈王刘崇墓（河南淮阳北关一号汉墓）[188]、1998 年初发现的齐炀王刘石墓（山东临淄）[189]、任城王刘尚墓（山东济宁）[190]等。

已发现的东汉时期的诸侯王墓都是带有石构或砖构回廊的砖室墓。这种在墓室外围绕以回廊的结构被认为与西汉时期的“黄肠题凑”葬制有关。为此，石构回廊墓周围砌墙的石材被称为“黄肠石”。东汉诸侯王墓几乎都是由地上封土、地下墓道、耳室、甬道、前室、后室、回廊、题凑墙（石或砖构）等部分组成，其中“黄肠石”墓是东汉早、中期诸侯王墓的重要葬制，如中山简王刘焉墓（公元 56 年，图一六）、任城王刘尚墓（公元 101 年）等，其墓室周围的题凑墙都用石材砌成，其

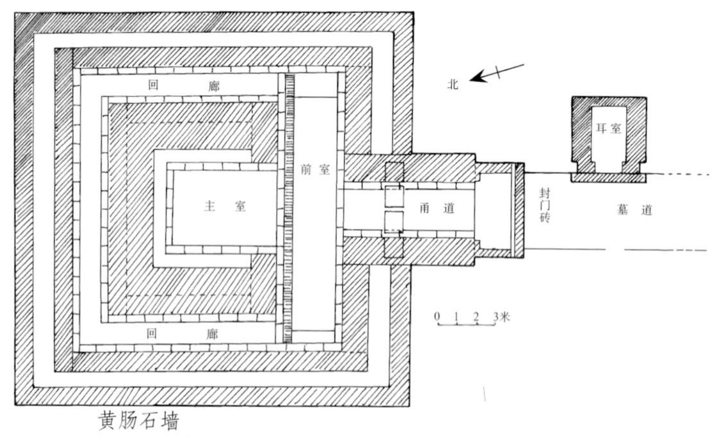


图一六　河北定县东汉中山简王刘焉墓（定县北庄汉墓）平面图
（引自《文物》1964年第12期）

中刘焉墓南北长26.75、东西宽20、墓顶距墓底高7.6米，其黄肠题凑石墙共用石材四千多块，每块石材长、宽各约1米左右，厚约0.25米，带铭刻或墨书题字的有一百七十四块，内容多为地名、刻工姓氏等，其中以东汉中山国所属县名为主。

在东汉早期，还有一种用砖代替黄肠石构筑回廊外墙的做法，如山东临淄发现的齐炀王刘石墓和扬州发现的广陵王刘荆墓（图一七）。郑同修认为，大约建于公元70年前后的刘石墓的形制结构与中山简王刘焉墓极其相似，但其回廊外墙却未用石材“题凑”，而仅在回廊内侧平铺基石一周。刘荆卒于公元67年，该墓地表夯筑封土高约13米，底部直径约60米；墓室平面近方形，南北长8.8、东西宽9.6米，南有长2.6米的甬道；前、后墓室、回廊外墙皆用砖构。与几乎同时期的中山简王刘焉墓相比，广陵王刘荆墓不仅未用“黄肠石”，且规模上也逊于前者，这是否与刘荆因谋反败露而被迫自裁并导致葬制规格减杀有关，是值得考虑的因素之一。

大约在东汉中期偏晚阶段，黄肠石的使用已不严格，如河南淮阳北关发现的陈王刘崇（约公元 125 年）墓，由墓道、墓门、甬道、左右耳室、前室、后室及四周回廊组成，但其石材只用于甬道、前室顶部、后室内壁等处，未施用于回廊外墙。这种现象也见于约当公元 130 年左右的徐州出土彭城王墓（土山二号墓），该墓“黄肠石”只用于封门、甬道和墓顶部。东汉晚期，诸侯王使用黄肠石及外回廊的制度可能已经不再流行，砖室墓成为主体，而且在墓室结构上也由前、后室墓变为前、中、后三室墓，河北定县发现的约建于公元 174 年前后的中山穆王刘畅墓为砖室结构，由墓道、东、西耳室、前室、中室、双后室等组成，全长 27 米多，东西最宽处 13.8 米，规模颇为宏大，但却未再使用“黄肠石”及外回廊之制。田立振对汉代的“回廊墓制”做过专门研究[191]，他赞成俞伟超“回

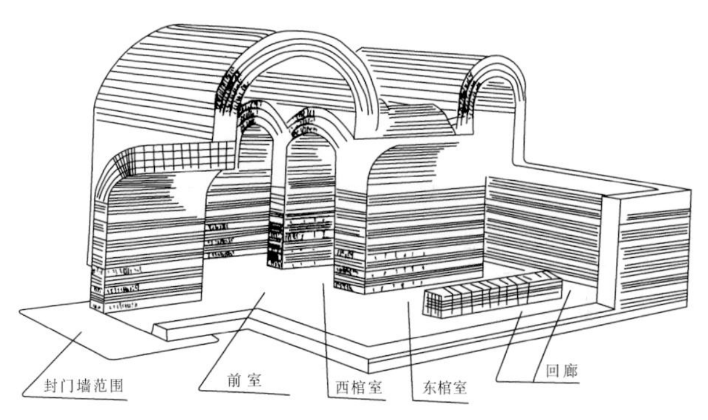


图一七　江苏扬州东汉广陵王刘荆墓（甘泉 M2）复原示意图
（引自《文物》1981 年第 11 期）

廊”即“便房”之说，并认为这种葬制发端于春秋战国，成熟于西汉文景时期，东汉时期以后逐渐衰弱。它是汉代天子、诸侯王、列侯所享用的特殊葬制，不过，西汉末年到东汉时期，已有地方豪强“僭越”使用，这也标志着原由中国帝王陵独占的葬制在东汉时期已受到来自强宗豪右的挑战，它也折射出东汉时期中国社会结构所发生的一些微妙的变化。已见详细资料报道的东汉诸侯王墓大都出土了银缕玉衣或鎏金铜缕玉衣遗存[192]，印证了《后汉书·礼仪志》中关于东汉诸侯王等死后使用“玉柙（匣）银缕”的记载。而广陵王刘荆墓中未见玉衣，更可说明刘荆因犯谋反之罪而死，所以在葬制上未尽享受诸侯王之礼遇。

## 注 释

[1] [日] 足立喜六《长安史迹考》，转引自王学理、尚志儒、呼林贵《秦物质文化史》第322页，三秦出版社1994年版。

[2] 陕西省文物管理委员会《秦始皇陵调查简报》，《考古》1962年第8期。

[3] 始皇陵秦俑坑考古发掘队《临潼县秦俑坑试掘第一号简报》，《文物》1975年第11期。并参见秦俑考古队《秦始皇陵兵马俑》，文物出版社1983年版。

[4] 秦俑考古队《秦始皇陵东侧马厩坑钻探清理简报》，《考古与文物》1980年第4期；《临潼上焦村秦墓清理简报》，《考古与文物》1980年第2期。

[5] 赵康民《秦始皇陵北二、三、四号建筑遗迹》，《文物》1979年第12期。

[6] 袁仲一《秦始皇陵考古纪要》，《考古与文物》1988年第5、6期。

[7] 秦俑考古队《秦始皇陵园陪葬坑钻探清理简报》，《考古与文物》1982年第1期。

[8] 秦俑考古队《秦始皇陵西侧赵背户村秦刑徒墓》，《文物》1982年第3期。

[9] 同[6]。

[10] 袁仲一、程学华《秦陵二号铜车马》，《考古与文物》丛刊第一号，1983

年；程学华《秦始皇陵一号铜车马》，《考古与文物》1990 年第 5 期；陕西省秦俑考古队《秦始皇陵一号铜车马清理简报》，《文物》1991 年第 1 期。

［11］常勇、李同《秦始皇陵中埋藏汞的初步研究》，《考古》1983 年第 7 期。

［12］宋德闻等《秦始皇陵园的摄影测量与遥感工程》，《文物》1990 年第 7 期。

［13］参见田静《863 计划介入考古学》，《中国文物报》2004 年 1 月 30 日第 5 版。

［14］秦俑考古队《临潼郑庄秦石料加工场遗址调查简报》，《考古与文物》1981 年第 1 期。

［15］秦俑考古队《临潼县陈家沟遗址调查简况》，《考古与文物》1985 年第 1 期；《秦代陶窑遗址调查清理简报》，《考古与文物》1985 年第 5 期。

［16］秦俑考古队《陕西临潼鱼池遗址调查简报》，《考古与文物》1983 年第 4 期。

［17］秦始皇陵考古队《秦始皇陵西侧"丽山食官"建筑遗址清理简报》，《文博》1987 年第 6 期；王学理《"丽山食官"（东段）复原的构想》，《考古与文物》1989 年第 5 期。

［18］王望生《秦始皇陵园青石铠甲坑的考古试掘》，《文博》1999 年第 6 期；张占民《秦陵铠甲坑发现记》，《文博》1999 年第 3 期。

［19］始皇陵考古队《秦始皇陵园 K9901 试掘简报》，《考古》2001 年第 1 期。

［20］秦始皇陵考古队《秦始皇陵园 K0006 陪葬坑第一次发掘简报》，《文物》2002 年第 3 期。

［21］陕西省考古研究所等《西安秦始皇陵园的考古新发现》，《考古》2002 年第 7 期；《秦始皇陵园 K0007 陪葬坑发掘简报》，《文物》2005 年第 6 期。

［22］赵康民《秦始皇陵原名丽山》，《考古与文物》1980 年第 3 期；王学理《"秦始皇陵原名丽山"的再议》，《考古与文物》1982 年第 1 期；刘云辉《论秦国君墓葬名称演变的原因》，《文博》1990 年第 5 期。按刘云辉先生所说，秦国将墓葬定名为"郦（丽）山"始于战国末期的宣太后，秦始皇陵名"丽山"，已于 1972 年始皇陵西侧建筑遗址中出土陶器刻铭所证实。

［23］参见王学理等《秦物质文化史》第 282 页，三秦出版社 1994 年版。关于秦始皇陵封土高度的相关资料另参见王学理《秦始皇陵研究》第 82～85 页，上海人民出版社 1994 年版。

［24］秦始皇陵冢高度有多种说法，这里取考古界主要观点。据袁仲一《秦始皇陵考古纪要》（《考古与文物》1988 年第 5、6 期）及《秦始皇陵与兵马俑

研究》（文物出版社 1990 年版）所载，秦始皇陵封土高度有 76 米、43 米、46 米、71 米、51.5 米、73 米等各种说法。袁仲一先生以主张将测点选在封土西北角内城垣基部所测出的高 76 米之说，并认为历史文献中陵原高五十丈的测点可能在陵园外城北门附近。段清波取现陵墓北侧平台测点所得高 51.4 米之说，见段清波《秦始皇帝陵封土高度》，2003 年西安“汉唐帝王陵考古学术讨论会”论文（未刊稿）。

[25] 参见王学理《咸阳帝都记》第 238 页，三秦出版社 1999 年版。另见[22]、[23]中所录相关论著。

[26] 瓯燕《始皇陵封土上建筑之探讨》，《考古》1991 年第 2 期；王学理《秦始皇陵研究》第 82 ~ 85 页及图 25，上海人民出版社 1994 年版；王志友《秦始皇陵封土形式蠡测》，《考古与文物》2002 年增刊。

[27] 杨鸿勋《战国中山王陵及兆域图研究》，《考古学报》1980 年第 1 期。

[28] 段清波《秦始皇陵封土建筑探讨——兼释“中成观游”》，《考古》2006 年第 5 期。

[29] 秦零《关于始皇陵封土建筑问题》，《考古》1983 年第 10 期。

[30] 参见袁仲一《秦始皇陵考古纪要》，《考古与文物》1988 年第 5、6 期。另见张占民《秦始皇陵园渊源试探》，《文博》1990 年第 5 期；刘士莪、马振智《秦国陵寝制度对西汉帝陵的影响》，《文博》1990 年第 5 期；王学理《秦始皇陵研究》第 59 ~ 66 页，上海人民出版社 1994 年版等。

[31] 刘占成《秦始皇棺椁葬具考》，《文博》1999 年第 3 期。

[32] 同[25]。

[33] 田静《863 计划介入考古学》，《中国文物报》2004 年 1 月 30 日第 5 版；段清波《秦始皇陵封土建筑探讨——兼释“中成观游”》，《考古》2006 年第 5 期。

[34] 王学理《秦始皇陵研究》第 61 页，上海人民出版社 1994 年版。另见苏民生等《秦陵地宫之谜》，《瞭望》1980 年第 42 期；《秦始皇陵考古工作又有重大突破》，《光明日报》1985 年 3 月 29 日。

[35] 高维华、王丽玖《秦始皇陵工程地质述评》，《文博》1990 年第 5 期。

[36] 邵友程《以水文地学看秦陵地宫深度》，《文博》1990 年第 5 期。

[37] 王学理《秦始皇陵研究》第 64 页，上海人民出版社 1994 年版。

[38] 刘占成《秦始皇棺椁葬具考》，《文博》1999 年第 3 期。王学理《秦始皇陵研究》第 73 ~ 75 页，上海人民出版社 1994 年版等。

[39] 陕西省考古研究所等《西安秦始皇陵园的考古新发现》，《考古》2002 年

第 7 期。

[40] 同上。

[41] 同 [24] 袁仲一先生论著。

[42] 王学理《秦始皇陵研究》第 64 页，上海人民出版社 1994 年版。但近年考古人员在内城西南角勘探时未发现角楼建筑遗存，见王望生《秦始皇陵园内外城垣再认识》，2003 年西安“汉唐帝陵考古学术讨论会”论文（未刊稿）。

[43] 同 [24] 袁仲一先生论著。

[44] 同上。

[45] 同上。

[46] 赵康民《秦始皇陵北二、三、四号建筑遗迹》，《文物》1979 年第 12 期；王学理《“丽山食官”（东段）复原的构想》，《考古与文物》1989 年第 5 期。另参见 [24] 袁仲一先生有关论著。

[47] 秦始皇陵考古队《秦始皇陵西侧骊山食人官建筑遗址清理简报》，《文博》1987 年第 6 期。另参见 [37] 第 82 ~ 84 页。

[48] 参见 [37]。

[49] 陕西省考古研究所等《西安秦始皇陵园的考古新发现》，《考古》2002 年第 7 期。

[50] 袁仲一《秦始皇陵考古纪要》，《考古与文物》1988 年第 5、6 期。另参见王学理《咸阳帝都纪》第 255 ~ 260 页，三秦出版社 1999 年版。

[51] 同 [20]。

[52] 秦俑考古队《秦始皇陵二号铜车马清理简报》，《文物》1983 年第 7 期；陕西省秦俑考古队《秦始皇陵一号铜车马清理简报》，《文物》1991 年第 1 期；程学华《秦始皇陵一号铜车马》，《考古学报》1990 年第 5 期；孙机《略论始皇陵一号铜车》，《文物》1991 年第 1 期；袁仲一《秦陵铜车马有关几个器名的考释》，《考古与文物》1997 年第 5 期。另参见张仲立《秦陵铜车马与车马文化》，陕西人民教育出版社 1994 年版；《秦陵二号铜车马》，《考古与文物丛刊》第 1 号；秦俑考古队《秦始皇陵铜车马发掘报告》，文物出版社 1998 年版。

[53] 同 [25] 第 255 页。

[54] 张占民《秦陵铠甲坑发现记》，《文博》1999 年第 3 期；《甲胄藏千年一出天地惊》，《文博》1999 年第 5 期；王望生《秦始皇陵园青石铠甲坑的考古试掘》，《文博》1999 年第 6 期；陕西省考古研究所等《西安秦始皇陵

园的考古新发现》,《考古》2002 年第 7 期。

［55］同［25］第 254 页。

［56］始皇陵考古队《秦始皇陵园 K9901 试掘简报》,《考古》2001 年第 1 期;张卫星《秦始皇陵百戏俑的彩绘纹饰》,《文物》2002 年第 3 期。

［57］秦俑考古队《秦始皇陵园陪葬坑钻探清理简报》,《考古与文物》1982 年第 1 期。另参见袁仲一《秦始皇陵考古纪要》,《考古与文物》1988 年第 5、6 期;王学理《咸阳帝都纪》第 255～260 页,三秦出版社 1999 年版。

［58］袁仲一《秦始皇陵考古纪要》,《考古与文物》1988 年第 5、6 期。另参见王学理《咸阳帝都记》第 255 页,三秦出版社 1999 年版。

［59］有关秦兵马俑的考古资料和研究成果十分丰富,主要参见始皇陵秦俑坑考古发掘队《临潼县秦俑坑试掘第一号简报》,《文物》1975 年第 11 期;《秦始皇陵东侧第三号兵马俑坑清理简报》,《文物》1979 年第 12 期;陕西省考古研究所等《秦始皇陵兵马俑坑清理简报》,《文物》1979 年第 12 期;陕西省考古研究所等《秦始皇陵兵马俑坑一号坑发掘报告(1974—1984)》,文物出版社 1988 年版;程学华、王育龙《对"四号坑"调查钻探情况的补充说明》,《文博》1998 年第 2 期;袁仲一《秦始皇陵兵马俑研究》,文物出版社 1990 年版;王学理《秦始皇陵研究》,上海人民出版社 1994 年版;王学理《秦俑专题研究》,三秦出版社 1994 年版;《文博》1990 年第 5 期《秦文化·秦俑研究特刊》;王学理《咸阳帝都记》第 250～251 页,三秦出版社 1999 年版等。

［60］秦俑考古队《秦始皇陵东侧马厩坑钻探清理简报》,《考古与文物》1980 年第 4 期;袁仲一《论秦的厩苑制度——从秦陵马厩坑的刻辞谈起》,《古文字论集》(一),《考古与文物》丛刊第 2 号。另参见王学理《咸阳帝都记》第 249～250 页,三秦出版社 1999 年版。

［61］秦俑考古队《秦始皇陵东侧第三号兵马俑坑清理简报》,《文物》1979 年第 12 期。

［62］秦俑考古队《临潼上焦村秦墓清理简报》,《考古与文物》1980 年第 2 期;袁仲一《秦始皇陵考古纪要》,《考古与文物》1988 年第 5、6 期。

［63］孙嘉春《秦始皇陵之谜地学考辨》,《文博》1989 年第 5 期。

［64］秦俑考古队《陕西临潼鱼池遗址调查简报》,《考古与文物》1983 年第 4 期。

［65］陕西省考古研究所等《秦始皇陵园 K0007 陪葬坑发掘简报》,《文物》2005 年第 6 期。

［66］同［37］。

［67］同［6］。

［68］田静《863 计划介入考古学》，《中国文物报》2004 年 1 月 30 日第 5 版。

［69］秦俑考古队《临潼郑庄秦石料加工场遗址调查简报》，《考古与文物》1981 年第 1 期。另参见［6］。

［70］秦俑考古队《临潼县陈家沟遗址调查简记》，《考古与文物》1985 年第 1 期；《秦代陶窑遗址调查清理简报》，《考古与文物》1985 年第 5 期。

［71］秦俑考古队《秦始皇陵西侧赵背户村秦刑徒墓》，《文物》1982 年第 3 期；袁仲一、程学华《秦始皇陵西侧刑徒墓地出土的瓦文》，《中国考古学会第二次年会论文集》，文物出版社 1982 年版。另参见王学理《咸阳帝都记》第 255～259 页，三秦出版社 1999 年版。

［72］王学理《秦始皇陵工程与兵马俑从葬坑浅探》，《人文杂志》1980 年第 1 期。

［73］参见李自智《试论秦始皇陵园布局对后代帝陵的影响》、张占民《秦始皇陵园渊源试探》等，均载《文博》1990 年第 5 期。另参见［23］、［24］袁仲一、王学理等先生论著。

［74］陕西省文物管理委员会《陕西兴平县茂陵勘查》，《考古》1964 年第 2 期。

［75］王学理、吴镇峰《西安任家坡汉陵从葬坑的发掘》，《考古》1976 年第 2 期。

［76］这处陵园有学者此前认为是惠帝安陵，见陈子贻《西京访古丛考》中《咸阳原上汉帝诸陵考》，陕西省博物馆编《西安历史述略》第 66 页，引自秦波《西汉皇后玉玺和甘露二年铜方炉的发现》，《文物》1977 年第 10 期。

［77］同上秦波一文。

［78］陕西省文管会等《咸阳杨家湾汉墓发掘简报》，《文物》1977 年第 10 期。

［79］秦中行《汉阳陵附近钳徒墓的发现》，《文物》1972 年第 7 期。

［80］杜葆仁《西汉诸陵位置考》，《考古与文物》1980 年第 1 期。

［81］王建新《西汉后四陵名位考察》，北京大学中国考古学研究中心等编《古代文明》第 2 卷，文物出版社 2003 年版。

［82］王志杰、朱捷元《汉茂陵及其陪葬冢附近新发现的重要文物》，《文物》1976 年第 7 期。

［83］王丕忠、张子波、孙德润《汉景帝阳陵调查简报》，《考古与文物》1980 年第 1 期；李宏涛、王丕忠《汉元帝渭陵调查记》，《考古与文物》1980 年第 1 期；王丕忠《汉长陵附近出土的秦汉瓦当》，《文物资料丛刊》第 6

辑，1982 年；咸阳市博物馆《汉安陵的勘查及其陪葬墓中的彩绘陶俑》，《文物》1981 年第 5 期；《汉云陵、云陵邑勘查记》，《考古与文物》1982 年第 4 期。

[84] 咸阳地区文管会等《陕西茂陵一号无名冢一号从葬坑的发掘》；负安志《谈“阳信家”铜器》，均载《文物》1982 年第 9 期。

[85] 刘庆柱、李毓芳《西汉诸陵调查与研究》，《文物资料丛刊》第 6 辑，1982 年。

[86] 朱捷元《茂陵发现的西汉四神纹玉铺首》，《考古与文物》1986 年第 3 期。

[87] 同 [85]。

[88] 中国社会科学院考古研究所栎阳发掘队《秦汉栎阳城遗址的勘探和试掘》，《考古学报》1985 年第 3 期。

[89] 杨宽等《秦汉陵墓考察》，《复旦大学学报》（社科版）1982 年第 6 期。此文收入杨宽《中国古代陵寝制度史研究》，上海古籍出版社 1985 年版。

[90] 石兴邦、马建熙、孙德润《长陵建制及其有关问题》，《考古与文物》1984 年第 2 期。

[91] 中国社会科学院考古研究所杜陵工作队《1982—1983 年西汉杜陵的考古工作收获》，《考古》1984 年第 10 期；《1984—1985 年西汉宣帝杜陵的考古工作收获》，《考古》1991 年第 12 期。另见中国社会科学院考古研究所《汉杜陵园遗址》，科学出版社 1992 年版。

[92] 刘庆柱、李毓芳《西汉十一陵》，陕西人民出版社 1987 年版。

[93] 参见《西汉阳陵陵园考古有重大发现》，《考古与文物》1991 年第 2 期；《汉景帝阳陵南区从葬坑发掘第二号简报》，《文物》1994 年第 6 期；陕西省考古研究所阳陵考古队《汉景帝阳陵考古新发现》，《文博》1999 年第 6 期；焦南峰等《汉景帝阳陵发现陪葬墓园》，《中国文物报》1999 年 11 月 14 日；《汉阳陵园内发现大批从葬坑出土大量珍贵文物》，《中国文物报》1999 年 11 月 28 日等。

[94] 韩伟《罗经石乎？太社乎?》，《考古与文物》2001 年第 2 期。

[95] 王学理《太社乎？陵庙乎?》，《文博》2001 年第 5 期。

[96] 陕西省考古研究所《西汉安陵调查简报》；孙铁山《关于西汉安陵的新发现》，均载《考古与文物》2002 年第 4 期。

[97] 黄展岳、刘庆柱、李毓芳先生等对此做过归纳性研究，本部分主要参照他们的成果并加以整理而成，见黄展岳《秦汉陵寝》，《文物》1998 年第 1 期。另参见 [92]。

[98] 同[92]第175~176页。西汉从惠帝开始，皇帝居长安城中南部西边的未央宫，皇后居未央宫之东的长乐宫，因此，帝陵和后陵布局也是呈西、东的安排。但曾青认为，西汉帝、后陵的这种布局不是仿照未央、长乐二宫的关系，而是仿未央宫中正殿和椒房殿的关系，而且，西汉一代帝陵，并不都是帝西后东的格局，也有帝东后西，参见曾青《关于西汉帝陵制度的几个问题》，《考古》1987年第1期。

[99] 见上曾青一文。

[100] 王志友《从先秦墓上建筑的台基到汉代帝陵的祭坛》，《四川文物》2001年第3期。

[101] 王学理、梁云《论汉阳陵南区从葬坑的军事属性》，2003年西安“汉唐帝王陵制度研究国际学术讨论会”论文（未刊稿）。

[102] 同[92]第86~95页。另参见[91]有关资料。

[103] 同[95]。另焦南峰、王保平、马永嬴、李岗和李如森等也认为这是阳陵陵庙（德阳庙），见焦南峰等《汉景帝阳陵发现陪葬墓园》，《中国文物报》1999年11月14日；李如森《汉代墓祀新探》，《北方文物》1998年第1期。

[104] 同[92]第96页。

[105] 同上第72~73页。

[106] 刘庆柱、李毓芳《汉宣帝杜陵陵寝建筑制度研究》，《中国考古学论丛》，科学出版社1995年版。并参见中国社会科学院考古研究所《西汉礼制建筑遗址》第196页“四神瓦当”及相关出土遗存介绍，文物出版社2003年版。

[107] 参见[92]中各陵所涉陪（从）葬坑资料。

[108] 同上第10页。

[109] 同[78]。

[110] 同[92]第61~62页。

[111] 焦南峰、王保平等《汉景帝阳陵发现陪葬墓园》，《中国文物报》1999年11月14日；陕西省考古研究所阳陵考古队《汉景帝阳陵考古新发现》，《文博》1999年第6期。

[112] 焦南峰、马永嬴《西汉帝陵无昭穆制度论》，《文博》1999年第5期。

[113] 秦建明、姜宝莲《西汉帝陵昭穆与陵位探》，《文博》2002年第2期。

[114] 叶文宪《西汉帝陵的朝向分布及其相关问题》，《文博》1988年第4期。

[115] 雷依群《论西汉帝陵制度的几个问题》，《考古与文物》1998年第6期；

黄展岳《西汉陵墓研究中的两个问题》，《文物》2005 年第 4 期。另参见［112］。

［116］见［80］、［90］、［113］。另见李毓芳《西汉帝陵分布的考察》，《考古与文物》1989 年第 3 期；沈睿文《西汉帝陵陵地秩序》，《文博》2001 年第 3 期。

［117］同上李毓芳一文。

［118］中国科学院考古研究所满城发掘队《满城汉墓发掘纪要》，《考古》1972 年第 1 期；中国科学院考古研究所等《满城汉墓发掘报告》，文物出版社 1980 年版。

［119］山东省博物馆《曲阜九龙山汉墓发掘简报》，《文物》1972 年第 5 期。

［120］河北省博物馆等《定县 40 号汉墓出土的金缕玉衣》，《文物》1976 年第 7 期；河北省文物研究所《河北定县 40 号汉墓发掘简报》，《文物》1981 年第 8 期。此墓初定为西汉晚期的中山孝王刘兴墓，后确认为是卒于公元前 55 年的中山怀王刘修墓。

［121］北京市古墓发掘办公室《大葆台西汉木椁墓发掘简报》，《文物》1977 年第 6 期；大葆台汉墓发掘组、中国社会科学院考古研究所《北京大葆台汉墓》，文物出版社 1989 年版。此两座墓初定为西汉燕刺王刘旦及王后墓，后考定为西汉广阳顷王刘建及王后墓，见王灿炽《大葆台西汉墓墓主考》，《文物》1986 年第 2 期。

［122］湖南省博物馆《长沙象鼻嘴一号西汉墓》，《考古学报》1981 年第 1 期。发掘者认为墓主可能是西汉早期的吴姓长沙王吴著或刘姓长沙王刘发。高崇文先生认为象鼻嘴和陡壁山墓都不用玉衣，可能使用绞衾之制，是否用玉衣反映了墓主是吴姓长沙王还是刘姓长沙王的史实，由此观之，象鼻嘴墓墓主为文景时的长沙王吴著的可能性更大，参见高崇文《西汉长沙王墓和南越王墓葬制初探》，《考古》1988 年第 4 期；《西汉长沙王国墓葬所反映的传统葬俗探讨》，2003 年西安“汉唐帝王陵制度研究国际学术讨论会”论文（未刊稿）。另黄展岳先生也认为这三座墓的墓主人是吴氏长沙王及王后，见黄展岳《汉代诸侯王墓论述》，《考古学报》1998 年第 1 期。

［123］长沙市文物局文物组《长沙咸家湖西汉曹嫚墓》，《文物》1979 年第 3 期。依上注高崇文先生之说，此墓墓主人可能为吴姓某长沙王王后。

［124］山东省菏泽地区汉墓发掘小组《巨野红土山西汉墓》，《考古学报》1983 年第 4 期。

［125］山东省淄博市博物馆《西汉齐王墓随葬器物坑》，《考古学报》1985 年第

2 期。

[126] 石家庄市图书馆文物考古小组《河北石家庄市北郊西汉墓发掘简报》，《考古》1980 年第 1 期。发掘者推定此墓为西汉初年赵王张耳墓，但孙殿、赵超持有异议，见《由出土印章看两处墓葬的墓主等问题》，《考古》1981 年第 4 期；黄展岳《汉代诸侯王墓论述》，《考古学报》1998 年第 1 期。

[127] 梁白泉《高邮天山一号汉墓发掘侧记》，江苏《文博通讯》第 32 期，1980 年。另笔者一度参与并负责天山二号汉墓发掘，对一号墓资料做过详细了解。

[128] 南京博物院等《铜山龟山二号西汉崖洞墓》，《考古学报》1985 年第 1 期；《〈铜山龟山二号西汉崖洞墓〉一文的重要补充》，《考古学报》1985 年第 3 期；徐州博物馆《江苏铜山县龟山二号西汉崖洞墓材料的再补充》，《考古》1997 年第 2 期。

[129] 徐州博物馆《徐州石桥汉墓清理报告》，《文物》1984 年第 11 期。

[130] 徐州博物馆《徐州狮子山兵马俑坑第一次发掘简报》，《文物》1986 年第 12 期；狮子山楚王陵考古发掘队《徐州狮子山西汉楚王陵发掘简报》、《狮子山楚王陵出土文物座谈会纪要》，《文物》1998 年第 8 期；韦正、李虎仁、邹厚本《江苏徐州狮子山西汉墓的发掘与收获》，《考古》1998 年第 8 期。对狮子山楚王墓的墓主人有第二代楚王刘郢（客）和第三代楚王刘戊之说，检索各家之说，似以刘郢（客）之说更符合实际。除相关考古简报中有所考辨外，另参见孟强、钱国光《西汉早期楚王墓排序及其墓主问题的初步研究》，主刘郢（客）说；梁勇、梁庆谊《西汉楚王墓的建筑结构及排列顺序》，持说同前文；王云度《试析叛王刘戊何以能安葬在狮子山》，主刘戊说；周保平《徐州西汉楚王墓序列及墓主浅说》，主刘郢（客）说；刘尊志《西汉前三代楚王年龄及其墓葬浅析》，主刘郢（客）说等，均载王中文主编《西汉文化研究》第二辑，文化艺术出版社 1999 年版。

[131] 邱永生、徐旭《徐州市驮篮山西汉墓》，《中国考古学年鉴（1991 年）》，文物出版社 1992 年版；《徐州再次发现西汉楚王墓》，《中国文物报》1990 年 12 月 29 日。对该墓墓主人身份，有多位学者考定为第三代楚王刘戊，其说可从。参见上注孟强、钱国光文，梁勇、梁庆谊文，周保平文；刘尊志文等。

[132] 徐州博物馆、南京大学历史系考古专业《徐州北洞山西汉墓发掘简报》，《文物》1988 年第 2 期。关于墓主人考定文章参见［55］孟强、钱国光

文，梁勇、梁庆谊文，周保平文等。

[133] 河南省文物研究所等《河南永城芒山西汉梁国王陵的调查》，《华夏考古》1992年第3期；河南省文物考古研究所等《永城西汉梁国王陵与寝园》，中州古籍出版社1996年版；河南省商丘市文物管理委员会等（阎根齐主编）《芒砀山西汉梁王墓地》，文物出版社2001年版；永城市文物工作队《河南永城市西汉梁王陵陪葬器物坑的清理》，《考古》2004年第12期。

[134] 广州象岗汉墓发掘队《西汉南越王墓发掘初步报告》，《考古》1984年第3期；广州市文管会等《西汉南越王墓》，文物出版社1991年版。关于此墓的墓主考定，除见诸发掘报告之外，另见麦英豪、黎金《广州象岗南越王墓墓主考》，《考古与文物》1986年第6期，黄展岳《关于广州南越王墓的墓主问题》，香港《明报月刊》1986年10月号等。有学者提出墓中出土玉印“赵眜”与史载第二代王赵胡名字不符，眜与胡应是父子或兄弟关系，即墓主是继眜之后的赵胡，为南越第三代王；还有的学者认为墓主为史书中所载的第三代越王婴齐：亦有考其为赵佗之子、赵胡之父等。见《南越王墓发掘的主要收获——根据资料试论墓主是谁》，香港《华侨日报》1986年3月13日“学文”副刊。均引自《西汉南越王墓》第11章第2节“有关墓主问题的论证”。另见吴海贵《象岗南越王墓主新考》，《考古与文物》2000年第3期。

[135] 陈伟汉《广州西村凤凰岗西汉墓发掘简报》，广州市文物考古研究所编《广州文物考古集》，文物出版社1998年版。

[136] 山东大学考古系等《山东长清县双乳山一号汉墓发掘简报》；任相宏《双乳山一号汉墓墓主考略》，均载《考古》1997年第3期。

[137] 济南市考古研究所等《山东章丘市洛庄汉墓陪葬坑的清理》，《考古》2004年第8期。

[138]《北京老山汉墓》，国家文物局主编《2000年中国重要考古发现》，文物出版社2001年版。

[139] 宋少华、李鄂权《三次被盗掘的王后墓》，李文儒主编《中国十年百大考古新发现》，文物出版社2002年版。

[140] 石家庄市文物保管所等《河北获鹿高庄出土西汉常山国文物》，《考古》1994年第4期。

[141] 俞伟超《汉代诸侯王与列侯墓葬的形制分析》，《中国考古学会第一次年会论文集》，文物出版社1980年版。后收入俞伟超《先秦两汉考古学论集》，文物出版社1985年版。

［142］王仲殊《汉代考古学概说》第 85～86 页，中华书局 1984 年版。

［143］黄展岳《汉代诸侯王墓论述》，《考古学报》1998 年第 1 期。

［144］持此说的学者较多，如《满城汉墓发掘报告》、《芒砀山西汉梁王墓地》报告等均持此说。还有的学者认为横穴崖洞式墓由“黄肠题凑”墓演变而来，见罗二虎《试论西汉时期中原地区的崖墓》，《考古与文物》1991 年第 3 期。黄晓芬先生在她的专著《汉墓的考古学研究》中对这一问题亦有专门归纳，见该书第 7 页，岳麓书社 2003 年版。

［145］王涛《徐州横穴崖洞墓风源考》，孙厚兴、郭海林主编《两汉文化研究》第三辑，文化艺术出版社 2004 年版。另见［130］梁勇、梁庆谊文。

［146］参见［130］梁勇、梁庆谊文，孟强、钱国光文，周保平文。另见梁勇《从西汉楚王墓的建筑结构看楚王墓的排列顺序》，《文物》2001 年第 10 期。

［147］同上。另参见周保平、刘昭建《从西汉楚王陵墓看汉代崖洞墓的型制变化》，2003 年西安“汉唐帝王陵制度国际学术讨论会”论文（未刊稿）。

［148］阎道衡《从芒砀山梁国王陵墓地论西汉王陵制度》，《河南文物考古论集》，河南人民出版社 1996 年版；郑清森《芒砀山西汉梁国王陵墓葬相关问题初探》，《考古与文物》2001 年第 3 期。另参见［133］。不过，也有学者认为保安山一号墓墓主人是梁孝王王后，保安山二号墓墓主人才是梁孝王，见郑清森《芒砀山西汉梁国王陵墓葬相关问题初探》，《考古与文物》2001 年第 3 期。

［149］河南文物考古研究所《永城西汉梁国王陵与寝园》，中州古籍出版社 1996 年版。

［150］河南省商丘市文管会等《芒砀山西汉梁王墓地》第 237～238 页，文物出版社 2001 年版。

［151］同［118］。

［152］同［119］。

［153］孟强、钱国光《西汉早期楚王墓排序及墓主问题的初步研究》，《西汉文化研究》第 2 辑，文化艺术出版社 1999 年版；梁勇《从西汉楚王墓的建筑结构看楚王墓的排列顺序》，《文物》2001 年第 10 期。

［154］同［133］。

［155］赵志文《略论西汉梁国王陵结构及特点》，《河南文物考古论集》，河南人民出版社 1996 年版。

［156］同［124］。

［157］同［134］。

［158］高崇文《西汉长沙王墓和南越王墓葬制初探》，《考古》1988 年第 4 期。

［159］自北京大葆台“黄肠题凑”式汉墓及其他同类诸侯王墓发现以后，有多篇文章对“黄肠题凑”葬制做了研究，主要有：鲁琪《试谈大葆台西汉墓的“梓宫”、“便房”、“黄肠题凑”》，《文物》1977 年第 6 期；尤振尧《“黄肠题凑”葬制的探讨》，《南京博物院集刊》第 4 辑，1982 年；单先进《西汉“黄肠题凑”葬制初探》，《中国考古学会第三次年会论文集》，文物出版社 1984 年版；刘德增《也谈汉代“黄肠题凑”葬制》，《考古》1987 年第 4 期；黄展岳《释“便房”》，《中国文物报》1993 年 6 月 20 日；秦建明《“便房”考》，《文博》1999 年第 2 期；刘振东《题凑与黄肠题凑》，2003 年西安“汉唐帝王陵国际学术讨论会”论文（未刊稿）等。

［160］《汉书・霍光传》颜师古注引苏林曰。

［161］见［159］刘振东等先生文章及［139］。

［162］参见［159］中有关“便房”研究的内容。

［163］同［158］。

［164］同［159］刘振东文。

［165］同［136］。

［166］任相宏《双乳山一号汉墓墓主考略》，《考古》1997 年第 3 期。

［167］陈伟汉《广州西村凤凰岗西汉墓发掘简报》，广州市文物考古研究所编《广州文物考古集》，文物出版社 1998 年版。

［168］杨琮《武夷山发现西汉闽越国贵族墓葬》，《中国文物报》2003 年 8 月 20 日。

［169］吴海贵《南越与东越的诸侯王陵墓》，2003 年西安“汉唐帝王陵制度国际学术讨论会”论文（未刊稿）。

［170］云南省博物馆《云南晋宁石寨山古墓群发掘报告》第 126～137 页，文物出版社 1959 年版。另参见张增棋《晋宁石寨山》第 112～113 页，云南美术出版社 1998 年版。

［171］高崇文《西汉诸侯王墓车马殉葬制度探讨》，《文物》1992 年第 2 期；李如森《汉代“外藏椁”的起源与演变》，《考古》1997 年第 12 期；刘振东《中国古代陵墓中的外藏椁》，《考古与文物》1999 年第 4 期；郑滦明《西汉诸侯王墓所见的车马殉葬制度》，《考古》2002 年第 1 期。

［172］韩国河《论秦汉魏晋时期的家族墓地制度》，《考古与文物》1999 年第 2 期。

［173］目前发现的唯一的一处西汉诸侯王陵墓寝园遗存是在河南永城梁孝王墓园中，相关研究参见河南省文物研究所《永城西汉梁国王陵与寝园》第三章“梁孝王寝园”，中州古籍出版社1996年版；另见河南省商丘市文管会等《芒砀山西汉梁王墓地》“附录三”阎根齐《芒砀山西汉梁国王陵研究》，文物出版社2001年版。

［174］河北满城中山靖王刘胜及王后窦绾墓二具金缕玉衣出土后，推动了考古界对汉代帝王、列侯和其他高级贵族丧礼中有关“玉衣”使用制度的探讨，参见史为《关于“金缕玉衣”的资料简介》，《考古》1972年第1期；中国科学院考古研究所技术室《满城汉墓“金缕玉衣”的清理和复原》，《考古》1972年第2期；卢兆荫《试论两汉的玉衣》，《考古》1981年第1期；郑绍宗《汉代玉匣葬服的使用及其演变》，《河北学刊》1985年第6期；魏鸣《鳞片式玉衣》，《文物天地》1987年第2期；卢兆荫《再论两汉的玉衣》，《文物》1989年第10期等。

［175］参见陈长安《洛阳邙山东汉陵试探》引李健人《洛阳古今谈》，《中原文物》1982年第3期。

［176］郭建邦《河南孟津送庄汉黄肠石墓》，《文物资料丛刊》第4辑，1981年。

［177］洛阳邙山东汉帝陵区出土的一种造墓石材，自名“黄肠石”，是汉代尤其是东汉时代帝王与贵族建造墓室时所用的一种石材，由西汉时期的“黄肠木”发展而来，石上或刻写文字，内容包括制石时间、刻工、尺寸、编号、监工者等，是研究东汉时期帝王、贵族陵墓制度的重要材料。资料见黄展岳《汉代诸侯王墓论述》注［28］引杨树达《汉代婚丧礼俗考》第96~98页（商务印书馆），《考古学报》1998年第1期。有关洛阳东汉皇陵区出土黄肠石的资料还有洛阳市第二文物工作队《洛阳涧东汉黄肠石墓》，《文物》1993年第5期；洛阳市文物工作队《洛阳发掘的四座东汉玉衣墓》，《考古与文物》1999年第1期等。

［178］同［176］。

［179］黄明兰《东汉光武皇帝刘秀原陵浅谈》，《中州古今》1982年第2期。

［180］陈长安《洛阳邙山东汉陵试探》，《中原文物》1982年第3期。

［181］东汉帝陵可能已有石象等神道石刻，《水经注·阴沟水》载曹嵩墓前神道石刻“不匹光武隧道所表象、马也”。

［182］李南可《从东汉“建宁”、“熹平”两块黄肠石看灵帝文陵》，《中原文物》1985年第3期。

［183］韩国河《东汉陵墓踏查记》，2003年西安“汉唐陵墓制度国际学术研讨

会”论文（未刊稿）。

［184］河北省文物局文物工作队《河北定县北庄汉墓发掘报告》，《文物》1964年第12期；《定县北庄汉墓出土文物简报》《文物》1964年第12期。

［185］定县博物馆《河北定县43号汉墓发掘简报》，《文物》1973年第11期。

［186］南京博物院《徐州土山东汉墓清理简报》，《文博通讯》1977年第9期；王恺《徐州土山汉墓葬年考》、邱永生《徐州考古工作三十年》，均载《徐州博物馆三十年纪念文集》，北京燕山出版社1992年版。

［187］南京博物院《江苏邗江甘泉二号汉墓》，该墓出土“广陵王玺”金印，载《文物》1981年第11期。

［188］周口地区文物工作队等《河南淮阳北关一号汉墓发掘简报》，《文物》1991年第4期。

［189］山东省文物考古研究所《山东临淄金岭镇一号东汉墓》，《考古学报》1999年第1期。

［190］黄展岳《汉代诸侯王墓论述》“后记”，《考古学报》1998年第1期。

［191］田立振《试论汉代的回廊葬制》，《考古与文物》1995年第1期。

［192］如中山简王刘焉墓（定县北庄汉墓）中发现鎏金铜缕玉衣；彭城王墓或王后墓（徐州土山汉墓）中出土银缕玉衣；陈王刘崇墓（淮阳北关一号汉墓）中出土银缕玉衣；中山穆王刘畅墓（定县43号墓）中出土银缕玉衣、齐王刘石墓（临淄金岭镇一号东汉墓）出土银缕玉衣等，分别见［184］、［186］、［188］、［185］、［189］。

# 三 两晋南北朝时期帝王陵寝制度的考古学复原

## （一）西晋帝陵的调查确认

西晋建都洛阳，经四帝（武帝、惠帝、怀帝、愍帝）五十二年，除怀帝、愍帝被刘聪杀死于平阳外，武帝、惠帝均死于帝位，加上追封的宣帝、景帝、文帝，合共五帝，其陵均应在洛阳。但《晋书》只载陵号，于陵址所在多略而不详；而且西晋基本上沿袭曹魏的制度，筑陵“不坟不树”[1]；也没有恢复陵寝制度和上陵的礼仪[2]（只有晋武帝曾经“再谒崇阳陵”和“一谒峻阳陵”[3]），这些都增加了后人寻找陵址的难度。

清乾隆年间，洛阳知县龚崧林编修《洛阳县志》，对于洛阳历代帝陵多有考证，独于西晋诸陵除宣帝陵所考已证明失实外，其余各陵或称“今失考”，或从略，西晋帝陵遂成了当今考古学上一个难解之谜。1917 年和 1930 年，晋中书侍郎荀岳墓志、晋武帝贵人左棻墓志相继出土。蒋若是据此考证，得出崇阳陵、峻阳陵“二者一在南蔡庄村，一在南蔡庄北地，相距不过五里，这已经为晋陵的南北线勾出了一个简单的轮廓”的推论[4]。但 1982 年 10 月至 1983 年 1 月，中国社科院考古所洛阳汉魏故城工作队对西晋帝陵进行实地勘察，查明了荀岳墓志的出土地，推翻了原先的推论，为考察晋文帝崇阳陵提供了可靠依据，并推测铲探的峻阳陵墓地是为晋武帝的峻阳陵，枕头山墓地为文帝崇阳陵[5]。

**1. 峻阳陵墓地**

峻阳陵墓地位于河南洛阳故城东南蔡庄村北 2.5 公里的山坡上，背靠海拔 252.8 米高的鏊子山，面对低平、开阔的伊洛平原；巍峨伏牛瞻于前，邙山主脉障其后，鏊子山从北、东、西三面环抱墓地。

墓地发现的二十三座西晋墓分布集中，自成一区，规划有序，此即为峻阳陵墓地。墓一律坐北朝南，墓道方向 167 ~ 172 度，形制统一，皆为长斜坡墓道的土洞墓。墓地内诸墓布局主次分明，透露出死者生前相互间的依存和尊卑关系。位于墓地最东部之 M1，规模最大，墓主无疑是全墓地生前地位最高者，推测即为晋武帝司马炎。

另外二十二座墓分布在墓地西部，分前后四行排列，越是后排各墓间隔越小。这些墓葬规模都小于 M1，墓道一般长 17 ~22、宽 6 ~8 米，墓室一般长 4.5 ~6、宽 2.5 ~3、高 1.5 ~ 2 米。墓主生前的地位似乎居前排者位高、居后排者稍次。由于左棻墓志出土于其中，故而推测这二十二座墓皆为晋武帝后宫女性墓。

**2. 枕头山墓地**

枕头山墓地位于河南后杜楼村北 1.5 公里一座无名山丘的南坡。共探出墓葬五座，皆坐北面南，墓道方向 167 ~ 172 度。墓地内墓葬的形制、布局都与峻阳陵墓地一致。发掘者推测此为晋文帝崇阳陵。

位于墓地东部之 M1 规模最大、规格最高，位置稍偏前，占据尊位，墓主应是全墓地地位最尊者，应为晋文帝司马昭。其余四墓分布于墓地西部，分前后两排，每排各两墓。其规模较小，一般墓道长 18 ~ 24、宽 6 ~ 7 米，墓室长 4.5 ~ 5、宽

3～3.8、高2～2.5米。墓主地位应次于M1，属帝陵陪葬墓。

墓地周围残存有陵垣及建筑遗迹。陵垣仅存东、北、西三面，且被梯田断崖切割成互不连接的若干小段。东垣全长约384米；北垣长约80米；西垣长约330米。三面陵垣围成一个北窄南宽的梯形陵园。

探出两处建筑遗迹，一处位于墓地东北角、东陵垣的近北端，为一座长方形夯土台基，另一处位于西垣内之偏南部。从位置看，这两处建筑遗迹应与陵园管理及守卫用房有关。

枕头山墓地的M4、M5经发掘，两座陪葬墓形制相同，皆为具有长墓道的土洞墓，由墓道、甬道、墓室三部分构成。其中M4保存较好，其墓道上口作长方形，每下深1米左右，即在两侧壁各留一个40厘米宽的生土台，墓道底总体作斜坡状。甬道为一拱形顶土洞，底铺素面砖，发现猪骨、狗骨各一具及一条牛大腿骨，应与封墓前祭奠仪式有关。在甬道北端有石门。墓室系就原生土挖成的拱形顶土洞，周壁未作任何粉饰，地铺青砖。沿西壁放漆棺，残存随葬品有涂朱陶盘、涂朱陶碗等。M5残存随葬品有涂朱陶盘、涂朱陶碗、残灰陶罐、灰陶碗、铁钩形器、镀金铜铺首、铜搭扣、串珠、散珠、桃形金叶等[6]。这两座墓虽然不是帝陵，但作为西晋帝陵陵园内的大墓，死者身份应属皇室成员。所以，其墓葬形制对了解西晋帝王陵葬制仍有一定的价值。

## （二）北朝帝王陵考古

### 1. 北魏时期的帝陵

北魏开国自道武帝拓跋珪（公元386～409年）始，至孝武帝元修（公元 532～534 年）为宇文泰所杀，共一百四十九年，历十四帝。公元 494 年，孝文帝正式从平城（今山西大同）迁都洛阳，故而帝陵集中分布于两处，一处为盛乐平城时代的“金陵”，一处为洛阳北邙陵区。

关于“金陵”，现尚无实地资料可凭，有人认为其在内蒙古和林格尔一带，也有人认为现内蒙古呼和浩特市的“昭君墓”可能是北魏帝陵之一[7]。但有学者指出，由于北魏社会早期具有母系部族制残余，盛乐平城时代的“金陵”应是一处族葬墓地，主要埋葬拓跋皇室和帝族诸姓，勋旧和其他的部族诸姓以及各地降臣入葬的为数极少，宫中内职随葬也未见记录[8]，这体现了严格的血缘纽带的原则。而原始残余较重的“金陵”制度则影响了洛阳北邙陵区的墓葬制度。

洛阳北邙陵区是北魏自孝文帝从平城迁都洛阳以后所定之墓地。太和十九年（公元 495 年），更规定迁洛的鲜卑人死后只能葬在洛阳，不许归葬代北。于是，北邙墓地遂成为一处血缘纽带原则较为宽泛的族葬区。史载北魏迁都洛阳以后共历孝文、宣武、孝明、孝庄、节闵、孝武六帝，其中节闵为高欢所废，孝武为宇文泰所杀，故前四帝应在洛阳附近建有陵墓[9]。然而，对于这些陵墓的具体地点，史无确载，况年深日久，战乱频仍，其位置多已失传。清乾隆年间龚崧林在编纂《洛阳县志》时有所考证，但谬误甚多。李健人著《洛阳古今谈》以及陆继辂、魏襄编纂的《洛阳县志》，都对北魏孝文帝长陵的地理位置加以考证，并指出长陵在瀍水以西，虽未能明确指出其具体位置，但前驱之功不可没。

新中国成立以来，考古界对北魏帝王陵开展了广泛的调查和研究。1966 年，河南省文物工作队的郭建邦根据 1946 年出土的“文昭皇太后山陵志”，标明孟津县官庄村东地的大冢即为孝文帝长陵[10]。1976 年，山西大同北魏文成帝拓跋睿之妻文明皇后冯氏的永固陵被发掘。1978 年，宿白、黄明兰对北魏景陵的确切位置作出详细考证，不约而同地指出洛阳邙山乡冢头村东之大冢（原定为汉冲帝陵）即北魏宣武帝景陵[11]，并分别对静陵和定陵的位置作出一定程度的推测。黄先生认为洛阳上砦村南大冢即为孝庄静陵；宿先生据墓志推定定陵在长陵与景陵之东，位踞北魏洛阳郭城西北隅之北。鉴于景陵位置业已确认，为了更好地保护它，1990 年 6 月至 8 月，中国社会科学院考古研究所汉魏洛阳城队和洛阳古墓博物馆联合对其进行抢救性发掘。

（1）冯氏永固陵和孝文帝寿陵——“万年堂”

两陵一南一北排列，都建造在今山西大同市方山南部山顶之上，有高大的封土堆，南部的永固陵较“万年堂”为大[12]。永固陵封土现高 22.87 米，呈圆形；基底为方形，南北长 117、东西宽 124 米，为砖砌多室墓，由墓道、前室、甬道、后室四部分组成。墓室南北总长 17.6 米，墓道南北长 5.9、东西宽 5.1、高 5 米，有砖砌封门墙。前室平面呈梯形，券顶；甬道也是券顶。甬道前后各有一道大型石券门。后室平面近方形，四壁弧凸，顶为四角攒尖式。根据甬道壁上白灰痕迹推测，在两道石券门的里外及甬道中间共设置五道封堵砖墙，以保护墓室，但发掘时仅存甬道南端石门外的一道，墙厚 1.08 米。墓室底部原有铺砖（后被盗墓者破坏）。

“万年堂”结构与永固陵相同，只是规模稍小。封土堆高约 13 米，呈圆形；基底为方形，每边长约 60 米。墓室由墓道、前室、甬道、后室组成，坐北向南。原建有三道门，用砖封闭。前室和甬道大部分被破坏。后室平面方形，四壁弧凸，四角攒尖式顶。

孝文帝迁都洛阳后，“自表瀍西以为山陵之所”，其具体位置经学者们考证，确认为今河南孟津官庄村东“大小冢”之大冢，小冢即为北魏文昭皇太后之陵。大冢在东南，为圆形封土堆，高 35、底部直径 45 米；小冢在西北，亦是圆形封土堆，高 23、底部直径 35 米。两冢之间的距离约 103 米。

（2）宣武帝景陵

位于河南洛阳邙山乡冢头村，坐落于邙山顶上，海拔 250 米，地势高旷，北距孝文帝长陵 5 公里。墓冢以南地势逐渐降低，直达富庶的谷水两岸。有高大夯筑封土堆，平面略成圆形，直径 105～110 米，四周稍有残损，现存高度 24 米，平顶。墓室筑于封土之下，为凸字形单室砖室墓，全长 54.8 米，由墓道、前甬道、后甬道、墓室等四部分组成。方向约 177 度[13]。

墓道南起墓冢南缘，北接前甬道，水平长度为 40.6 米。墓道上口平面呈长方形，宽 2.85 米，底部呈斜坡状。墓道南段为土壁，长 36.10 米；北段为砖壁，长 4.5 米。在墓道北端是第一道封门墙，并伸入前甬道 40 厘米。前甬道平面呈横长方形，东西 3.38～3.4、南北 2.35～2.4、高 3.78 米。券顶，底部铺青石板。在前甬道之北是后甬道，平面呈纵长方形，长 5.12、宽 1.94、高 2.64～2.8 米，券顶。在后甬道南端有第二道砖筑封门墙，隔开前后甬道。沿后甬道向北有一道石墓门。墓室位于最北端，平面近方形，四壁略外弧，南北长 6.73、东西宽 6.92、高 9.36 米，四角攒尖式顶。墓室东半部摆放随葬品，西半部为石棺床占据。石棺床用十五块方形石块拼砌而成，棺床四角原应有帐构石质插座各一（后被盗去三个，仅存的一个也离开原位）。

墓内随葬器物绝大部分已在历史上被盗走，可复原者四十五件，分属青瓷器、釉陶器、陶器、石器、铁器等，包括龙柄盘口壶、陶盏托、方形四足陶砚等。

从永固陵到景陵，都未发现陵垣，甚至景陵在发掘过程中还进行了较大范围的调查性铲探，仍未发现陵垣及其他建筑遗迹。故而，关于北魏时期的陵寝制度曾是一个长期未能解决的问题。但近年来在这方面获得重要突破，洛阳市考古学者在孝文帝的长陵发现了陵垣等建筑遗迹[14]。此外，在实物资料不完备的情况下，学者们仍努力对有关问题做了建设性的探讨。北魏帝陵的墓葬形制一般为前后双室，后室平面近方形、四壁略外弧凸，顶为四角攒尖式[15]，墓内无壁画。北魏迁洛之前的“金陵”限于资料的欠缺而不可详考，但有几点还是可以肯定的，首先是聚族而葬，各代帝陵都在一处，表现出皇室对陵墓的重视；其次对于历代帝陵的排葬方式，有学者推测是以父子（女）辈左右夹处、兄弟行并排成列为特点[16]。“金陵”制度自冯太后始有变化，杨宽先生就认为北魏建造大规模的陵园始自冯太后，冯氏创立了一套将鲜卑文化和汉族文化相结合的陵寝制度，代表着一个重要的转折时期：一方面，她继承了鲜卑“凿石为祖宗之庙”的遗风，另一方面又采用自东汉以来在墓前建筑石殿、石阙的方式，再结合佛教的信仰，使佛堂、斋堂和祠庙相结合，开后代在陵区建造佛教建筑之先河；又恢复陵寝制度和举行上陵的礼仪。北魏迁洛以后，陵墓制度再起变化，比如，墓冢由方形演变为圆形；由只在墓门雕刻武士像或在墓内随葬武士雕像演变为在墓冢前方树立大型武士雕像等；墓室改为单室制；地面陵园建筑也大体继承了中原地区汉晋时期的帝陵制度等。

**2. 对东魏、西魏和北齐、北周帝王陵的探索**

北魏灭亡后，北方分裂成东魏和西魏两大势力，东魏被北齐代替，西魏被北周取代，这段时期（公元 534 ~ 581 年）是为北朝后期，它的帝王陵制度上承北魏，下启隋唐，是一个非常重要的转折时期。

东魏只传一帝即孝静帝元善见（公元 534 ~ 550 年）。高洋于公元 550 年废魏帝自立，改国号齐，史称北齐，传六帝：文宣帝高洋（公元 550 ~ 559 年）、废帝高殷（公元 560 年）、孝昭帝高演（公元 560 ~ 561 年）、武成帝高湛（公元 561 ~ 565 年）、后主高纬（公元 565 ~ 576 年）、幼主高恒（公元 577 年）。

东魏孝静帝元善见于太平元年（公元 534 年）迁都于邺，并在邺西建造“西陵”，此后该区域便成为东魏、北齐皇族的聚葬区。

1986 年秋，由中国社会科学院考古研究所和河北省文物研究所合作组成的邺城考古工作队与磁县文保所合作，对此区域进行勘测调查。并于 1987 年春对湾漳村北朝墓进行抢救发掘，取得了诸多发现。

（1）东魏孝静帝元善见西陵

西陵位于今磁县申庄乡前港村东南岗坡地，南面即为元善见父亲元乂墓西陵。封土高达 30 米，直径 120 余米。调查发现陵垣围墙残基，以河卵石加红土夯筑而成，垣宽 3 米多，个别地方残高 0.8 米。南北墙长和东西宽各约 1140 余米，与文献所载“九里十三步”基本相符。根据采集到的莲花纹瓦当和筒瓦、板瓦等推测，在南墙外神道两侧和封土附近原应有地面建筑。

东魏仍沿用北魏族葬的习俗，皇陵和皇室陵墓兆域范围基本上包括邺西漳水之阳、武城之阴的北原，即现西岗及其以南地域。其排葬方法是以孝静帝元善见的“西陵”及其父元义陵墓为基点，长辈在前（南），晚辈在后（北），兄弟墓葬排列采“自左向右”序列，与洛阳北邙陵墓布局方式基本相同。

（2）北齐帝王陵考古

高欢作为东魏大丞相，在西陵东北选定了高氏茔地，其次子高洋建北齐，茔地遂成为高齐皇陵区域。齐神武皇帝高欢义平陵“葬于邺西北、漳水之西”，“在县南三里”[17]，墓前原有天禄、石阙等石刻。义平陵之北偏西约 200 米处有一墓（编号 M2），推测为齐文襄帝高澄峻成陵，1977 年调查时其封土高度尚有 22 米。

齐文宣帝高洋武宁陵是唯一已发掘的北齐时期的帝陵[18]。陵墓位于磁县县城西南 2.5 公里滏阳河南岸的湾漳村东部。地面原有高大封土，探测占地 8000 余平方米，但封土已被破坏殆尽。墓葬南面有一尊石刻人像。墓葬由墓道、甬道、墓室三部分组成，南北总长约 52 米，墓向 185 度。斜坡形墓道全长 37 米，墓道两壁系用土坯垒砌，土坯外抹草泥、白灰，再施壁画；墓道底经夯打，并施彩画。

甬道为直壁券顶砖砌结构，地铺正方形青石，全长 6.7 米，分南、北两段。甬道南端券顶之上有砖砌门墙。甬道中有三重封墙。第二、三重封墙之间设一道石门。

墓室平面方形，四壁略弧，南北长 7.56、东西宽 7.4 米，现存高 11.8 米，复原高度 12.6 米，为四角攒尖顶。墓室地面铺正方形磨光青石。西侧有须弥座石质棺床。棺床用青石围边，内铺白色或灰白色石板，正中有朱红彩单线勾绘一八瓣仰莲。棺床须弥座立面，以白、红、绿色画出忍冬纹、连环纹等图案。棺床上置一棺一椁。

墓道壁画分布在两壁和路面。两壁画面的中心内容是各由五十三人组成的仪仗出行队列。东壁的仪仗队伍前绘朱雀、神兽、青龙等，西壁与青龙相对的位置绘白虎。仪仗出行队列中人物均手持戟盾、鼓乐、旄幡、伞盖等。北端队列身后画面阔五间的建筑。仪仗队伍上方天空的位置，绘有各种神兽等三十五个，计七种形象，其间缀以流苏、云、莲花等纹饰。路面图案分三纵列，中间绘八瓣仰莲，两侧饰以缠枝忍冬莲花的装饰纹样，三列图案以暗红色栏框相间，犹如一幅巨大的地毯。

甬道上的门墙正中绘一正视形象的大朱雀，高近5米。朱雀左右各绘一神兽、羽兔，朱雀四周饰以莲花、流云。在石门南两壁还残留有侍卫形象。甬道顶部有零星可辨的莲花、流云等图案。墓室顶部绘天象图。天象图下四壁各有一栏分九个方格，每格内画一动物形象。其下还有两栏壁画，上下栏以朱红色栏框相间，上栏有神兽、朱雀等形象；下栏以人物图像为主。

墓中出土随葬品共两千多件，除一对大陶俑出自石门外两侧，余皆出自墓室。以陶俑为主，其余为陶镇墓兽、陶牲畜、陶制模型、陶瓷器皿等。此外还有石灯、玉器、珍珠等。

（3）东魏北齐王一级墓葬的主要发现

考古学者还发掘和调查了部分北齐王一级的墓葬，如东魏茹茹公主墓、北齐文昭王高润墓、北齐东安王娄叡墓、库狄迴洛墓等。它们的具体情况见下表[19]（参见表三）。

**表三　　东魏北齐王一级墓发掘情况简表　　单位：米**

| 墓主人<br>墓葬情况 | | | 河清元年(公元562年)寿阳库狄迴洛 | 武平元年(公元570年)太原东安王娄叡 | 武平七年(公元577年)磁县文昭王高润 | 茹茹公主 |
|---|---|---|---|---|---|---|
| 墓葬结构 | 结构平面 | | 长墓道砖砌单室墓 | 长墓道砖砌单室墓 | 长墓道砖砌单室墓 | 长墓道砖砌单室墓 |
| | 墓向 | | | | 188度 | 190度 |
| | 墓门设置 | | | | 两堵封门墙；一道石门 | 三堵封门墙；一道石门 |
| | 棺床设置 | | 棺椁位在墓室的中心，无棺床 | 墓室西部置棺椁，无棺床 | 墓底西部铺青石或砂石板六十三块，皆作方形，似为棺台 | 墓室西侧设砖砌棺床，东、南、北三面以青石条围边 |
| | 墓室平面 | | 单室砖砌，弧方形 | 单室砖砌，弧方形 | 单室砖砌，弧方形 | 单室砖砌，弧方形 |
| | 墓室大小 | 总体 | | | 长63.16、宽8.73 | 长34.89、宽5.58 |
| | | 墓道 | | | 长50、宽2.96 | 长22.79、上口宽3.90、下底宽2.80 |
| | | 甬道 | | | 长5.62、宽1.86、高2.55米 | 长5.76、南段宽2.80、北段宽1.84米、 |
| | | 墓室 | 5.44×5.42 | | 6.40×6.45 | 5.23×5.58 |
| 壁画 | 墓道 | | 无壁画 | | 两壁上沿绘忍冬莲花等纹样，其下壁画内容不详 | 入口处东西壁各绘青龙白虎，其后每壁皆画由十四人组成的仪仗队。墓道北段上层壁画自南而北画方 |

**续表**

| 墓葬情况＼墓主人 | | 河清元年(公元562年)寿阳厍狄迴洛 | 武平元年(公元570年)太原东安王娄叡 | 武平七年(公元577年)磁县文昭王高润 | 茹茹公主 |
|---|---|---|---|---|---|
| 壁画 | | | | | 相氏、羽人、凤鸟等，其旁缀以莲花纹。墓道斜坡路面的两边绘花草纹图案 |
| | 甬道 | 左右壁各画侍卫四人 | | 甬道两壁及顶部抹白灰，有彩绘 | 门墙上绘有正视形象的大朱雀，左右各画一个方相氏。两壁各画三至四名侍卫。券顶的壁画已剥落殆尽，后段甬道南端券门西侧残存火焰、宝珠画面 |
| | 墓室 | 四壁涂赭红泥皮装饰，西壁上有呈灰白色十字形的图案。 | | 后壁绘墓主人坐帐内，两侧有执伞盖的侍卫。左壁画牛车，车前有御者，车后列执扇盖的侍卫。右壁残存侍从二人。南壁壁画模糊不清。推测墓顶画有天象图 | 墓顶画有天象图，其下四壁顶端即上栏的下沿部分分别画着代表四方的守护神（四灵）及山川林木。墓室下栏壁画重点是表现墓主人的生前起居生活：北壁绘女子七人，居中著冠者似为墓主人茹茹公主，两侧为侍女；西壁绘女侍十人；东壁存少量人物头 |

续表

| 墓主人 / 墓葬情况 | | 河清元年(公元562年)寿阳厍狄迴洛 | 武平元年(公元570年)太原东安王娄叡 | 武平七年(公元577年)磁县文昭王高润 | 茹茹公主 |
|---|---|---|---|---|---|
| 壁画 | | | | | 像，容貌服饰似为男子；南壁画面全泐 |

由上表我们可以发现，东魏、北齐的王墓存在这样一些共同点：第一，墓葬的平面结构都是长墓道砖砌单室墓，由墓道、甬道、墓室组成；墓室前方都设置石门。第二，墓室内部有壁画。墓道、甬道以出行仪仗图为主，墓室以反应墓主人生活图为主。第三，出土大量随葬品，以陶俑数量最多；并出土70厘米以上见方的大型墓志。

东魏、北齐继承了前代的帝陵制度，如地面有圆形陵冢，陵冢四周有陵垣，用单墓室制，长坡形墓道，砖砌墓室、青石铺地，有大量以陶俑为主的随葬品，并进一步地融合佛教艺术，流行忍冬、莲花等装饰图案。另在墓室结构方面也有所变化，首先是将以前的前、后甬道的差别缩小，形成南北两段而以石门隔之，其次是墓室开始满饰壁画。

（4）西魏、北周帝王陵的发现

公元534年，不甘于受高欢控制的孝武帝奔入关中，却被宇文泰毒死。翌年，随其一同入关的孝文帝之孙元宝炬被立为帝，而建西魏。传三帝为文帝元宝炬（公元535～551年）、废帝元钦（公元552～554年）、恭帝元廓（公元554～557年）。西魏恭帝三年（公元556年），宇文泰死，死前命其侄宇文护辅佐三子宇文觉执政，建立北周，谥号孝闵帝。闵帝旋被杀，传明帝宇文毓（公元557～560年），再传武帝宇文邕（公元560～578年）、宣帝宇文赟（公元578～579年）、静帝宇文阐（公元579～581年）。

北周五帝陵具体地点至唐贞观年间已不明确，究其原因，乃是北周统治者一手造成。武帝临终遗诏"……丧事资用，须使俭而合礼。墓而不坟，自古通典。随吉即葬，葬讫公除。"[20]明帝武成二年（公元500年）遗诏："……葬日，选择不毛之地，因地势为坟，勿封勿树。"[21]谯王宇文俭墓志亦曰："率由古礼，不封不树。"以上都说明，北周帝王陵不封不树即便不是一种制度，也很可能是一种惯例[22]。由于帝王陵地面无标志，又不供奉致祭，时日淹久，其陵址必然被人遗忘。

1993年8月2日，在陕西省咸阳市渭城区底张乡陈马村东南的农田里发生古墓葬盗掘活动。1994年9月30日至1995年1月20日，陕西省考古研究所与咸阳市考古研究所合力抢救发掘了被盗墓葬。出土资料证实，这正是北周武帝宇文邕与其皇后阿史那氏合葬的孝陵。

孝陵总体坐北向南，方向南偏东10度，全长68.4米，由斜坡墓道、五个天井、五个过洞、四个壁龛及甬道、土洞式单墓室组成。

墓道水平长度31.5度，南端宽2.8、北端宽2.6米，底部坡度10度。墓道内填土曾经夯打。五个过洞均为拱形土洞，较墓道、天井窄，宽度在1.9～2.1米之间；五个天井均呈长方形直筒状。四个壁龛分别开设在第四、五天井的东西两壁，两两相对。龛门均以土坯封堵。其中第四天井西壁龛在封堵前并未完工，龛内空无一物；东壁龛东壁分两排放置十四件陶罐，东北角有木箱，其他空间放陶明器、陶俑等。第五天井西壁龛出土铜带具、玉佩饰、铁饰件、玻璃珠等物；东壁龛东壁分两排放置十四件陶罐，西北部出土兜鍪甲士俑一件，此外还有玉璧、铜镜、短剑、带具等。

甬道开口于第五天井北壁，甬道口外紧靠天井北壁砌一道土坯封门墙，有两次打开后补砌的痕迹；甬道口内又有一道土坯封门墙。甬道南北全长3.9米，拱券顶，高度不低于2.1米。南距甬道口约2米处有木门遗迹，甬道底部铺砖。以木门为界，南甬道宽1.6、北甬道宽1.7米。甬道北端平置“孝陵志石”。

墓室为平面呈“凸”字形的土洞式，北壁有后龛，南北通长5.5、宽3.8米。地面条砖平铺。室内东西并排放置两具木质棺椁。

墓室因盗掘严重，出土以及破案追回的共有孝陵志、武德皇后志各一合、天元皇太后印一方、铜鐎斗一件及少量装饰品。出土器物中以陶器为大宗，约一百五十件，有具装甲士骑俑、鞍马仪卫骑俑、笼冠俑、镇墓兽、陶鸡、陶犬等冥器。

在墓葬附近没有发现陵前石刻、陵冢封土、寝殿建筑等遗迹、遗物。由于没有进行大面积钻探，还不清楚原有无陵园城垣或围沟之类的建筑。依据目前材料推测，当时孝陵的营建和武帝的葬事很可能是遵照其遗诏行事的。孝陵与已发掘的其他北周大中型墓相比，显示出较多的一致性[23]，具体表现为：第一，均为长斜坡墓道、多天井、土洞墓室。第二，多无封土。第三，墓室多有后室、后龛或侧室。第四，多无地面石刻（除尉迟运墓）。第五，随葬品中均有大量造型风格相同、大小相若的半模陶俑，陶俑的种类和组合也大体相同。

与东魏、北齐的帝王陵相比，西魏、北周帝王陵有着不同的风格，概括而言：第一，与东魏、北齐墓室内满饰壁画不同，西魏、北周帝王陵内完全不见壁画，表现出较为俭朴的风格。第二，西魏、北周帝王陵随葬品的数量远比不上东魏、北齐的帝王陵之丰奢。第三，改石门为木门。

北周孝陵的发现为探索西魏、北周其他的帝陵提供了重要线索。北周革汉魏之故制，依周礼改创颇多，但不论依周礼的公墓制还是保留鲜卑族的族葬制，北周一朝都会将帝陵选择在一处相对集中的区域。而且，底张镇附近至咸阳国际机场一带，发现过一批大中型北周墓葬[24]。可见，自孝陵所在的陈马村至底张镇一带应系北周皇帝及贵族的重要墓葬区，咸阳原北部一带将是寻找其他北周帝陵的最重要地区。

## （三）东晋、南朝帝王陵考古

### 1. 东晋帝陵的考古发掘

东晋南朝定都在建康（今江苏省南京市）。东晋共有十一帝，除晋废帝司马奕（后被废为东海王、海西公）葬江苏吴县外，其余均葬于都城建康境内。依据考古资料及《建康实录》等文献资料，可知东晋帝陵主要分为三个陵区：鸡笼山之阳陵区（葬元、明、成、哀四帝）；钟山龙尾（今富贵山）之阳陵区（葬康、简文、孝武、安、恭五帝）；幕府山之阳陵区（葬穆帝）。东晋帝陵经发掘的到目前为止共有三座：一座是 1964 年 10 月 26 日至 1965 年 1 月 4 日由南京博物院发掘的富贵山大墓；第二座是 1972 年 4 月由南京大学历史系考古组发掘的南京大学北园东晋大墓；第三座是 1981 年由南京市博物馆发掘的南京汽轮电机厂大墓。前者位于钟山之阳，中者位于鸡笼山之阳，末者位于幕府山之阳。王志高认为，这三个陵区正和历史上有关史料中的东陵、西陵、北陵三陵区相对应。

（1）富贵山东晋大墓

富贵山位于南京市东北隅，东连钟山，六朝时称“钟山龙尾”之地。大墓即位于山之南麓，依山势而建，背倚山峰，面临平原[25]。

墓凿山筑成，由墓室、甬道、封门墙、墓道和排水沟五部分组成。墓室为长方形券顶，长7.06、宽5.18、残高2.4、复原后高5.15米，方向216度。在墓室东西两壁外有用黄胶土含碎石平夯填实而成的夯土墙，起加固与支撑墓壁的作用，这一做法在东晋、南朝的大墓中较为多见。在夯土墙上还有半圆形的保护墓顶的砖砌外层。墓室中后部有一长3、宽1.5米范围的红色漆皮残痕，应是棺木所在，为单人葬。

甬道平面长方形，券顶，长2.7、宽1.68、复原后高3.35米。甬道内有安装木门的凹槽两道。木门的具体结构已无存。封门墙又分封门墙、封门砖、挡土墙三部分。封门墙在甬道之前，平面呈弧形。分内外两层。封门砖在封门墙后，砌在甬道内口处，上部直封至甬道券顶，实际上就是第二道封门墙。在甬道外左、右方即封门墙两翼后面有挡土墙。这种封门墙的砌法在东晋、南朝大墓中几乎都有使用。墓道在墓室前方，是在岩石上开凿的长方形的露天坑道，四壁垂直，长13.5、宽4、深4.3~5米（图一八）。排水沟长达87.5米，在现存水沟南端不远处有一洼水塘，积水可能就排泄到这里，故原排水沟长度可能达100米左右。

该墓埋葬后不起坟，填土后使凹陷的墓坑与两旁山梁齐平。

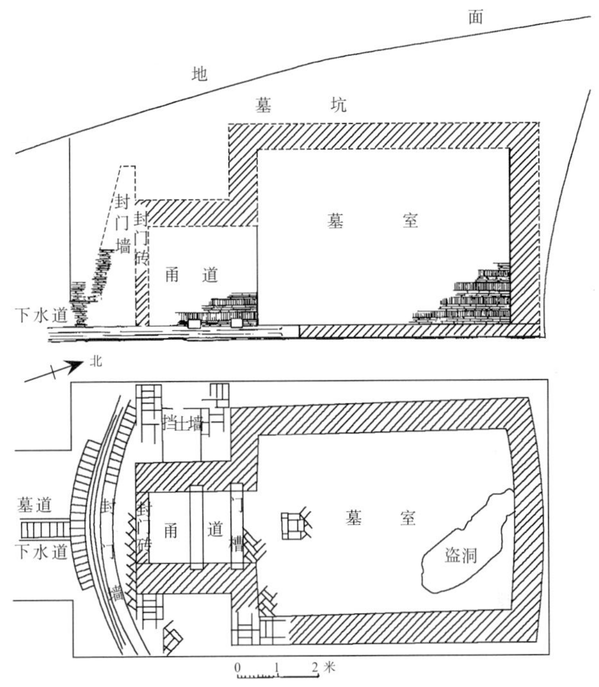


图一八　江苏南京富贵山东晋帝陵墓室平、剖面图
（引自《考古》1996年第4期）

墓早年被盗，残存的随葬品大部分放置在墓室前部，经修复后共有七十一件，发掘者将其分为五类：青瓷鸡首壶、水盂、钵、碗、果盒等陶瓷器主要出土在墓室前部，当为日常生活所用器皿；执盾陶俑、陶箱、陶质龙、虎座等主要出土在墓室前部和甬道后部，为专门制作随葬的明器；金钉、铜帽钉、铜环等散在各处，是其他器物上的镶嵌饰件或附件；玉佩、玻璃珠、石珠、石刻小饰兽等出土在墓室后部，当为墓主人身上所用的佩饰；铜阴井盖、铜棺钉、铁棺钉等是墓室结构与葬具

的附件。

1960年11月18日在富贵山东南麓距此墓约400米处发现晋恭帝玄宫石碣[26]。故而，罗宗真认为此墓为恭帝冲平陵[27]，但蒋赞初主张这可能是晋安帝或晋孝武帝的陵墓[28]。

（2）南京大学北园东晋大墓

大墓位于南京大学北园东北部鼓楼岗（应为古鸡笼岗的一部分）的南坡上[29]。墓的方向为南偏西9度，是一座双室砖墓。全墓南北总长8.04、东西9.9米，由墓门、甬道、主室、侧室甬道、侧室等部分构成。甬道长3.04、宽1.5米，券顶，有两道门槽。主室南北长4.4、东西宽4米，穹隆顶，底铺砖。主室葬两人，后半部的偏东部分为男性（左），偏西部分为女性（右）。侧室甬道所葬为一女性。

墓内甬道第一、第二道门槽之间的砖地上有一中型陶案、侧室甬道口也有一中型陶案、主室的西南角和东北角各有一个大型陶案，而在主室前半部发现了两件小型陶案。这些陶案是作“祭台”之用，随葬品主要分布在这些陶案之上及其周围，主要有卧龙座、卧虎座、卧羊座、俑等陶器，鸡首壶、双耳壶、钵、狮形插器等瓷器，金、银、铜、铁等饰片，青铜鸠杖头、铁剑、铁刀等，以及玻璃杯、水晶珠、玛瑙珠、料器等其他器物。

此墓墓主人有多种说法。该墓发掘主持人蒋赞初推测它是东晋早期元、明、成三位皇帝中的某一位[30]，李蔚然和罗宗真先生也认为可能是东晋元、明、成、哀四帝帝陵之一[31]。

（3）南京汽轮电机厂大墓

该墓位于南京北郊北崮山南麓，为一平面呈“凸”字形的券顶砖室墓，总长9.05、总宽8米，由甬道、墓室、封门墙、两道木门（已朽）等构成。墓室内长4.98、宽4.24、复原高4.03米。该墓早年被盗，但仍出土了青瓷器、龙、虎首造型的陶步障座、陶俑及其他陶冥器、金银饰品、铁镜、玉器、浅黄和深蓝色玻璃器残件等。发掘主持者朱兰霞依据其规模、结构、残存的随葬品组合与质量以及相关文献记载等，推定这座大墓为东晋晋穆帝司马聃的永平陵[32]。这一结论得到了诸多考古学者的赞同。

**2. 南朝帝王陵**

南朝（公元420～589年）共经历宋、齐、梁、陈四个政权时期，由于都是偏安王朝，且自命为正统文化的继承者，故而在政治、经济、文化等多方面体现出较强的一致性，而其帝王陵制度也从一个侧面反映了这种一致性。

作为南朝都城的建康（今江苏省南京市）和齐梁两代最高统治者发迹的地方——丹阳是南朝陵墓最集中之处。民国时期，朱希祖、朱偰父子两代调查六朝陵墓石刻，编纂完成《六朝陵墓调查报告》，堪称中国近代考古学调查中最早最完整的一部有关帝王陵考古的著作。1949年以后，南京博物院、南京市博物馆、南京市文物研究所等机构也先后调查和发掘了一批南朝帝王陵，主要有：1960年5月16日至6月3日在南京西善桥宫山北麓发掘一座南朝墓，论者以为是刘宋孝武帝刘骏的景宁陵[33]；1961年10月11日至1962年4月9日发掘南京西善桥油坊村南朝大墓，发掘者推测为陈宣帝陈顼显宁陵[34]；1965年11月发掘丹阳胡桥齐景帝萧道生的陵墓[35]；1968年8月和10月在丹阳胡桥吴家村和建山金家村又发掘了齐和帝萧宝融恭安陵和齐废帝萧宝卷陵[36]。1979年9月20日至12月28日，南京博物院在南京尧化门发掘了一座南朝梁代

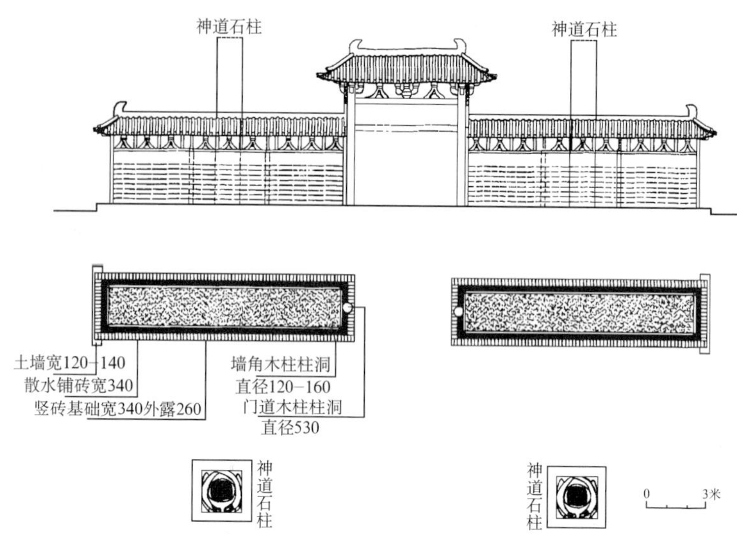


图一九　江苏南京南朝梁南平王萧伟墓阙、墓表平面及墓阙立面复原示意图
（引自《文物》2003年第5期）

陵墓，推测为梁南平王萧伟墓（图一九）[37]。南京市栖霞山附近是重要的南朝时期的墓葬集中地，这一带不乏高等级的墓葬，已发掘的王墓就有以下几例：1974年10月至1975年1月发掘的梁安成王萧秀墓[38]；1980年9月发掘的梁桂阳王萧融与其妻王慕韶夫妇合葬墓[39]；1988年1月，发掘了梁桂阳王萧象墓[40]；1994年7月4日至28日南京市博物馆和栖霞区文管会共同发掘白龙山地区的梁临川王萧宏墓[41]；2000年10月至12月南京市文物研究所发现并发掘了萧伟墓阙遗址，在研究六朝帝王陵寝地面建筑制度方面取得了重要突破[42]。

南朝帝王陵寝制度方面的共同特点如下[43]：

第一，墓葬的地下部分（玄宫）平面都呈凸字形，一般由排水沟、甬道、墓室等几大部分构成。由于南方气候潮湿，地下水位高，为防止墓室积水，必须采取特殊的人工排水措施。排水沟一般都是一端起自墓室，经甬道下一直通向墓前水塘，长度均在百米以上。甬道内设两道或一道石门，大抵是帝后一级设两道、王侯一级设一道；门额以浮雕各类人字形拱为最显著的时代特色。此一时期流行双人合葬，砖砌墓室规模较大，最长将近7米，最高达6米余，均为大型单室券顶结构。

第二，墓上建筑颇具时代特色，目前所见有墓前神道及神道石刻、墓阙，此外还有墓前水塘。一般而言，神道与陵墓位于同一条中轴线上，神道两侧排列石兽、华表和石碑。现存石刻以萧梁时期保存最多、品种最全，但根据学者考证，认为南朝历代陵墓神道兽、表、碑等石刻俱全，且系模仿刘宋长宁陵之形制，一脉相承，只是后来大部分已在漫长岁月中被损坏或遗失（参见表四）。

**表四　　南朝陵墓现存神道石刻一览表**

| 陵　名 | 现存石刻 | 地　址 |
| --- | --- | --- |
| 宋武帝刘裕初宁陵 | 石麒麟二（右一角，左双角） | 江宁麒麟门麒麟铺 |
| 宋文帝刘义隆长宁陵 | 石麒麟一（右一角，残） | 南京甘家巷南狮子冲 |
| 齐宣帝萧承之永安陵 | 石麒麟二（右一角，左双角） | 丹阳东北13里狮子湾 |
| 齐高帝萧道成泰安陵 | 石麒麟二（右一角，左双角，残毁） | 丹阳东北13里赵家湾 |
| 齐武帝萧赜景安陵 | 石麒麟一（左双角），石杜础一 | 丹阳城东32里戎家村北三姑庙 |

**续表**

| 陵　名 | 现存石刻 | 地　址 |
|---|---|---|
| 齐景帝萧道生修安陵 | 石麒麟二（右一角，左双角，较完好） | 丹阳东北 13 里经山东南鹤仙坳 |
| 齐明帝萧鸾兴安陵 | 石麒麟一（右一角） | 丹阳东 24 里萧得乡东城村 |
| 齐东昏侯萧宝卷墓 | 石麒麟二（右一角，左双角） | 丹阳东北经山金家村 |
| 齐豫章文献王萧嶷墓 | 石辟邪二（一残） | 江宁县江宁镇方旗庙 |
| 梁文帝萧顺之建陵 | 石麒麟二（右一角，左双角）<br>石柱二（题字“梁太祖文皇帝之神道”）<br>石碑座二 | 丹阳东 24 里三城巷 |
| 梁武帝萧衍修陵 | 石麒麟一（左双角，完整） | 丹阳东 24 里东城村（齐明帝兴安陵北） |
| 梁简文帝萧纲庄陵 | 石麒麟一（右一角，残） | 丹阳东 24 里东城村 |
| 梁临川靖惠王萧宏墓 | 石辟邪二（精美）<br>石柱二（石柱题字“梁故假黄钺侍中大将军扬州牧临川靖惠王之神道”）<br>石碑一（左） | 江宁麒麟门仙鹤门间张库村 |
| 梁安成康王萧秀墓 | 石辟邪二（完整）<br>石柱二（石柱题字“梁故散骑常侍司空安成康王之神道”）<br>石碑二（其一字迹为彭城刘孝绰文）<br>石龟座二 | 南京尧化门甘家巷 |

续表

| 陵　名 | 现存石刻 | 地　址 |
| --- | --- | --- |
| 梁鄱阳忠烈王萧恢墓 | 石辟邪二（均残） | 南京尧化门甘家巷西南（与萧憺墓并列） |
| 梁始兴忠武王萧憺墓 | 石辟邪（损坏）<br>石碑一（碑额“梁故侍中司徒骠骑将军始兴忠武王之碑”，碑文二千八百多字，大半残） | 南京尧化门甘家巷西南（与萧恢墓并列） |
| 梁吴平忠侯萧景墓 | 石辟邪二（右碎，左裂为二）<br>石柱（石柱题字“梁故侍中中抚将军开府仪同三司吴平忠侯萧公之神道”） | 南京尧化门花林村西 |
| 梁南康王萧绩墓 | 石辟邪二（完整）<br>石柱二（石柱题字“梁故侍中南康简王之神道”） | 句容新塘黄梅桥侯家边 |
| 梁建安侯萧正立墓 | 石辟邪二<br>石柱二（残缺，柱一有题字“梁故侍中左卫将军建安敏侯之神道”） | 江宁淳化西南刘家边 |
| 梁新渝侯萧暎墓 | 石柱一（柱额题字剥蚀） | 南京尧化门甘家巷北董家边 |
| 丹阳齐梁陵墓入口处 | 石麒麟二（较其他者为大，右一角，左双角） | 丹阳东陵口镇 |
| 陈武帝陈霸先万安陵 | 石麒麟二（右一角，左双角） | 江宁上方镇石马冲黄麓山 |
| 陈文帝陈蒨永宁陵 | 石麒麟二 | 南京栖霞狮子冲 |
| 失名，待考（或是齐献武公萧颖胄墓） | 石辟邪二（已残损，今在石油化工厂门口） | 南京栖霞山张家库 |

**续表**

| 陵　名 | 现存石刻 | 地　址 |
| --- | --- | --- |
| 失名，待考（或是梁永阳王萧敷墓） | 石柱一（文字不清） | 南京笆斗山徐家村 |
| 失名，待考 | 石辟邪二<br>石柱二 | 江宁上方镇侯村附近 |
| 失名，待考 | 石柱一（残） | 江宁淳化镇宋墅村 |
| 失名，待考 | 石柱一（顶盖不存） | 江宁官塘镇耿墓岗 |
| 失名，待考（或是齐废帝郁林王萧昭业墓） | 石辟邪二 | 丹阳东北 40 里经山北麓 |
| 失名，待考（或是齐废帝海陵王萧昭文墓） | 石辟邪二（残损） | 丹阳东北 40 里经山北麓 |

六朝陵墓前的水塘也是区别于其他时代的一个重要特征，其作用主要是用于蓄积墓内泄水，也有论者推测可能同时具有“堪舆术”中“风水塘”的作用[44]。

第三，帝陵墓壁多装饰拼镶砖画及壁画，其中最著名的当属“竹林七贤”与荣启期、羽人戏虎、羽人戏龙等大型砖画；而王侯一级墓葬多用各种类型的花纹砖装饰[45]。

根据考古发现，学者们也对南朝帝王陵一些相关问题进行了探讨，提出了一些建设性的假设和意见：

第一，封土问题。开始认为“没有封土”；后提出“有的有封土，有的不起坟”[46]；现认为“南朝帝王陵墓多有圆形或椭圆形的高大封土堆”[47]。

第二，关于陵寝等地面建筑。一些研究者认为，魏晋南北朝时期因为社会政治原因而不得不暂时放弃陵寝制度[48]，然而又有人根据文献考证，认为南朝帝陵陵园之中“不可能没有寝殿一类举行祭礼的地面建筑”，以及供管理守护人员起居的吏舍一类建筑[49]。六朝陵墓前可能曾有“寝庙”之类的建筑，后毁于兵火或其他原因而已不存[50]。这一推测，在2000年由笔者主持“六朝帝王陵考古”课题时得到了实物资料的证明：在墓前神道两侧发现有一对地面建筑遗迹，平面呈长方形，总长度约29.3、宽5.67米，方向205度。朱光亚等根据考古资料对其做了复原，它是一座下有砖包墙夯土基座，外铺砖面散水，四角起木柱，上部有木质梁架并覆瓦顶，出排檐，中置门楼的墓阙建筑[51]。其作为阙，体量虽小，但意义却十分重大，作为当时王陵的“大门”象征，证明了南朝帝王陵确有“陵园”的空间规划。关于陵园垣墙，直到现在尚未发现遗存。所以，有人推测彼时陵园四周仅设简单的“行马”，由于其为竹木材质，故朽而不存[52]。

## 注　释

［1］《晋书·礼中》：“（晋）宣帝豫自于首阳山为土藏，不坟不树。作《顾命终制》，敛以时服，不设明器。文、景皆谨奉成命，无所加焉。景帝崩，丧事制度又依宣帝故事。”

［2］杨宽《中国古代陵寝制度史研究》第45页，上海人民出版社2003年版。

［3］《晋书·礼中》：“（魏）文帝自作终制，又曰寿陵无立寝殿、造园邑，自后园邑、寝殿遂废，终于魏世。齐王在位九年，始一谒高平陵，而曹爽诛，其后遂废，终于魏世。及宣帝遗诏，子弟群官皆不得谒陵，于是景、文遵旨。至武帝，犹再谒崇阳陵，一谒峻平陵，不敢谒高原陵，至惠帝复止也。”

［4］蒋若是《从“荀岳”“左棻”两墓志中得到的晋陵线索和其他》，《文物》1961年第10期。

［5］中国社会科学院考古研究所洛阳汉魏故城工作队《西晋帝陵勘察记》，《考古》1984年第12期。

[6] 同上。

[7] 大同市博物馆、山西省文物工作委员会《大同方山北魏永固陵》,《文物》1978 年第 7 期。

[8] 宿白《北魏洛阳城和北邙陵墓——鲜卑遗迹辑录之三》,《文物》1978 年第 7 期。

[9] 河南省文化局文物工作队《洛阳北魏长陵遗址调查》,《考古》1966 年梅 3 期。

[10] 河南省文化局文物工作队《洛阳北魏长陵遗址调查》,《考古》1966 年第 3 期。

[11] 洛阳博物馆(黄明兰)《洛阳北魏景陵位置的确定和静陵位置的推测》,《文物》1978 年第 7 期;宿白《北魏洛阳城和北邙陵墓——鲜卑遗迹辑录之三》,《文物》1978 年第 7 期。

[12]《魏书·文成文明皇后冯氏传》:"初,高祖孝于太后,乃于永固陵东北里余,豫营寿宫,有终焉瞻望之志。及迁洛阳,乃自表瀍西以为山园之所,而方山虚宫至今犹存,号曰万年堂云。"

[13] 中国社会科学院考古研究所洛阳汉魏城队、洛阳古墓博物馆《北魏宣武帝景陵发掘报告》,《考古》1994 年第 9 期;洛阳博物馆(黄明兰)《洛阳北魏景陵位置的确定和静陵位置的推测》,《文物》1978 年第 7 期。

[14] 2004 年 2 月至 5 月,洛阳市第二文物工作队对北魏孝文帝长陵进行了调查和钻探,发现了长陵陵园遗址,发现的遗迹包括陵园四面的夯筑垣墙、西垣和南垣门址(东垣、北垣破坏太甚,已无法找到门址),垣墙外的壕沟、陵园内人工排水沟集、井、烧窑以及陵园建筑基槽等。调查证实,孝文帝陵冢平面圆形,现存最大直径 103、高约 21 米,夯土筑成,在夯土外侧有一条环形夯土沟,沟外缘最大直径 111.5 米,宽 1.5 ~ 3.5 米,墓道为长斜坡式,完全压在封土之下,方向 179 度。在封土南侧有一座砖墩,在封土南 21 米处有两个对称的石墩,考古者认为是石翁仲基座;再向南 46 米处还有两个对称的长条形竖穴方坑。在孝文帝陵冢西北约 106 米处为文昭皇后陵冢,平面圆形,现存直径 42、高约 15 米,夯土筑成,墓道亦为长斜坡式,方向 180 度。严辉、朱亮根据考古资料对孝文帝长陵陵寝制度做了归纳,长陵陵园平面近方形,东西长 443、南北宽 390 米。陵园四周构筑有夯土垣墙,墙外侧挖建壕沟;垣墙正中开设陵门,保存较好的南门为三道牌坊式。陵园内有两座陵冢,为帝、后异穴合葬。帝、后陵冢平面均为圆形,帝冢大于后冢,帝冢居于陵园南北中轴线偏北部,墓道向南,陵冢南面有神道,

神道两侧立石翁仲。帝、后陵冢东南方约60～90米处有建筑基址，帝陵目前发现一座建筑基址，后陵有两座建筑基址，建筑基址平面形状不规则，推测与陵园祭祀有关。他们认为，长陵陵园具有明显的中原地区陵寝制度的特点，与洛阳邙山地区东汉帝陵有承继关系，但其陵园内的建筑在陵冢东南方位而不是东侧，则不同于过去。总之，孝文帝长陵奠定了迁洛时期的帝陵制度的基础，代表了北魏帝陵体制的新的发展。见洛阳市第二文物工作队《北魏孝文帝长陵的调查和钻探》，《文物》2005年第7期。

[15] 大同市博物馆等《大同方山北魏永固陵》，《文物》1978年第7期。

[16] 宿白《北魏洛阳城和北邙陵墓——鲜卑遗迹辑录之三》，《文物》1978年第7期。文中认为洛阳邙山墓地的特点是继承了“金陵”，故而反推及之。

[17]《北齐书》卷三；《北史》卷六。

[18] 1987年至1989年，由徐光冀先生主持发掘的磁县湾漳大墓（M106）被推测为帝王陵墓，具体而言其属北齐文宣帝高洋的武宁陵的可能性最大。参见中国社会科学院考古研究所、河北省文物研究所邺城考古工作队《河北磁县湾漳北朝墓》，《考古》1990年第7期；马忠理《磁县北朝墓群——东魏北齐陵墓兆域考》，《文物》1994年第11期；徐光冀《河北磁县湾漳北朝大型壁画墓的发掘与研究》，《文物》1996年第9期；中国社会科学院考古研究所等《磁县湾漳北朝壁画墓》，科学出版社2003年版。

[19] 王克林《北齐库狄迴洛墓》，《考古学报》1979年第3期；磁县文化局《河北磁县北齐高润墓》，《考古》1979年第3期；汤池《北齐高润墓壁画简介》，《考古》1979年第3期；磁县文化馆《河北磁县东魏茹茹公主墓发掘简报》，《文物》1984年第4期；汤池《东魏茹茹公主墓壁画试探》，《文物》1984年第4期；吴作人、宿白《笔谈太原北齐娄叡墓》，《文物》1983年第10期。

[20]《周书》卷六《武帝》下。

[21] 同上。

[22] 陕西省考古研究所、咸阳市考古研究所《北周武帝孝陵发掘简报》，《考古与文物》1997年第2期。

[23] 同上。

[24] 有谯王宇文俭、骠骑大将军叱罗协、仪同大将军王德衡、骠骑大将军若干云、上柱国尉迟运、大都督独孤藏等。

[25] 南京博物院《南京富贵山东晋墓发掘报告》，《考古》1966年第4期。

[26] 李蔚然《南京富贵山发现晋恭帝玄宫石碣》，《考古》1961年第5期。

［27］罗宗真《六朝陵墓埋葬制度综述》，《中国考古学会第一次年会论文集》，文物出版社1980年版。
［28］蒋赞初《南京东晋帝陵考》，《东南文化》1992年第3、4期。
［29］南京大学历史系考古组《南京大学北园东晋墓》，《文物》1973年第4期。
［30］同［28］。
［31］李蔚然《论南京地区六朝墓的葬地选择和排葬规律》，《考古》1983年第4期；罗宗真《六朝考古》第69页，南京大学出版社1994年版。
［32］南京市博物馆《南京北郊东晋墓发掘简报》，《考古》1983年第4期。
［33］南京博物院、南京市文物保管委员会《南京西善桥南朝墓及其砖刻壁画》，《文物》1960年第8、9期合刊。
［34］罗宗真《南京西善桥油坊村南朝大墓的发掘》，《考古》1963年第6期。
［35］南京博物院《江苏丹阳胡桥南朝大墓及砖刻壁画》，《文物》1974年第2期。
［36］南京博物院《江苏丹阳县胡桥、建山两座南朝墓葬》，《文物》1980年第2期。
［37］南京博物院《南京尧化门南朝梁墓发掘简报》，《文物》1981年第12期。
［38］南京博物院、南京市文物保管委员会《南京栖霞山甘家巷六朝墓群》，《考古》1976年第5期。
［39］南京市博物馆、阮国林《南京梁桂阳王萧融夫妇合葬墓》，《文物》1981年第12期。
［40］南京博物院《梁朝桂阳王萧象墓》，《文物》1990年第8期。
［41］南京市博物馆、栖霞区文管会《江苏南京市白龙山南朝墓》，《考古》1998年第8期。
［42］南京市文物研究所、南京栖霞区文化局《南京梁南平王萧伟墓阙发掘简报》，《文物》2002年第7期。
［43］参见罗宗真《六朝陵墓埋葬制度综述》，《中国考古学会第一次会议文集》，1979年；王志高《南朝帝王陵寝初探》，《南方文物》1999年第4期。
［44］徐苹芳《中国秦汉魏晋南北朝时代的陵园和茔域》，《考古》1981年第6期。
［45］林树中《江苏丹阳南齐陵墓砖印壁画探讨》，《文物》1977年第1期；陈直《对南京西善桥南朝墓砖刻竹林七贤图的管见》，《文物》1961年第10期；南京博物院《试读“竹林七贤及荣启期”砖印壁画问题》，《文物》1980年第2期。

[46] 见罗宗真《六朝陵墓埋葬制度综述》，《中国考古学会第一次会议文集》，1979 年。

[47] 见王志高《南朝帝王陵寝初探》，《南方文物》1999 年第 4 期。

[48] 杨宽《中国古代陵寝制度史研究》，上海人民出版社 2003 年版。

[49] 同 [17]。

[50] 同 [46]。

[51] 朱光亚、贺云翱、刘巍《南京梁萧伟墓墓阙原状研究》，《文物》2003 年第 5 期。

[52] 同 [47]。

# 四 隋唐帝王陵寝揭秘

## （一）隋文帝泰（太）陵的考古调查

1970年至1984年间，罗西章对位于陕西省扶风县东南王上村的隋文帝杨坚及皇后独孤氏的泰陵做了多次调查。该陵在渭河以北的三畤原边，南与终南山相望。陵冢呈覆斗形，现存底部东西长166、南北宽160米，顶部东西长48、南北宽38米，高27.4米。勘探发现围绕陵冢的长方形城垣，东西长756、南北宽652米，面积49.2912万平方米。陵冢在陵园中央偏南的地方。四周垣墙中部残留有门庭建筑遗存，城垣四角还发现了阙楼建筑遗迹（图二〇）。

文帝泰陵东南约500米处保存着祠庙遗迹，祠庙大门可能是南向，四周建有长方形城垣，南北长414、东西宽362米，城垣四角阙楼遗迹清晰可辨。祠庙遗址出土莲花纹砖、莲花纹瓦当等建筑材料。泰陵西南约750米处还有一座古寺遗址，出土的石刻观音像等具有明显的隋代造像风格。古寺与祠庙分居泰陵南面东西两侧，左右对称。为此，罗西章先生结合文献资料，认为这座寺庙是大业元年由隋炀帝为泰陵所造的寺院旧址[1]。隋文帝陵是在结束南北朝分裂以后由统一国家所建立的第一座帝陵，它在陵冢造型和陵园结构上大体继承了西汉帝陵的传统，但在陵前设立佛教寺庙则明显受到了南北朝帝王陵制度的影响。

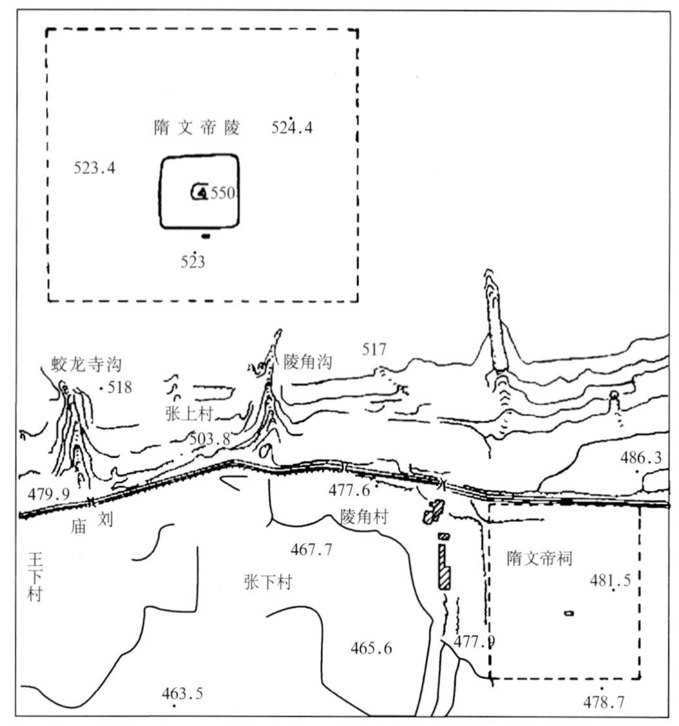


图二〇　陕西扶风隋文帝陵、祠位置图
（引自《考古与文物》1985年第6期）

## （二）唐代帝陵的全面察勘

唐代是中国封建社会的鼎盛时期，政治、经济、文化都达到了一个前代无可比拟的高度。而唐代帝陵从某种意义上说代表了唐代文化艺术的最高水平，“各个陵墓的形制、规模和文物，都能表现出时代特征，是研究唐代各阶段政治、经济和文化艺术的重要资料”[2]。

唐代因其在中国历史上的特殊地位而使唐代考古在历史时期考古中占有重要地位，而其中的唐代帝王陵考古也备受瞩目。20 世纪 50 年代以来，考古工作者纷纷对唐代帝陵进行调查、勘探和局部试掘，获得了丰富的资料和研究成果。

1953 年，陕西省文物管理委员会成立之始，便对唐代十八座帝王陵墓作了调查[3]；1958 年 12 月，陕西省文管会对乾陵进行勘查[4]；1960 年 8 月 4 日至 1962 年 4 月 16 日，陕西省文管会发掘永泰公主墓[5]；1961 年 9 月上旬，陕西省文管会组成专门的工作组对建陵陵园范围及陪葬墓进行了实地调查和探测[6]；1962 年 3 月，陕西省社会科学院考古研究所对顺陵进行勘查，初步掌握了陵园范围、城垣、石刻和墓道等情况[7]；1963 年 7 月，陕西省文管会派王丕中等组成工作组，对桥陵作进一步的调查探测[8]；1971 年 7 月 2 日至 1972 年 2 月下旬，陕西省博物馆和乾县文教局联合组成的唐墓发掘组发掘了章怀太子墓和懿德太子墓[9]；1977 年 12 月咸阳市博物馆对兴宁陵进行了调查[10]；1983 年 11 月下旬，洛阳市文化局、洛阳市文物管理处等单位对桥陵进行了调查[11]；1984 年偃师县对和陵进行调查和铲探[12]。

进入 90 年代后，对乾陵陵园一系列地面建筑遗址进行了发掘[13]；在 80 年代末 90 年代初，昭陵博物馆与煤炭航测遥感中心合作应用遥感解译和定位技术，结合常规考古调查进行信息复合和综合分析，第一次完整、准确地测定了唐昭陵、建陵陵园内的各类文物，特别是一百八十八座陪葬墓的位置，并首次建立了唐昭陵文物数据库[14]，该工作对唐帝王陵研究有重要意义；1995 年 10 月 9 日至 1996 年 5 月 30 日，由陕西省考古研究所、蒲城县文体广电局共同组成的考古队对惠庄太子墓进行了发掘[15]；1995年至1997年，考古学者巩启明三次赴三原县对献陵进行踏查[16]；1996年秋至1997年春巩启明两次赴三原县对永康陵进行调查[17]。由以上可以看出，唐代帝陵考古大多只是调查[18]。所以，唐代帝陵制度只能通过以下两个途径得以推导：一方面是通过文献记载加以归纳，另一方面是通过已发掘的“号墓为陵”者如永泰公主墓、懿德太子墓等墓例与普通王墓、贵族墓的比较得出帝陵的特殊之处，以总结出唐代帝陵制度的特点。

**1. 唐代帝陵总体概况**

唐代共传二十一帝，除昭宗李晔葬河南偃师、哀帝李柷葬山东菏泽外，其余的皇帝都葬在关中，因武则天和高宗合葬，共有十八座陵墓，俗称“唐十八陵”（如果加上以帝陵葬制埋葬的陵墓，总共有二十五座帝陵[19]，图二一）。这些陵墓都分布在渭水以北的黄土高原及北山地区，西起乾县、礼泉，东经泾阳、三原、富平，东止蒲城凡六县约150公里，形成一个以西安为基点、平铺于渭河以北的扇面形庞大陵区。唐代帝陵与西汉帝陵一样，分积土为陵和因山为陵两种形制，除献陵、庄陵、端陵和靖陵四座陵墓属于前者，其余十四座陵墓都是采因山为陵制度。

唐十八陵均有兆域规划、陵园建筑及石刻布置，只是因各种原因而有规模大小、石刻数量多少不同而已。从文献记载看，各陵兆域范围，以昭陵为最大，周60公里；乾陵次之，周40公里；泰陵又次之，周38公里；定、桥、建、元、崇、丰、景、光、庄、章、端、荀、靖等十三陵又次之，周围约20公里；献陵最小，周仅10公里。各陵墓的四周均围以墙垣，

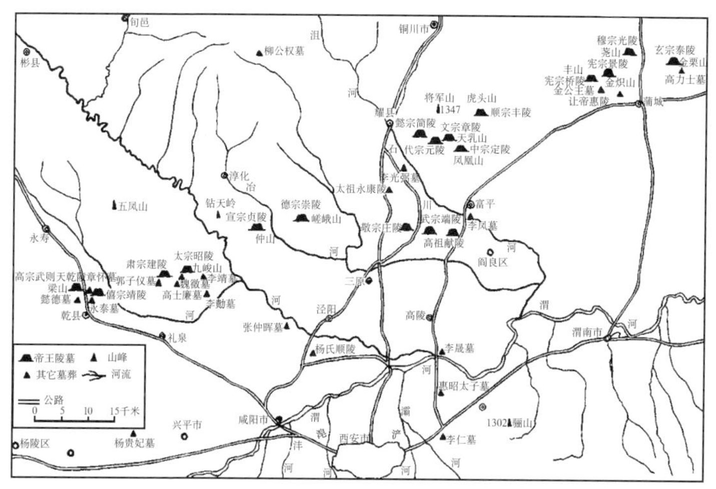


图二一　陕西唐陵分布图

墙垣围合的城圈形状均为不规整的方形，积土为冢者形状比较规整。东、西、南、北四面城垣的中部各开一门，南为朱雀门，北为玄武门，东为青龙门，西为白虎门。朱雀门内有献殿，陵的西南有下宫，献陵和昭陵的玄武门内各有寝殿建筑，这都是供奉祭陵之用的场所。朱雀门外有神道，神道两侧设石像生，从乾陵开始形成制度，自南而北依次为：华表一对、翼马一对、鸵鸟一对、石马和控马人五对、拄剑石人像（或称翁仲或直阁将军）十对、石蹲狮一对。每个都高大雄壮，威风凛凛。四城门外各有门阙一对，城之四隅皆设角阙一座，从昭陵开始朱雀门外神道以南有乳台一对，再南有鹊台一对，这十六座阙楼建筑加上四个城门建筑及其他殿宇，使整个陵园气势磅礴，壮丽异常。研究者认为，整个陵园建筑布局是仿照长安城而建，陵冢（或玄宫）是主体建筑，高居陵园北部，四周围以墙垣，四面墙垣的中部有城门，朱雀门内有献殿，这一部分似为长安城的宫城；自朱雀门外的门阙至乳台约七八百米的距离内为神道，神道两侧置石像生，象征天子出巡的仪仗，犹如长安城的三省、九寺等衙署布置，这一部分似为长安城的皇城。自乳台至鹊台间约二三千米的距离内，有下宫及皇亲国戚、功臣的陪葬墓，星罗棋布，如同坊里，这一部分似为长安城的外廓城[20]。以下介绍考古资料较为丰富的几座帝陵。

（1）唐太祖李虎永康陵

永康陵位于陕西省三原县陵前乡石马道村北及侯家村西南约100米处[21]。形制是“积土为陵”，遗迹除陵冢及部分石刻外，地面建筑如墙垣、城门、阙楼等已荡然无存。陵冢封土呈覆斗形，底部东西长37、南北宽33.5米，周长122米，残高约7米。封土南246米即为神道，从石狮至华表，南北长205、宽30米。神道东西两侧有石像生，多已残损，由南往北依次是：华表一对、独角兽一对、石马二对、石人一对、石蹲狮一对。永康陵附近有十二座集中分布的墓葬，推测是属于永康陵的陪葬墓。

（2）唐世祖李昞兴宁陵

兴宁陵位于陕西省咸阳市红旗公社后排村的北原上[22]。形制为“积土成陵”，封土圆形，已残，底部直径13、高约5米，封土南有石刻八座，分东西两排对称排列，由南往北分别是华表一对、独角兽一对、鞍马两对、石人三对、蹲狮一对。

（3）唐高祖李渊献陵

献陵位于陕西省三原县东北徐木乡永合村东北[23]。存有高大的陵冢封土、城墙、陪葬墓及部分石刻。封土为覆斗形，位于陵园中部偏东，底边东西长139、南北宽110米，顶部东西长 30、南北长 10 米，高 19 米。陵园城墙中部各置一门。其中西门白虎门南北长 19、东西宽 14 米，门址上堆积大量板瓦、筒瓦残块，应为当时的城门建筑遗存。据专家复原，其城门形制为过殿式，其余东、南、北三门已夷为平地。四神门外各有石虎一对，均为立虎。

陵园四隅有角阙设置，西南角阙与东北角阙尚有遗迹。陵园内有寝殿、献殿遗存。寝殿位于玄武门内，范围不明；献殿位于朱雀门内约 10 米处，范围大约为东西长 20、南北宽 8 米。南门朱雀门外为神道，南北长 575、宽 39.5 米。神道东西排列有石刻七座，由南向北为：华表一对、犀牛一对、石人三尊。其中石人皆位于神道东侧，面向西方，现已不存，在陵园西南 2.5 公里之唐村北 100 米处的塬下，有陵墓下宫建筑遗址。

献陵神道南未设置后来唐代帝陵制度所应有的乳台、鹊台，可见初唐时的帝陵制度尚未完备，只是在继承前朝陵寝制度的基础上有所改进，并为后来陵寝制度的完善做好了铺垫。

（4）唐太宗李世民昭陵

昭陵位于陕西省礼泉县东北部九嵕山。近年来，陕西省考古研究所昭陵考古队对昭陵北司马门遗址进行了全面发掘。资料证实，昭陵北司马门建筑遗址是一组完整的南北向轴对称建筑群，分布于九嵕山北侧山坡的三个小台地上，从北向南依次为三出阙台基一对，推测为列戟廊房的基址一对，北围墙外的小型建筑四座以及庑殿式门址和北园墙、砖砌排水沟等。在第二台地以上，从南向北依次为偏殿、方形小建筑、阶梯状长廊。建筑群外环绕带砖铺散水的夯土墙。庑殿式门址进深两间、面阔五间，东西 25.8、南北 12.6 米，庑殿中间三间为三个门，东西两间分别有隔墙分为南北间，门址东西两端紧接夯土围墙。在三出阙的南侧各有一座长方形建筑台基，介于阙和门之间，推测是门外放置列戟的廊房。原放置“六骏”和“十四国蕃君长”石雕像的长廊基址呈阶梯状，进深一间（后又扩建出檐使成两间）、面阔七间，南北 22.7、东西 5.3 米，残存有十个柱础石和四个置于原位的石人像座，北端一间保存有“六骏”之一的基座。北部三间原放置“六骏”三件，南部四间放置“十四国番君长”像七件。

出土的唐代遗物以各类建筑材料为主，包括大量的筒瓦、板瓦、瓦当、鸱尾残件和条砖、方砖。长方形砖和板瓦上的工匠姓名戳印有六十余种。著名的“昭陵六骏”石雕残块发现四件。“十四国蕃君长”石雕像先后发现有分属十个个体的残躯，服饰、容貌各不相同。主持该项目考古的张建林认为，昭陵北司马门遗址是唐代帝陵陵园建筑遗址中首次发掘的一组完整建筑群，整组建筑以轴对称的形式依地势而建，由北向南逐渐升高，周有围墙环绕。它对研究唐代帝陵陵园建筑风格有重要价值[24]。

（5）唐高宗李治与武则天乾陵

乾陵是唐高宗与武则天的合葬陵墓，位于陕西省乾县西北六公里的梁山上，距西安 80 公里[25]。该陵按照“因山为陵”的葬制，凿梁山修建而成，规模宏大，气势雄伟。乾陵修建之时正值盛唐，各项制度渐趋完备，唐帝陵制度也于此时正式形成，故而乾陵是体现唐帝陵制度特征最完整，也为后世所仿效的一座陵墓。

乾陵陵园分内外两城。内城平面基本呈方形，东城墙长 1582、南城墙长 1450、西城墙长 1438、北城墙长 1450 米。在内城四城墙正对山陵主峰处各辟一门，东为青龙门、西为白虎门、南为朱雀门、北为玄武门，其中南门朱雀门为正门。每座门外均有阙台遗址，门楼均为三出阙，楼基和墩台均系夯筑，外用砖包砌，墩台上建楼。

内城四角阙楼遗址尚存，阙楼平面呈曲尺形，基础为夯土筑成。

内城朱雀门往北有献殿遗址，呈长方形，是供后世帝王子孙上陵朝拜、举行祭献仪式的主要活动场所，也是陵园中的主体建筑。据研究推测，其形制应与唐长安城大明宫内的殿宇建筑相似。

外城城垣史籍记载为“东西一千二百步”[26]，以前范围、四至一直不明。2000年，利用航拍技术与地面调查相结合的办法使沉积逾千年的乾陵外城垣终于显示出恢弘的气势[27]。但其具体的形制、大小都尚待考古发掘工作的进一步揭示。

外城城门位于陵园正南司马道南端东、西乳峰上，为三出阙形制，是乾陵陵园的第二道门。乾陵陵园的第三道门也即最外层的门在张家堡附近，至今遗留有高达8米的土阙两座。

外城与内城之间也分布着许多礼制建筑，主要有六十朝臣像祠堂位于司马道东侧东乳峰脚下，平面呈长方形；下宫遗址位于山下御道的西边（今陵前村南、邀驾宫村东北），平面呈长方形，四面有围墙，南北长298米，东西宽282米；六十一王宾殿遗址，位于朱雀门外东西两侧，东侧王宾殿基址东西长19.7、南北宽12.8米，面阔三间、进深三间；西侧王宾殿基址东西长20.65、南北宽12.5米，结构同东侧殿。西侧偏房长12.6、宽12.5米；述圣纪碑和无字碑碑亭遗址，位于陵园朱雀门外东西两侧。无字碑亭遗址为一面阔15.8、进深15.55

米的九间方形碑亭。

除了这些礼制建筑外，乾陵陵园里留给世人最激动人心的就要数那一百多件体形硕大、雕刻精美、形象生动的石像生了。这一批石刻皆分布于内外城之间，研究者认为其意象征百官僚属，用以守卫天子。

乾陵陵园石刻共一百二十四件，除内城四门外各立一对石蹲狮、北门立六马外，其余石刻均集中排列在朱雀门外神道两侧。从第二道门往北，依次是华表一对、翼马一对、鸵鸟一对、石马和控马人五对、拄剑石人像（或称翁仲或直阁将军）十对、述圣纪碑、无字碑、六十一王宾像、石蹲狮一对。

乾陵虽未经科学发掘，但其玄宫隧道的勘探也能一解乾陵千古未盗之谜。史载“乾陵玄阙，其门以石闭塞，其石缝隙，铸铁以固其中。”[28]发掘事实证明书载无误。乾陵隧道完全是在石灰岩质山体上开凿而成，隧道堑壕深 17 米，埋葬后全部用石条填塞，石条上夯打灰土，十分坚固。隧道呈斜坡状，长 63. 1、宽 3. 87 米，方向正南北向，越向北隧道越窄。隧道内填塞长方形或方形石条，由南往北层层扣砌，共三十九层。石条左右之间凿凹槽以燕尾形细腰铁栓板嵌固；上下之间凿洞，用铁棍贯穿，使石条固死，不能移动。石条上各有刻字和编号，刻字多为工匠名，编号可能为石条筑砌的位置或凿石工匠完成的数量。有些石条之间没有嵌细腰铁栓板，有些编号紊乱。这些现象可能是合葬武则天时重新打开墓道扰乱的结果。

乾陵陪葬墓文献记载有十七人，经考古发掘证实者有八人[29]。

（6）唐睿宗李旦桥陵

桥陵位于陕西省蒲城县西北 15 公里的丰山[30]，为“因山为陵”的葬制。陵园包括整个凤凰山，南墙长2871、西墙长2836、东墙长2303米，平面呈一规矩的瓦刀形，方向北偏东2度。园墙四面各有一门，四门互不对称，盖为因地制宜而设。陵园四门外各有一对土阙，位于门外石狮前。南门外另有一对土阙在石刻群以南，间距更大，基本同于乾陵。陵园的四个角楼遗址现在也仅存夯土，据推测角楼耳面可能呈方形，其四分之三的面积在园墙外，四分之一是园墙的转角，这种形制与乾陵有所不同。园内距南门200米处，有一边长300米见方的墙垣遗址，推测为陵前献殿旧址。

桥陵继承了昭陵、乾陵制度，陵前置放大量石刻，共五十件。陵园四门前各有石狮一对；北门石狮以北有石马三对；南门石狮以南的神道两侧排列石刻，由南往北计有华表一对、独角兽一对、鸵鸟一对、石马五对、石人十对。另外在石人之北还发现一对小型的残石人，这对石人在唐陵中极为少见，除此以外，其他石刻无论种类、数量都依照乾陵制度（乾陵的两座碑和蕃臣像可视为特色，不在制度之内）。

经勘查试掘，桥陵墓道位于丰山主峰东坡半山腰，长约80、宽4米。墓道用石条填塞，石条大小不一，上下层之间铺约0.1米厚的黄土，以石灰灌缝。

桥陵陪葬墓多集中于陵的东南方。

（7）唐肃宗李亨建陵

建陵位于陕西省礼泉县以北15公里的武将山[31]。东与唐太宗昭陵遥相对峙，西望唐高宗与武则天合葬的乾陵。为“因山为陵”的葬制。

建陵陵园保存状况不佳，总体来看，陵园南宽北窄略呈梯形。陵园四周围以城垣，但城墙大多已不存在，仅余城墙四隅角楼遗址。从西南与东南角楼遗址看，原来建筑是一长方形的夯土台，附贴在垣墙的四隅，其上是防御性和装饰性的砖木结构建筑。按照四个角楼遗址位置大致可以测出四边垣墙的长度：东墙长1449、西墙长1317、南墙长1371、北墙长795米。城垣面积1.45平方公里。城开四门，东门、西门因地制宜依山势而建，南门、北门则位于陵园中轴线上，此中轴线将整个陵园建筑平分为对称的两半，而李亨玄宫也正好位于此中轴线偏北武将山主峰的小山包上，墓道清晰可见。

城门外有土阙遗址，其中青龙门外两阙相距约50米，朱雀门外两阙相距约84米，白虎门外两阙相距约111米，玄武门外两阙相距约134米。

陵园内建筑唯存献殿遗址，位于朱雀门内，平面略呈矩形。在陵园西南2000多米的崖畔间，发现有砖瓦片堆积层，其分布面积南北长达百米，东西宽60余米，勘查者推测此即为建陵下宫遗址。

建陵石刻共五十四件[32]。其中八件是陵园四门前的石蹲狮，每门前各两只；另有三对石马安置在玄武门之北，其余四十件排列在朱雀门外的神道两侧，由南往北分别是：华表一对、翼马一对、鸵鸟一对、石马和控马人五对、翁仲十对，在这十对石人北还有两对小石人，残高1.6米。建陵石刻中的翁仲为文武两班分左右排列，与此前的乾陵、桥陵等诸陵不同，是为一大变化。

（8）唐昭宗李晔和陵

和陵位于河南偃师顾县镇曲家寨村南，东距李弘恭陵1.5公里[33]。为“堆土为陵”葬制。和陵陵台已夷为平地，陵前石刻也多散佚。经调查与铲探，知陵墓坐北朝南，地宫由青石条垒砌拱券，南北长约18、东西宽约4米。墓前斜坡墓道南北长约60米，宽约3米。和陵地宫已惨遭多次盗掘。在神道正南约500米处地面上，倒卧一残高约2米的无头石翁仲。该陵规模卑小，已无关中唐陵气象。

**2. “号墓为陵”的相关遗存考古**

“号墓为陵”是唐墓中一种比较特殊的葬制，是唐朝统治者对有大功者或是特殊人物的礼遇，在葬制上特许使用帝陵制度，以显示与一般的贵族墓之不同。研究“号墓为陵”的墓葬形制、结构等，对探索唐代帝陵制度有着不可替代的作用。现已发掘的“号墓为陵”的墓有：懿德太子李重润墓、永泰公主李仙蕙墓，而唐高宗太子李宏恭陵陵墓制度“尽用天子礼”、武则天母杨氏顺陵在更大程度上使用了帝陵制度。所以，研究这四座经科学发掘的墓葬可以在很大程度上加深对唐代帝陵制度的了解。

（1）唐中宗长子懿德太子李重润墓

懿德太子墓位于陕西乾县乾陵公社永红大队韩家堡生产队北面，位于乾陵的东南隅，是乾陵陪葬墓之一[34]。墓分地面和地下两部分，地面上的封土堆为覆斗形，南北长56.7、东西宽55、高17.92米。整个陵园南北长256.5、东西宽214米，陵园四角有夯土堆各一，应为角楼遗址；南面有土阙一对，阙南有石狮一对、石人两对、石华表一对。在土阙以北地段有大量的建筑遗迹，推测有房屋建筑，应是献殿遗址。

地下部分全长100.8米，由墓道、六个过洞、七个天井、八个小龛、前甬道、前室、后甬道、后室等八个部分组成。墓道南北水平长26.3米，呈斜坡状，宽3.9米，全部用红褐色土夯筑而成。过洞为券顶土洞，长3.72、宽2.44、高3.15

米。下部用土夯筑，上部砖砌。七个天井深浅、长宽不等，构筑后全部用土夯实。小龛八个，分别开在第二至第五过洞两边，土洞，四角攒尖顶，长宽各1.8米。小龛内分别排列仪仗俑和各类生活用具等明器。前甬道长20.3、宽1.6、高2.39米，券顶，砖砌。前墓室用砖砌成，长4.45、宽4.54、高6.3米；东西壁略呈弧形，顶部为穹隆顶。后甬道长8.45、宽1.68、高2.39米，券顶、砖砌。后墓室长5、宽5.3、高7.1米，结构与前墓室相同。在墓室西部放置石椁一具，庑殿式，椁东壁线刻有精美的宫女图。石椁内有男女两副人骨架。

懿德太子墓规模宏大，随葬品丰富，总数约一千九百余件。出土有首次发现的大理石质填金哀册；分布在小龛内的大量三彩俑、陶俑，如甲骑具装俑、三彩釉陶男骑马武士俑等以及放置在东边第四龛和西边第四龛的各种三彩质、陶质日常生活用具；还有一些经盗墓劫后余生的金、铜类饰品、铁马镫等。此墓分布满室的四十幅大型壁画，篇幅巨大，布局严谨，实为难得的艺术精品。

（2）唐中宗第七女永泰公主李仙蕙墓

永泰公主墓是永泰公主与驸马都尉武延基的合葬墓，位于陕西乾县北原，西北距乾陵2.5公里，属于乾陵陪葬墓之一[35]。该墓承恩享用“号墓为陵”葬制。墓分地面和地下两部分。地面封土为覆斗形，现高14米，长宽各56米，四周原有围墙已毁，仅余四隅角楼遗址。陵园南北长363、东西宽220米。南侧围墙外残存双阙遗址，朱雀门外双阙以南神道两侧由南往北布列华表一对、石人两对、蹲狮一对。

地下部分全长87.5、宽3.9米，最深处达16米，结构分为墓道、五个过洞、六个天井、八个小龛、前甬道、前室、后甬道、后室等部分。后室有石椁一座，共用三十四块大石砌成，南北长3.82、东西宽2.75、高1.4米，椁顶为庑殿式，椁内外各壁面上用阴线雕刻各种纹饰及人物。

永泰公主墓虽遭盗掘，但仍出土精美随葬品一千三百四十余件，有三彩俑、陶俑、金、铜、铁、玉、锡器、陶瓷器等，造型精美，制作精巧，反映了盛唐手工业水平之高超。

该墓长达87.5米的墓道内和前、后墓室四壁与顶部几乎都绘有彩画，每幅画的内容各不相同，主题是以人物为主。

(3) 唐高宗太子孝敬皇帝李宏（弘）恭陵

恭陵位于河南省偃师市缑氏镇东北二里景山之巅[36]。李宏是唐高宗李治第五子、武则天之长子。年仅四岁便被册立为长子，并一度监国，却不幸于二十四岁韶年暴薨于洛阳。李宏死后，高宗诏谥为“孝敬皇帝”。其墓虽为太子墓，而陵墓规制“尽用天子礼”，墓号“恭陵”，是唐初“号墓为陵”的一处完整实例[37]。

陵园坐北面南，平面呈正方形，长宽均为440米。四周有方形陵垣环绕，今地面以上已无存，墙基保存尚好，宽仅1米。墙四角有角楼遗迹。四面神墙的中部各置神门，门外土阙尚存，据初步钻探，土阙四周有砖墙围护，阙顶也应有相应建筑。南神门门阙之外10米有立狮一对。其余东、北、西三座神门的情况与此略同，唯立狮改为坐狮。恭陵的陵台在陵园中部偏西。陵台封土呈覆斗状，东西现长150、南北宽130、残高22米，推测原封土的长宽应在160~180米之间，高度也应在30米以上。在恭陵封土之东北50米处，为李宏之妃哀皇后冢，亦“积土为陵”，封土呈覆斗式，底边宽40~50、残高13米。

神道在南神门外正南方向，宽50米，位于陵园中轴线上。神道两侧立有两列石像生，由南往北依次有华表一对、飞马一对、翁仲三对、睿德记碑、石站狮一对。加上东、北、西三门门外的三对石蹲狮，共九对十八件石刻和一通石碑。

由于恭陵时代仅次于献陵、昭陵，在陵园制度特别是陵园石刻方面，数量多、品种精，可以说是唐陵石刻制度化的开端，为研究唐陵制度的多个方面都提供了宝贵的资料。

1998年2月，部分哀皇后墓随葬品因被盗追回而展现于世人面前。经勘查，这批文物出自哀皇后墓道东壁龛[38]，考古人员在处理被盗现场时又抢救出了一批文物，前后共出土二百五十件随葬品[39]。主要分釉陶、粉彩陶、鎏金青铜器三大类，数量多、釉色美、彩绘精，无愧为皇家精品。这些制作精致做工考究的出土文物，为研究初唐时期的服饰、化妆等提供了弥足珍贵的实物资料。

（4）武则天母亲杨氏顺陵

顺陵位于陕西省咸阳市渭城区底张镇韩家村东[40]。杨氏墓经历了一个由王墓升格为陵，后又废陵号复称王妃墓的过程。所以顺陵是唐代唯一一座改制墓。研究顺陵制度对于区分唐代帝陵制度的特殊性有着极为重要的意义。

顺陵陵园南北长1264、东西宽866米。在此范围的中部靠北有一略呈方形的城址，即顺陵内城。内城南墙基全长286米，东墙基长291米，北墙基长282米，西城墙长294米。四墙之中只有南墙中段有土丘两座，推测为内城南神门遗址。故顺陵内城只开一南门，与其他陵有所不同。顺陵内城垣无角楼设施。

顺陵封土堆居内城中央偏西北位置，形制为覆斗形，底部平面呈方形，长宽皆为48.5米，高12.6米。墓室的墓道为斜坡状，长约28.5、宽约2米，墓道两壁以石灰粉刷，绘有壁画。陵园内地面上现存石刻共三十四件，分布在陵园前后和东西两边，以封土前最多，陵后次之。其中东、北、西三面距内城距离相当处各有一对石狮背陵而坐，它们划定了陵园的东、西、北三界。在北面石坐狮北30米处有石马一对，据说原有控马人，惜已不存。其余石刻均位于封土南面至陵园南端土阙之间。土阙呈不规整的长方形，推测为外城南城门址。由此一对土阙往北依次有华表（仅存华表顶一件）、独角兽、石础、石立狮一对，石立狮往北约350米处为内城南城门址。南门往北分两列对称排列十二尊石人及莲花座、石羊各一件；另有五件石刻成一组排列在上述十四件石刻西北侧，计有小石狮一对（南北并列、面东蹲坐）、石羊一对、石人一尊。论者以为，顺陵的三十四件石刻可分早晚，体现了由“墓”改“陵”的制度上的变化，应予以重视。

调查中在内城南门前241米处发现一废墟，为碑大寺（碑塔寺）遗址，推测武氏为其母所立之《大周无上孝明高皇后碑》即存此寺之中。

顺陵陪葬墓史籍可查者仅武三思一人，但其墓址已难以确定。

**3. 唐代帝陵神道石刻**

唐代陵墓石刻数量之巨大、种类之繁多、题材之广泛、技艺之精湛、气势之雄伟，可谓空前绝后，它标志着中国古代的陵墓雕刻已经走向高峰，并对以后王朝的陵前石刻制度产生了深远影响。

其陵墓石刻制度的确立从石刻的题材、造型和雕刻技法等来看，大致可以分为以下四个时期：

第一时期为初唐，以献、昭两陵的石刻为代表，包括李唐建国后迁葬、改葬的建初陵、启运陵、永康陵、兴宁陵等追尊帝陵。其特征是陵前石刻尚无定制，品类较简单，安放石刻的位置也不一致。但无论从雕刻技法、表现形式还是品种组合上看，都呈现出承前启后的特点。

第二时期为盛唐时期，包括恭、乾、定、桥四陵。恭陵东、西、北三门外双阙之前均陈石狮一对。陵前南门神道两侧列置石刻，自南端起计有华表一对、飞马一对、翁仲三对、石站狮一对，在第一、二石人之间立睿德记碑一通。恭陵的这一石刻群组合开创了唐代帝陵石刻制度化的先河，此后的乾陵石刻基本上仿照于此，只是在数量和种类上有所增加，完善了唐代帝陵的陵墓石刻制度[41]。而到了乾陵，石刻制度臻至完备，陵园四门外各有石狮一对，北门立石马三对，南门外有立像六十一尊，述圣记碑、无字碑各一通，石人十对，石马及牵马人各五对，鸵鸟一对，翼马一对，石柱一对。其中除少数民族首领石像属于表彰威武以外，其余都是作为“仪卫”的陵前石刻群组成内容。此后，各陵石刻除无述圣记碑、无字碑、六十一尊王宾像外，其余均仿乾陵布局，仅稍有变动而已，这也是此后唐陵石刻艺术趋于刻板凝滞的开始[42]。这一时期的石刻群，气魄雄伟宏大，体现了大唐帝国的雄风。

第三时期为中唐时期，包括泰、建、元、崇、丰、景、光、庄八陵。其特点是石人中出现了相对而立的文臣和拄剑武臣，而且列班位置是文左武右，似为代表文武百官或者百官衙署。石马石人等相对矮小，但雕刻更精细，讲究比例协调，既追求形态，又追求神情。虽然此期唐王朝政治经济急遽衰落，但从文化艺术的角度看，仍然是一个发展的阶段。

第四时期为晚唐时期，包括章、端、贞、简、靖各陵。这一时期陵前石刻的特点是体态瘦小，制作粗陋，是唐王朝窘迫衰弱走向灭亡的写照。

唐代等级制度森严，在陵墓前石刻上也有反映：位于人主和人臣墓前的石刻种类有所不同。据《封氏闻见记》卷六记载："秦汉以来帝王陵前有石麒麟、石辟邪、石象、石马之属；人臣墓前有石羊、石虎、石人、石柱之属，皆以表饰坟垄如生前之象仪卫耳。"虽然此条只是泛指秦汉以来的历代帝王与人臣墓前的石刻排列情况，具体实际情况或有所变化，但仍然具有启发意义，我们可以从中找出一些唐代帝王陵前石刻与人臣墓前的不同之处。现以盛唐时期为例，帝陵前的石刻主要有华表、翼马、鸵鸟、石马和控马人、拄剑石人像（或称翁仲或直阁将军）、石蹲狮等，而"号墓为陵"者墓前有石狮、石人、石华表等，一般人臣墓前则多为石羊、石虎之类。研究此期改墓为陵的实例——顺陵可知，陵园中存在两组代表不同身份等级的石刻群，一组包括华表一对、独角兽一对、石础一对、石立狮一对、十二尊石人莲花座、石羊各一件，另一组为小石狮一对、石羊一对、石人一尊，论者以为后一组是杨氏最初以"王妃"身份埋葬时遗留下来的墓前石刻，代表的是人臣的身份[43]。由此我们可以初步推知，在一定的时期里，唐帝陵前石刻的特色是翼马（独角兽）、鸵鸟、石马等，与人臣身份的代表石羊、石虎形成了对比。当然，在礼仪制度尚未确立或是日趋崩坏、等级制度存在僭越现象等背景下，帝王陵石刻制度会有所变通，这需要通过对具体实例的研究予以阐明。

#### 4. 唐代帝王陵墓室装饰——壁画

唐代帝王陵壁画一直是研究热点。宿白先生曾撰文对西安地区唐墓壁画进行过系统的论述[44]。虽然其文所涉及墓葬的墓主人生前官品有高有低，所引用的资料也具有地域性，但总结出的几点规律对于讨论唐代壁画发展演进过程、推测帝王陵墓壁画制度仍不失指导意义。

宿文将西安地区唐墓的壁画划分为五个时期，并总结出每期特点[45]。根据考古资料，参考宿先生的结论，我们可以对唐帝王陵壁画做出如下推测：

在武则天朝至玄宗开元天宝之际，帝陵壁画已不分栏，布局走向一元化。大致可由列戟图为界分成前后两部分，前一部分主要分布在墓道中，在墓道口可能有仪仗排列，然后是青龙、白虎等图案作引导，随后是大幅仪卫出行图及山林城阙，此时的仪仗队为大驾卤簿，城阙也为三出阙。后一部分主要是男女侍从等表现墓主人宫廷生活的壁画，分布在天井、甬道、墓室等位置。其中所绘男侍应为宫廷内侍，根据所服袍服颜色的不同而显现出其官品的差异[46]；所绘女侍应属皇帝的六尚宫官[47]。此期影作木构非常流行，在其两柱间画男女侍从，人物之间画上花草进行点缀。

关于列戟，是自隋以降迄于唐的一项特殊制度[48]。按《新唐书·百官志》“凡戟，庙社、宫殿之门二十有四”的记载，帝陵壁画中列戟数应与之相合，参考懿德太子墓所示制度应为四架，每架列戟十二支，共四十八支。天宝六年四月唐廷曾对列戟制度做过修改[49]，最高一级的列戟数由二十四竿减到二十竿，由此可推天宝后的帝陵壁画中列戟数量应是每架列戟十支，分前后两副，共四架四十支。

以上对帝王陵壁画的布局与壁画内容的探讨只是对特定时

期内帝王陵壁画的推测，根据发展的观点，并综合宿先生总结的规律，可大致恢复唐代帝王陵壁画的演进过程。

在初唐，即高祖时期，主要是继承前代风格，壁画布局分上下两栏，内容以列戟为界分前后不甚相干的两部分，前一部分为出行游猎图，后一部分主要是内廷生活图，并可能有寺院、道观、马厩等建筑图案。此期前一部分所占比例较大，后一部分所占比例较小[50]。时至太宗朝，壁画中体现唐代特色的元素渐渐凸显，壁画已不分栏，布局一体化。在墓道口绘青龙、白虎，用仪仗护卫图代替游猎出行图；出现影作仿木结构，使墓内布局宅院化，列戟图后主要画男女侍从图，以象征皇帝内宫生活，墓室顶绘有天象图等。到了武则天朝至玄宗开元天宝之际，上述特点进一步发展，上期原本点缀于男女侍从之间的花草图案在种类、数量、所占壁面比例上皆增多增大，出现云鹤图案。此期关于内廷生活的画面所占比例增大，壁画内容中的游乐内容增多，反映了统治阶级对奢侈享乐生活的追求。盛唐之后由于缺乏有力资料的佐证，故而难以做出推测。不过根据唯一发掘过的唐代帝王陵僖宗靖陵的壁画资料看[51]，似乎在墓道部分仍遵盛唐之制，绘青龙、仪仗，但墓室内绘兽首人身的生肖图案与以前的宫廷生活场面又有不同[52]。

总之，以上还是粗略的分析，唐代帝陵壁画制度的最终论断仍需待实际的考古发掘资料予以补充完成。

## （三）唐代边疆少数民族政权的帝王陵考古

### 1. 藏王陵考古

公元7世纪初至9世纪中叶，藏族在中国青藏高原建立了边疆民族政权“吐蕃”。作为当时的奴隶制中央集权国家，吐蕃曾一度非常强大，控制区域西达中亚，北至今新疆南部，东至今四川西部及甘肃陇山以西，在东方与唐王朝也不时发生冲突，并曾于公元 763 年攻陷长安，其后也不断攻袭唐关内道盐、夏等州。该政权最终被奴隶、平民大起义所推翻[53]。

对于西藏吐蕃藏王陵的考古最早是由外国人开始的，早在 18 世纪就有一些外国人实地考察吐蕃王陵。1948 年，意大利人朱塞佩·杜齐（Giuseppe Tucci）调查了山南地区琼结县藏王墓，并于 1950 年出版了专著《吐蕃赞普陵考》[54]。随后，英国人黎吉生（H. E. Richadson）再次考察藏王墓，著有《西藏早期墓地及八—九世纪西藏的装饰艺术》，绘出第一张吐蕃王陵分布图，确定了十座陵的墓主[55]。西藏和平解放以后，我国学者开始对琼结吐蕃王陵进行实地考察研究[56]，并绘制陵位图，考证一批陵墓的墓主。西藏自治区文物管理委员会成立以后，于 1985 年、1991 年、1992 年三次对琼结县藏王墓进行考古调查[57]，并在陵区进行了局部发掘，注意到了东陵区的存在，还对陵区进行了测绘，公布了一张较之以往更正规的陵位图[58]。近年来，一直致力于西藏考古研究的霍巍对吐蕃王陵进行了详细研究，结合藏文献对陵墓主作了重新的考订，提出了新的见解，比以往的研究前进了一步[59]。自 1989 年开始，中国社会科学院考古研究所组建西藏工作队，以王仁湘等为主的考古学者进入高原开展考古调查与发掘。1989 年至 1992 年间多次对吐蕃王陵进行考察，于 1993 年夏正式实施踏勘和测量，2000 年 10 月又补充测量了一次，并利用早期航片测绘了一张陵区分布图，这是迄今为止有关吐蕃王陵的第一份比较准确的资料[60]。同时根据文献资料对各陵墓主人重新进行考证，提出了不同的认识，极大地推动了对吐蕃王陵的研究。

西藏琼结附近的吐蕃王陵分东西两区[61]，占地350多万平方米，东西长约2500米，南北宽约1500米，两区相距约1公里。东陵区位于东嘎沟口，共发现七座陵墓，其中三座分别建在沟口左右两侧的山根位置，其他几座则直接建在河床上，有的就在主河道附近。此陵区主要埋葬松赞干布之前的吐蕃先君先王和意外死亡的赞普、王子等；西陵区共发现十三座陵墓，主要分布在木惹山北侧、琼结河边，其中有几座由琼结河边往木惹山腰呈“一”字排列，几座规模较小的陵墓比较集中地建在这一列陵墓的前方。此陵区主要埋葬吐蕃王朝盛期的赞普。东西两区的陵墓总数应当不会少于二十座，推测原有陵墓的实际数目还要更多。根据王陵保存之高大封土堆的平面形状可分为方形和梯形两种。陵墓在历史上都不同程度地受到过自然和人为的损毁，多数陵墓可能遭到过毁灭性的破坏。

琼结吐蕃王陵历经诸多学者的调查勘探，随着研究水平的不断提高，受关注程度的加大，藏王陵的研究结论也不断有所更新。但是，一切推论的起点是建立在踏勘考察的基础上，有天然的不精确性，所以更完善的陵区勘测、更准确的墓主研究都有待新资料的发现乃至最终的考古发掘工作支持。

**2. 高句丽王陵考古**

高句丽的历史涉及古代中国、朝鲜半岛、日本等东亚国家和民族，高句丽文化曾是连接中原文化向东北亚地区传播的重要桥梁，近年已成为一个国际性的学术热门话题。

位于集安的高句丽王陵约在二十座以上，现在已认定的王陵有十三座，均分布在面向鸭绿江的台地和坡地上，自东向西为：将军坟、临江墓、太王陵、禹山992号墓、禹山2110号墓、山城下砖厂36号墓、七星山211号墓、七星山871号墓、麻线2378号墓、千秋墓、麻线2100号墓、麻线626号墓、西大墓。墓间相距均600米以上，最远的为2000米[62]。这些王陵时代从公元16年儒留王卒始，延续至公元427年高句丽迁都朝鲜平壤止，共425年，研究者认为可确认的这十三座石构王陵可分为两期四段，早期从公元前1世纪末至公元3世纪，分为前后两段；晚期从3世纪至5世纪，亦分前后两段，以太王陵、将军坟为终结型。

高句丽王陵的演变经历了无坛积石墓、有坛积石墓、阶坛积石墓等不同进化阶段。确认高句丽王陵的特征有以下四点：第一，墓上有瓦。墓上有足以覆盖相当面积的建筑用瓦。瓦和瓦当的使用是身份的象征，故用瓦是高句丽王陵的重要标志。第二，有陪葬墓和祭台。祭台在与墓道开口相反的一面，与墓道垂直而与阶坛平行。一般为长方形两层坛的积石平台，与陵墓的距离由近向远发展，长度与墓边略等同。还见左右对称分布的祭台。陪葬墓均在陵墓的侧面和后面。第三，葬地高敞。王陵的选址从早到晚呈现出由高坡、山崖向"川"、"原"、"壤"发展的规律。但无论在何处，所踞必高是其主要特征。第四，独立为陵，均有墓域。在早期王陵中的表现不明显，公元2世纪以后因墓葬向谷地转移，葬制也发生变化，墓葬愈见高耸，墓域愈见宏大。陵寝设施也出现并渐趋完善，这是高句丽国力强大、效仿中原礼俗、葬制演进的结果。

王陵中出土的遗物代表了当时高句丽国最高生产力水平，如错金刀、鎏金冠、髹漆铁镜、龙形刻石、"王"字瓦文等王族专用物品。而王陵的陵寝遗迹及相关遗存目前所知有墓上立石板、陪葬墓、祭台、陵垣及垣门以及性质相当于中原古代帝王陵墓中的“寝”或“殿”之类的建筑址。

**3. 渤海国王陵调查与清理**

渤海国王陵区位于黑龙江省宁安市三陵乡治所在地。陵区北倚岗地，南临牡丹江，隔江南约4公里为渤海上京龙泉府故城。

黑龙江省文物考古研究所和宁安县文物管理所的考古学者在陵区范围内发现过“三陵坟”周围的陵园围墙、壁画残块、文字瓦等。园区分南北二区，“三陵坟”位于北区中部，园门向南。陵坟正南、园区以外的区域有一处人工夯筑的“神道”，神道直接与三陵以东江段的渤海时期桥址相通。由上京龙泉府北行通过“渤海七孔桥”（七墩八孔），西行至“神道”即可进入陵区。

1991年秋，考古人员对三陵坟进行了发掘，其中“三陵二号墓”由墓道、甬道、墓室三部分组成，墓向朝南，墓葬由雕凿整齐的玄武岩石块砌就，墓顶用大块的玄武岩石板封盖，甬道开在墓室南壁中部，墓室上部为抹角叠涩藻井，墓室长约3.9、宽约3.3、高约2.45米，墓室内摆放着十余具骨骼，为多人合葬，所出遗骨既有成年人的，也有儿童的。墓室四壁、顶部及甬道两侧的白灰层上面都绘有精美的壁画。

墓道为坡形，用粘沙土夯筑梯形踏道，方向为正子午向，在墓道南端以薄沙层垫出象征阴阳两界、天圆地方的艺术造型。

赵评春先生认为，渤海王陵区内这座大型石室壁画墓的发掘对研究渤海国埋葬制度、建筑、人种、艺术、礼制等都有重要意义[63]。

#### 4. 高昌王陵的探讨

1960年，考古人员在新疆吐鲁番高昌故城附近发掘了TAM336，这是一座大型斜坡墓道洞室墓，坐北朝南，由墓道、甬道、天井、墓室等部分构成，全长29米。墓室呈不规则长方形，进深3.37、宽4.1、高3.1米。墓室门为双扇朱色大门。墓室前的甬道近似前厅，两侧相对处各有一个大壁龛。该墓出土陶俑一百四十多件。墓表修建有宏伟的地面建筑物，以一座8米见方的土塔为中心，残高约6米。该墓南侧10米外并排有两座墓葬，北侧有一座墓，规模较小，似为M336的陪葬墓[64]。吴震、柳洪亮都认为该墓是一座高昌王陵。至于墓主人，吴震认为是鞠智盛[65]；柳洪亮认为是高昌国亡国之君鞠文泰。柳洪亮还推测，这座高昌王陵出土的陶俑应是来自唐王朝都城长安，高昌王陵使用的带天井的墓葬形制也受到唐代帝陵的影响。高昌城北面和东面的戈壁滩上，还分布着其他高昌王陵。事实上，在著名的阿斯塔那——哈拉和卓古墓群中，也有一座与M336地表同样的高大土塔，专家认为那或许是鞠文泰的父亲鞠伯雅的陵墓。

### 注　释

[1] 罗西章《隋文帝陵祠勘察记》，《考古与文物》1985年第6期。

[2] 昭陵博物馆、孙迟《略论唐帝陵的制度、规模及文物》，《陕西省文博考古科研成果汇报会论文选集》，陕西省文物局，1981年。

[3] 陕西省文物管理委员会、贺梓城《“关中唐十八陵”调查记》，《文物资料丛刊》第3辑，1980年。

[4] 陕西省文物管理委员会《唐乾陵勘查记》，《文物》1960年第4期。

[5] 陕西省文物管理委员会《唐永泰公主墓发掘简报》，《文物》1964年第1期。

［6］陕西省文物管理委员会《唐建陵探测工作简报》，《文物》1965 年第 7 期。
［7］陕西省考古研究所《唐顺陵勘查记》，《文物》1964 年第 1 期。
［8］陕西省文物管理委员会《唐桥陵调查简报》，《文物》1966 年第 1 期。
［9］陕西省博物馆、乾县文教局唐墓发掘组《唐懿德太子墓发掘简报》，《文物》1972 年第 7 期；陕西省博物馆、乾县文教局唐墓发掘组《唐章怀太子墓发掘简报》，《文物》1972 年第 7 期。
［10］咸阳市博物馆《唐兴宁陵调查记》，《文物》1985 年第 3 期。
［11］若是《唐恭陵调查纪要》，《文物》1985 年第 3 期。
［12］赵振华、王竹林《东都唐陵研究》，2003 年西安“汉唐帝陵考古学术讨论会”论文（未刊稿）。
［13］参见姜捷《陕西隋唐考古述要》注［36］，《考古与文物》1998 年第 5 期。
［14］宋德闻等《昭陵古墓葬遗址遥感解译和定位的研究》，《文物》1992 年第 5 期。
［15］陕西省考古研究所、蒲城县文体广电局《唐惠庄太子墓发掘简报》，《考古与文物》1999 年第 2 期。
［16］巩启明《唐献陵踏查记》，《文博》1999 年第 1 期。
［17］巩启明《唐永康陵调查记》，《文博》1998 年第 5 期；2002 年初陕西文物保护中心科技与考古室也对永康陵做了调查，见姜宝莲、秦建明《永康陵调查》，《文博》2002 年第 6 期。
［18］只有靖陵经过正式发掘，但资料未发。
［19］包括永康陵、兴宁陵以及恭陵、惠陵、顺陵。
［20］以上资料参见贺梓城《“关中唐十八陵”调查记》，《文物资料丛刊》第 3 辑，1980 年；姜捷《陕西隋唐考古述要》，《考古与文物》1998 年第 5 期；昭陵博物馆、孙迟《略论唐帝陵的制度、规模及文物》，《陕西省文博考古科研成果汇报会论文选集》，陕西省文物局，1981 年。
［21］同［12］。
［22］同［7］。
［23］同［11］。
［24］张建林《陕西礼泉唐太宗昭陵北司马门遗址》，国家文物局主编《2003 年中国重要考古发现》，文物出版社 2004 年版。另笔者在发掘现场做过考察。
［25］同［19］。
［26］《长安志图·唐高宗乾陵图》。
［27］资料引自刘向阳《唐代帝王陵墓》，三秦出版社 2003 年版。

[28]《旧唐书·严善思传》卷一九一。

[29]《唐会要》卷二一载陪葬者包括章怀太子李贤、懿德太子李重润、泽王李上金、许王李素节、邠王李守礼、义阳公主、新都公主、永泰公主、安兴公主、特进王及善、中书令薛元超、特进刘审礼、礼部尚书左仆射豆卢钦望、右仆射刘仁轨、左卫将军李谨行、右武卫将军高侃；《文献通考》同，惟加左仆射杨再思；《两唐书》明确记载了其中十人的葬所，未明确记载的七人是李上金、李守礼、义阳公主、新都公主、安兴公主、特进刘审礼、右武卫将军高侃。考古证实墓主人的八座墓是刘仁轨墓、豆卢钦望墓、杨再思墓、薛元超墓、李谨行墓及章怀太子墓、懿德太子墓、永泰公主墓等。

[30] 同［5］。

[31] 同［3］；另参见张崇德《唐代建陵及其石刻》，《考古与文物》1988 年第 3 期。

[32] 现仅可见四十二件，不包括清代及其以后的碑刻。

[33] 同［9］。

[34] 同［6］。

[35] 同［2］。

[36] 同［8］。

[37] 中国社会科学院考古研究所河南第二工作队、河南省偃师县文物管理委员会《唐恭陵实测纪要》，《考古》1986 年第 5 期。

[38] 郭洪涛《唐恭陵哀皇后墓部分出土文物》，《考古与文物》2002 年第 4 期。

[39] 同［9］。

[40] 同［4］。

[41] 陈长安《唐恭陵及其石刻》，《考古与文物》1986 年第 3 期。

[42] 昭陵博物馆　孙迟《略论唐帝陵的制度、规模及文物》，《陕西省文博考古科研成果汇报会论文选集》，陕西省文物局，1981 年。

[43] 李求是《谈章怀、懿德两墓的形制等问题》，《文物》1972 年第 7 期。

[44] 宿白《西安地区唐墓壁画的布局和内容》，《考古学报》1982 年第 2 期。

[45] 宿白先生文中将唐墓壁画划分成五期，具体如下：第一期高祖——太宗中期，全墓壁面布局分上下两栏；全部壁画的安排分成前后两个单元，以最后天井（第四天井）壁面画列戟的所在为界，前一单元主要画墓主人外出游猎场景，后一单元主要画墓主人的内宅生活，也有内宅的附属建筑及马厩、仓廪等，在甬道有寺院及道观的画面。第二期太宗中期——武则天中期，全墓壁面呈单栏形式，布局走向一元化。以出行图代替游猎图，列戟

图后画宅邸内室生活图，四神图出现在墓道，鞍马、牛车和步卫、属吏集中出现，甬道及墓室出现影作的仿木结构，前一期关于农、牧、厨事以及附属建筑、寺院、道观的壁画没有了，墓内布局宅院化，柱间男女侍从之间出现花草点缀。第三期武则天晚期——玄宗开元后期，按照墓主人的身份等级可分为两组，第一组中出行图已罕见，墓道的主要内容变成青龙、白虎，墓道内壁画出现影作的仿木结构，花木图案成为复杂背景。第二组墓主人身份更高，其墓道中仍然保留有出行图，内容为青龙、白虎图后画山林城阙和出行仪卫像，列戟图后多绘男女侍从像，其间缀以花草树石，影作木构高度发展，并推测女侍中有女官图。此期壁画中游乐内容增多，并显示出受中亚地区的强烈影响。第四期从天宝以降至八、九世纪之际，外出仪卫图被取消，影作木构被淘汰，但列戟图仍保留，出现折扇式屏风画，墓主人像壁画也出现了。第五期元和以后迄唐亡（公元806~907年），壁画更简单，墓道几乎无壁画，甬道也只画一、二个侍女，继续流行屏风画，而内容则由人物画改为云鹤、翎毛画。

[46] 王仁波《唐懿德太子墓壁画题材的分析》，《考古》1973年第6期。

[47] 李求是《谈章怀、懿德两墓的形制等问题》，《文物》1972年第7期。

[48] 同[37]。

[49]《通典·职官七》卷二五。

[50] 陕西省博物馆、文管会《唐李寿墓壁画试探》，《文物》1974年第9期。

[51] 同[21]。

[52] 据《宋史·太祖本纪》卷二记载，靖陵曾在宋太祖赵匡胤开宝三年（公元970年）重葬，但未提及改绘壁画，所以应该是唐代的原件。

[53] 参见《中国大百科全书中国历史·吐蕃》，引自文学视界网（www. white - collar. net）。

[54] G·杜齐《吐蕃赞普陵考》，中译本刊于中央民族学院藏族研究所编《藏族研究译文集》，译为《藏王墓考》，1983年。

[55] 参见霍巍《近十年西藏考古的发现与研究》，《文物》2000年第3期。

[56] 参见王毅《藏王墓——西藏文物见闻记（六）》，《文物》1961年第4~5期；欧熙文《古藏王墓——兼谈西藏的丧葬制度》，《西藏历史研究》第4期，1978年；王望生《西藏琼结县藏王诸陵调查简记》，《文博》1989年第2期。

[57] 参见李永宪《西藏考古大事记》，引自中国藏学网（www. tibetology. ac. cn）。

[58] 索朗旺堆、康乐主编《琼结县文物志》，西藏自治区文物管理委员会，1986

年；西藏文管会文物普查队《赤德松赞墓碑清理简报》，《文物》1985 年第 9 期。

［59］霍巍《试论吐蕃王陵——穷结藏王墓地研究中的几个问题》，《西藏考古》第 1 辑；霍巍《吐蕃王陵——藏王墓地研究》，《西藏古代墓葬制度史》，四川人民出版社 1995 年版。

［60］王仁湘等《西藏琼结吐蕃王陵的勘测与研究》，《考古学报》2002 年第 4 期。

［61］同［7］。

［62］此节主要内容参见吉林省文物考古研究所、集安市博物馆编著《集安高句丽王陵——1990—2003 年集安高句丽王陵调查报告》，文物出版社 2004 年版。

［63］赵评春《渤海史研究的珍贵资料——渤海国王陵区大型石室壁画墓》，李文儒主编《中国十年百大考古新发现》，文物出版社 2002 年版。

［64］柳洪亮《高昌王陵初探》，马大正、杨镰主编《西域考察与研究续编》，新疆人民出版社 1998 年版。

［65］吴震《TAM336 墓主人试探》，《新疆文物》1992 年第 4 期。

# 五 五代至两宋时期帝王陵寝的勘探与发掘

这一时期，中国境内有多个政权并立，不仅使得帝王陵数量众多，而且由于不同政权的帝王陵因所处地域、环境、国家财力和民族文化传统的不同而表现出类型复杂、结构各异。但它们又都处在中华文化的框架体系内，因此也呈现出一定的共性。

这一时期的帝王陵考古工作开展得时间早，成果也较为丰富。早在1923年，德国人福克司、法国人牟里已对内蒙古林县境内的辽陵做考古调查[1]。1930年以后，日本人鸟居龙藏、关野真、竹岛卓一、村田治郎、岛田正郎等也先后到辽陵进行考察或清理、测绘等[2]，有关成果收录于《庆陵》、《辽之文化》等书。1940年秋，四川成都天成铁路局在防空室施工中发现一古墓，四川博物馆的冯汉骥前去调查，此即前蜀国王王建的永陵。次年，冯汉骥等对其进行初步发掘。1943年3月至9月，“中央研究院”历史语言研究所和“中央博物院”筹备处等对王建墓做联合发掘，考古工作由吴金鼎主持[3]。1950年10月8日至1951年1月21日，由南京博物院曾昭燏主持，发掘江苏省南京市南郊南唐二陵[4]，这是新中国成立以后首次进行的帝王陵发掘工作，在中国考古学史上占有一席之地。1953年至1954年，广东省广州市发掘南汉刘晟（公元943～957年）昭陵[5]。1972年6月，麦英豪等人又对南汉刘龑康陵遗存做了调查[6]。此外1965年和1996年，浙江省文管会还发掘了吴越国王钱元瓘墓及王后马氏的康陵[7]；1971年，四川省博物馆等发掘了后蜀皇帝孟知祥的和陵[8]；1981 年，福建省博物馆发掘闽王王审知的宣陵[9]等。

北宋帝陵考古开始于 1959 年 10 月[10]。70 年代末至 80 年代初，河南省巩县文物保管所的傅永魁等对宋陵石刻、墓志做了调查和研究。1992 年夏迄 1995 年秋，河南省文物考古研究所对北宋皇陵进行全面测绘和勘察，并发掘宋真宗永定陵上宫部分建筑基址和永定禅院遗址，这次大规模的考古工作，使北宋皇陵考古取得了系统的成果[11]。20 世纪 50 年代，河北省文管会对位于北京房山境内大房山南麓的金代陵寝做了调查。1986 年至 1988 年，北京市文物研究所连续三年对金陵遗址做了调查，发现大量的建筑构件、神道以及金代睿宗墓碑[12]。1965 年前后，辽太祖陵的考古调查也得以开展[13]。1972 年，宁夏回族自治区博物馆调查发现西夏陵区，共确认陵墓十五座。到 1975 年止，发掘了 6 号陵及 7 号陵的东、西碑亭遗址。1977 年，又清理 5 号陵东、西碑亭及献殿遗址。1986 年至 1991 年，宁夏文物考古研究所多次对西夏陵区展开全面系统地调查与测绘，共发现帝陵九座，陪葬墓二百零六座，并先后发掘陵区的 3 号陵东碑亭遗存和陵区北端的一处建筑遗址[14]。

## （一）五代帝王陵发掘

经发掘的五代帝王陵包括南唐国烈祖李昪的钦陵、中主李璟的顺陵、前蜀国王王建的永陵、后蜀国皇帝孟知祥的和陵、吴越国第二代国王钱元瓘的陵墓及王后马氏的康陵、南汉国刘隐的德陵及第一代皇帝高祖刘龑的康陵、第三主刘晟的昭陵、闽王王审知的宣陵等。

### 1. 前蜀王建永陵[15]

永陵位于四川省成都市西门外，墓的周围有数重河流环抱。地表有馒首形封土，残高约 15 米，底部直径约 80 多米，周围下部以砖石包砌，内填夯土，以围护封土。封土周围砖石包墙之外，还有三道砖墙，疑与陵垣建筑有关。砖墙之外南面有两座土墩遗存，两墩东西相距约 18 米。陵台之下即为墓室。

墓室以红砂岩石条砌成，全长 30.8 米，室内长 23.4 米，墓由十四道拱券构成，分前、中、后三室，前室最小，后室次之，中室最大，每室之间以木门间隔。墓室壁面先敷细泥一层，外涂白垩，再在白垩表面着色，券顶涂天青色，券以下呈朱色。前室由四道石券构成，第一道券墙上有红绿颜色遗痕，似原绘有人物，第三道券上彩绘宝相花纹，在第三与第四道券间顶部嵌置铁条，铁条上悬铁链，可能用于悬挂物品。中室由七道石券构成，全室长 12、宽 6.1 米。室中央稍偏后放须弥座式棺床，须弥座四面刻龙纹，棺床南、东、西三面壶门中雕二十四尊伎乐人物，棺床两旁有立雕的十二神像，均身着甲胄，双手置于棺床之下，似在护拥棺床。冯汉骥先生认为，此即十二天将，名为天一、腾蛇、朱雀、六合、句陈、青龙、天后、太阴、玄武、太常、白虎、天空，用于墓中，意在辟除凶邪。而棺床上的二十四乐伎发式繁复，所执乐器有琵琶、竖箜篌、拍板、觱篥、笛、篪、筝、笙、箫、正鼓、毛员鼓、齐鼓、答腊鼓、羯鼓、鞉牢、鸡娄鼓、铜钹、吹叶、贝等二十种，对研究唐、五代时的妇女发饰和乐舞史均有重要价值。棺床上原置有一椁一棺，墓虽早年被盗，但棺中仍出土大量水银以及大带、银器、铜镜等一批文物，其中大带铊尾及銙的玉质洁白温润，上刻龙纹，铊尾背面刻铭文，记录大带制成的来由，对考见唐、五代玉带制度颇有意义。

在棺床北还设一石缸，缸内置石饼、陶盆、灯台，应为墓室内“长明灯”之遗存。中室之内还有陶罐、陶碗、铁牛、铁猪。墓中放铁牛、铁猪，为唐以来之葬俗，是为厌胜之物。

后室由三道券构成，室长5.7、宽4.4米，主要用于置放死者造像、谥宝及玉册等法物。后室之最后置一石床，式样为仿当时帝王生前御座或御床，床上置王建像、宝盝、册匣等。王建像为石雕，作坐姿，首戴幞头，身着帝王常服，神态安详。册匣中装哀册和谥册，研究者认为永陵之玉册合于唐代封禅玉策之制，与宋代上尊号玉策制度尤为相合。

**2. 后蜀孟知祥和陵**[16]

和陵位于四川省成都市北郊约7公里的磨盘山南麓。墓室在地下约5米处，用青石砌成，前有由二十二级阶梯构成的羡道，通达墓室甬道。甬道为拱券结构，设闸门和双扇石门。墓门作牌楼式建筑，上部屋脊两端有鸱吻，左右柱上刻青龙、白虎，左右各浮雕一个高1.1米、身披甲胄、手执剑斧的守门卫士。墓室呈并列的三个圆锥形穹隆顶结构，与王建墓室迥然有别，地面铺石板，中间为主室，高8.16、直径6.7米，左右各有一个高6、直径3.4米的耳室。主室内横置须弥座式棺床。座底雕莲瓣纹，前后各有裸身卷发的力士五人；四角又浮雕身披甲胄的力士各一人，作跪地负棺状，这些浮雕的力士与王建墓中的神人虽造型不同，但在文化含义上可能有所相通。棺床上还雕有双龙戏珠图案，寓意墓主人至高无上的地位。棺床前右侧置晋王李克用长女、后唐庄宗李存勖之姊福庆长公主的墓志铭一盒及一口石质油缸，前左侧放孟知祥玉哀册，册上残存文字有“明德元年”、“大行皇帝”、“和陵，礼也”等。

该墓早年被盗，随葬品几乎无存。

**3. 南唐二陵**[17]

南唐烈主李昪钦陵和中主李璟顺陵位于江苏省南京市江宁区祖堂山南麓。两陵皆背依大山，坐北朝南，面向平野，山体左右环抱，形势宏敞，又都采“凿山为陵”的做法，地宫布局分前、中、后三室，每室附有侧室。李昪陵前、中二室用砖构，后室用石造，李璟陵全用砖砌成，显然后者在质量上要略低于前者；二陵内四壁均为仿木建筑式样，做出柱、枋、斗拱等。墓壁上皆有彩画，内容为牡丹花纹、海石榴花纹、宝相花纹等，李昪陵局部施石刻浮雕，也比李璟陵显得豪华精致。

李昪钦陵地表有一个高约 6. 5 米、底部直径约 30 米的圆形封土墩。封土夯筑，内夹覆碗层。地宫总长 21. 48、宽 10. 45 米。门外用巨大的条石封塞。前、中室左右两面各附一侧室，后室左右两面各附三个侧室，共有十三室（图二二）。中室北大门左右墙面为青石，石上浮雕武士像，门上部石质横

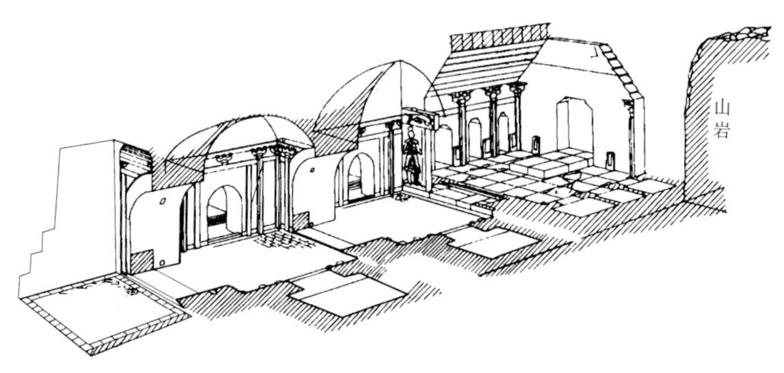


图二二　江苏南京南唐李昪陵墓室透视图

（引自《南唐二陵发掘报告》）

额上浮雕二龙戏珠图像。后室北壁正中为一凹入墙面的大壁龛，棺床后端伸入龛内。室顶绘天象图，地面凿江河之形，以合帝陵“上具天文，下具地理”之意。棺床由六块方形大青石板拼合而成，全长3.8、宽2、厚0.5米。床正中有一方形小井，或为古代墓葬腰坑之遗制，抑或为后世“金井”之象征。棺床表面和周边浮雕海石榴花纹。

地宫早年被盗，仅出土一百三十六件男女陶俑、二十三片玉哀册和少量瓷器，哀册上有“维保大元年，岁次癸卯，十子嗣皇帝臣瑶”、“高祖开基”、“文皇定业”、“尊谥光文肃武孝高皇帝庙号烈祖”、“钦陵礼也”等字样。

李璟顺陵在钦陵西边稍偏北约50米处，相对位置比钦陵低5米，地表残存封土不如钦陵明显。考古人员根据出土迹象推测，全部墓室的顶上和周围封土中放置了一层青石板，以防被盗。其地宫大门与钦陵相似，作砖砌仿木结构式，门上及两旁有弧形混线、矩形倚柱、阑额、转角铺作、柱头枋、补间铺作、撩檐枋及叠涩状门檐等。门的各部分用石灰粉刷并施彩绘。地宫三室长21.9、宽10.12米，基本同于钦陵。前室与中室两侧各附一侧室，后室左右两面各附二侧室，共十一室，比钦陵少二室。后室室顶在石灰层上彩绘天象图。室偏后中部置棺床，棺床由四块长方形大青石板拼成，床面中部略靠后有一长方形小井。墓早年被盗，仅出土五十四件陶俑、少量石哀册和少量瓷器等。哀册上保留有“尊谥曰明道崇德文宣孝皇帝庙号元崇宗”等字样。

南唐二陵“因山为陵”，地宫为前中后三室，主室内用“上具天文，下具地理”之制，建筑材料中有大量石材等，应体现了帝王陵墓的规制。墓室内的枋木结构、彩绘纹饰、雕刻武士、双龙戏珠纹以及出土的陶俑（包括拱立俑、持物俑、舞蹈俑三类，另还有动物俑、人首兽身俑等）、玉哀册等，对研究南唐历史与文化具有特殊的资料价值。总之，它们“代表着当时江南地区建筑艺术、彩画艺术、雕塑艺术、制瓷工艺和制玉工艺的最高的成就。”

**4. 吴越国王钱元瓘墓及王后马氏康陵[18]**

钱元瓘墓发现于浙江省杭州市北玉皇山脚下，墓前有“吴越国文穆钱王墓”石碑。康陵发现于浙江省临安市西南11公里的玲珑镇祥里村。这表明吴越国采取的是王与王后分域而葬的制度。两墓的结构几乎完全相同，均为土坑、砖室、石椁墓，即在石椁外加筑拱顶砖室，使墓室呈双重墓壁结构（但康陵前室墓壁为单层砖砌，中、后室为双重墓壁式）。分前、中、后三室（图二三），前室左右两侧带有耳室。前、中室或

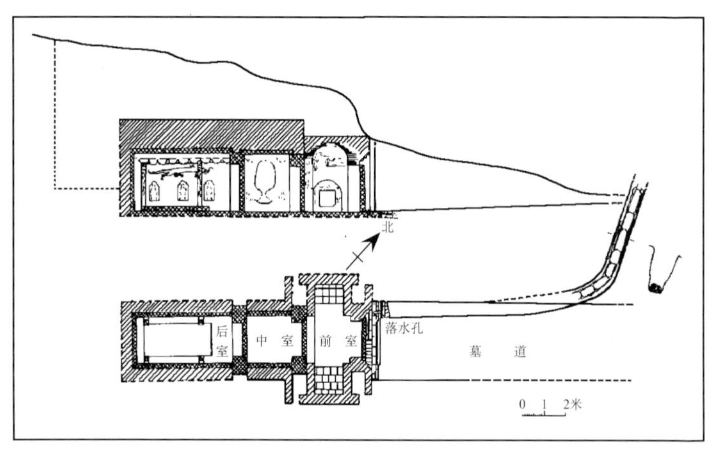


图二三　浙江临安五代吴越国康陵地宫平、剖面图
（引自《文物》2000年第2期）

施彩绘，为牡丹花图案。后室石壁浮雕上中下三层精美图案，其中上层为牡丹花图，中层为四神浮雕，下层是浮雕十二生肖神像。以康陵为例，左壁雕作游走姿态的“青龙”，全身大部涂青蓝色；右壁饰张牙舞爪的“白虎”，虎周边以红色勾轮廓，全身涂白色，并用墨线绘斑纹；后室面南的大门背后凿一浅龛，龛内雕“朱雀”，通体涂红色；后壁一浅龛内雕“玄武”，龟体着黑色。后室下层的十二生肖神像。自左壁正中的“子”位开始，按顺时针方向排列：左壁自左向右为亥（猪）、子（鼠）、丑（牛）；门背为寅（虎）、卯（兔）、辰（龙）；右壁为巳（蛇）、午（马）、未（羊）；后壁为申（猴）、酉（鸡）、戌（狗），各神像分居一龛，怀中分别抱一种十二生肖动物，身穿袍服，头戴冠，脸部表情丰富。

钱元瓘墓和康陵后室顶部正中皆绘天象图。张玉兰认为，康陵中的天象图是我国目前已知年代最早的一幅石刻星象图。在墓室中刻绘天象是吴越国钱氏家族墓颇为显著的特征，已经发现的钱元瓘次妃吴汉月墓[19]，吴越国第一位国王钱镠父亲钱宽墓[20]、母亲水邱氏墓[21]中都绘有天象图。同时，根据南唐二陵的考古发现，我们也可以认为，这种做法还是同处长江下游的南唐国与吴越国帝王陵墓制度中的重要内涵。在已发现的吴越国贵族墓中，地宫采用前、中、后三室之制仅见于国王钱元瓘墓和王后马氏的康陵。可见，它是吴越国王陵体制的重要特征。结合前蜀王建永陵、后蜀孟知祥和陵、南唐李昇钦陵、李璟顺陵的资料，更加凸显出地宫中轴线上排列三室之制是五代十国时期帝王陵墓制度中的重要标识之一。

钱元瓘王后马氏康陵后室中置红砂岩质的棺床。棺床四侧面各刻三组壸门形图案，再涂以红色，棺床前后两端立石枋，额枋作拱形，额枋两面用金箔贴饰两只相向飞翔的凤凰。在棺床前后装饰凤凰图案的做法，可能象征着墓主人马氏“王后”之身份。使用石雕棺床似乎也是这一时期帝王陵墓中常见的规制。

钱元瓘和马氏墓中的随葬品包括秘色瓷、玉器、石雕长明灯、铜器、银器、铁器等，颇具王家气息，特别是钱元瓘墓中出土的青瓷贴金龙纹瓶，应是吴越国王室重器，也体现了吴越国王陵随葬品制度的特色。

**5. 南汉国主刘晟昭陵和刘龑康陵**

昭陵位于广东省广州市东北面萝岗镇石马村石牛山南麓。最初发现于1953年，并认为可能是南汉贵族、大臣或宦官的墓葬[22]。后经麦英豪考证，确认为是南汉第三代国主刘晟的昭陵。1972年6月间，麦英豪等又调查了位于广州北亭洲的南汉第一代国主刘龑的康陵[23]。

两陵地宫皆为砖砌拱顶结构，前有斜坡墓道。其中昭陵坐北面南，设前室、过道、后室，顶为三层券拱，墓口封门用大石板。前室作东西长方形，长2.86、宽4米，东壁砌出八格器物箱，西壁有一耳室和器物箱；东壁器物箱内由南至北一至六格满储青釉瓷罐、黄釉罐和深灰色罐。过道长0.78、宽2.18米，内有一长方形青石板。后室为主室，长8、宽2.54、高2.2米，作南北长方形，已被盗一空。昭陵地表尚残存神道石刻，有石象、石马、石人等，其中石象距墓室所在约100米。

刘龑康陵亦为前、后双室墓制，上部券拱为五层。由于当时仅为调查，详细情况不明。根据考古资料，可以大略了解南汉的帝王陵制，其地表有封土及神道石刻（近年还发现陵上有陵台建筑等），地宫为多重拱券的砖结构，采前、后双室制，两壁有壁龛或器物箱，比之长江流域的前蜀、后蜀、南唐、吴越诸国，又有自身的特点。

**6. 闽王王审知宣陵**[24]

宣陵位于福州北郊莲花峰南麓，采“凿山为陵”之制。陵墓北依青山，南向平野，整个陵区依山势自南而北辟为五个平台。墓室位于最高一层台地的中部，闽王及王后同茔异穴，外观东西两冢并列。冢近长方形，上为封土，下垫条石，周边砌砖墙，内填碎石杂土。冢高2.2、长11、前宽4.9米，尾部渐收略呈弧形。墓前神道两侧依次排列石刻文臣、武将各两对，石虎、石羊、石狮各一对。整个陵区平面似作钟形。

地宫由斜坡墓道和墓室构成。墓道长8.8、宽2.25米，墓室为单室，与其妻任氏墓室东西并列。墓室用花岗岩条石砌造，平面呈长方形，有双重封门。王审知墓室位于东面，全长7.96米，其中墓室长6.5、宽2.6、高2.96米，棺床位于墓室正中；棺床前凹槽内放置墓志。王审知夫人任氏墓室在西面，全长7.76米，其中墓室长6.46、宽2.44、高2.93米，比王审知墓室略小。墓室早年被盗，残留的随葬品有青瓷器、白瓷器、玻璃残器及石刻墓志等，从这些残存文物上已无法恢复闽王陵的随葬品制度。王审知的陵台略作长方形，不同于前蜀、南唐、南汉等国帝王陵地宫上的圆坛形或馒首形建筑结构，而更接近唐代帝陵封土的覆斗状结构，其“依山为陵”、石材砌建墓室的做法也保留了唐代帝陵的传统，但是闽国王陵约呈钟形的平面布局、单室或前、后双室结构[25]则更多地表现了地方特色。

## （二）北宋皇陵体制的全面揭示

北宋皇陵位于今河南省巩义市（原巩县）境内。早在元代至正五年（公元1344年），乃贤已对其作过调查，并将结果记录在他的著作《河朔访古记》中。清光绪三十二年（公元1906年），日本人关野真在中国做古迹游历考察，于《支那建筑及其艺术》一书中，也谈到了北宋帝陵。1959年10月，为编写《中国建筑简史》，建筑科学研究院张驭寰与南京工学院（现东南大学）郭湖生赴巩县调查宋陵。此后，郭湖生、戚德耀、李容淦等又两次赴巩县对宋陵做了较全面的调查和研究，并且发表了他们的工作成果[26]，使北宋帝陵受到了学术界广泛的注意。1963年，徐苹芳利用《大汉原陵秘葬经》的资料对宋陵明器制度、石刻制度、园陵制度等做了研究[27]。70年代后期至80年代初，巩县文物保管所傅永魁对宋陵石刻和墓志进行了研究[28]。1980年10月，河南省偃师县缑氏镇永庆寺旧址出土宋哲宗赵煦《永泰陵采石记》碑，碑文记述了修筑永泰陵采石的经过[29]。这一时期，杨伯达、李健永、曾竹韶、林树中、王鲁豫、周到等都对宋陵石刻等做了调查和研究[30]。1984年前后，中国科学院考古研究所洛阳汉魏故城考古队与偃师县文管会联合调查了偃师县南部山区牛心山宋陵采石场，发现了多处采石坑、大量废石料及两件石雕柱础石半成品和六处与宋陵采石有关的摩崖题记[31]。1984年10月至1985年8月，河南省文物研究所和巩县文物保管所发掘了宋太宗赵光义永熙陵的祔葬后陵之一元德李皇后陵地宫，第一次窥见了北宋皇后陵地宫的全貌，为探索帝陵地宫形制与结构提供了可资对比的资料。1986 年 6 月至 8 月，巩义市文物保管所又对宋仁宗永昭陵做了全面钻探[32]。1992 年夏至 1995 年秋，结合建立北宋皇陵资料档案工作，河南省文物考古研究所对北宋皇陵陵园进行了全面测绘和勘察，并发掘了宋真宗永定陵上宫部分建筑基址和永定禅院遗址，这次工作成果集中体现在《北宋皇陵》一书中。1992 年前后，傅永魁、杨瑞甫还调查考证了宋徽宗“永佑陵（衣冠冢）”和宋钦宗的“永献陵”所在[33]。冯继仁对宋陵献殿提出了复原构想[34]。1994 年，他又就北宋皇陵的阴阳堪舆、北宋皇陵建筑构成等问题做了专门研究[35]。1994 年夏季，在巩义宋陵区发现了一处宋陵砖瓦窑场，为研究宋陵砖瓦建筑材料的来源找到了证据[36]。此后，孙新民系统归纳了北宋陵园建制及其特点[37]，段鹏琦、秦大树等通过对《北宋皇陵》一书的评述，也发表了对北宋皇陵考古的一些见解[38]。通过考古界的努力，北宋皇陵的体制基本上获得了全面的揭示。

**1. 北宋皇陵陵区布局**

北宋皇陵所在地域南及嵩山北麓，北依伊洛河黄土岗地，地势南高北低，东穹西垂。陵区东西长约 13 公里，南北宽约 12 公里，占地总面积约 156 平方公里。这一陵区内埋葬有北宋王朝的八个皇帝，另有一个皇帝的衣冠冢，加上赵匡胤的父亲宣祖赵弘殷的陵墓，统称“八帝十陵”，目前大体保存完整的是“七帝八陵”（图二四），即宣祖赵弘殷的永安陵、太祖赵匡胤的永昌陵、太宗赵光义的永熙陵、真宗赵恒的永定陵、仁宗赵祯的永昭陵、英宗赵曙的永厚陵、神宗赵顼的永裕陵、哲宗赵煦的永泰陵。另徽宗赵佶的“衣冠冢”永佑陵和钦宗赵桓的永献陵已被平毁，但遗迹尚可辨认[39]。陵区内还有祔

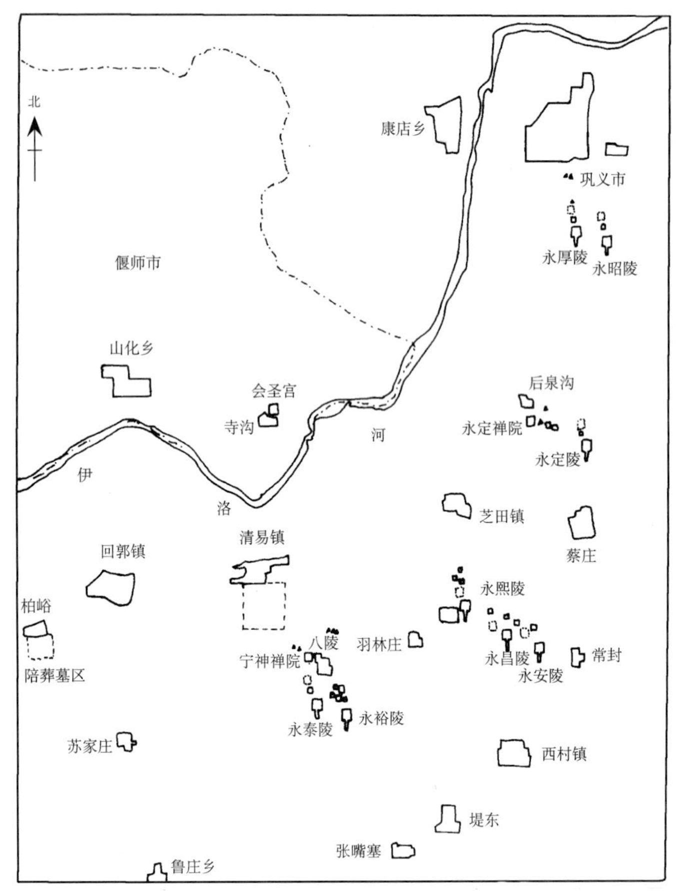


图二四　河南巩义北宋皇陵陵墓分布示意图
（引自《北宋皇陵》）

葬的皇后陵二十一座（可见遗迹的有十八座），亲王子孙公主坟一千多座以及一批勋臣名将墓。陵区中的芝田镇是北宋时皇陵邑所在，时称永安县，为宋真宗景德四年（公元 1007 年）割巩县、偃师、缑氏、登封部分土地所建。宋徽宗政和三年

（公元 1113 年）升为永安军。金代时改称芝田县，元废。陵区中还包括为陵墓主人“灵魂”诵经祈祷、“以修梵福”所设的佛教寺院，如经考古发掘的宋真宗永定陵的永定禅院遗址等。

考古学者依据现存帝、后陵遗迹分布情况，发现整个陵域可分西村、蔡庄、孝义、八陵四个陵区[40]，其中西村陵区内从东南向西北依次排列宣祖永安陵、太祖永昌陵、太宗永熙陵；蔡庄陵区有真宗永定陵；孝义陵区内自东南向西北顺次有仁宗永昭陵、英宗永厚陵；八陵陵区由东南向西北先后排列神宗永裕陵和哲宗永泰陵。依傅永魁、杨瑞甫先生研究，徽宗的“永佑陵”和钦宗“永献陵”位于八陵陵区北面的宋陵宗室陵墓区内，周围亲王墓众多，其南 3 公里处即为永裕陵和永泰陵陵区所在。根据孙新民等先生的研究，北宋皇陵之所以选址于巩义及作从东南向西北依次排列的格局，除了巩义地近洛阳等实际情况外，还与北宋时期盛行阴阳堪舆术有关。当时人们在葬制上信奉“五音姓利”之说，即人的姓氏皆可分成宫、商、角、徵、羽五音，“五音”又分别配置阴阳五行的土、金、木、火、水，在阴阳地理上则要求寻找到与姓氏“五音”及“五行”相对应的空间方位。北宋皇帝是赵姓，属角音，与木行对应，木主东方，阳气在东，要求所选阴宅葬地东南宜高仰，西北宜低垂，而巩义西南一带地形正有“东南地穹，西北地垂，东南有山，西北无山”之势。同时，北宋皇陵区各陵也从东南向西北依次排列，借以体现各陵陵主辈分的尊卑高低和下葬时间的先后[41]。

**2. 北宋帝、后陵园布局**

北宋皇陵的每一座帝陵都占有一定的地域，称“兆域”，兆域内除帝陵外，还有后陵及其他祔葬墓等。与过去历代帝陵不同的是，北宋每一帝陵的布局都十分近似，具有相对统一的规划，如皆坐北朝南，方向185～190度，分别由帝陵之上宫、下宫、皇后陵、陪葬墓等组成。兆域四周植篱（以棘、枳橘等为篱）为界，域内植柏树成林。

上宫为陵园主体，从南至北有鹊台、乳台、神道石刻、陵台及陵台四周的宫城等构成。鹊台、乳台以夯土筑成，外壁包砖，上建楼观；神道石刻每帝陵皆为六十件，除东、西、北三座神门之外侧各有一对门狮外，其余都集中置于乳台以北的神道两侧，诸石刻东西相向，两两相对，由南向北依次是：望柱、象与驯象人、瑞禽石屏、角端各两件，马四件，控马官八件，虎、羊各四件，客使六件，武官、文官各四件，南门狮、武士、上马石各两件，神门内及陵台前宫人四件。陵台位于宫城正中，呈方形覆斗状，台顶平坦，原为三成，现一般四坡作斜直状。底边一般长60米左右，灵台下约30米深处为“皇堂”即地宫所在；陵台四周的陵宫城平面约呈方形，四面神墙正中各有一座神门，神门外设门狮一对，城之四隅建有阙台（角楼），神门、角阙下部为用砖包砌的夯土台，上建楼观。

下宫在上宫之西北，内有正殿、影殿、斋殿及守陵官兵用房等，其南门外置门狮一对。

皇后陵也位于上宫之西北，或位于下宫之北，亦有位于下宫之南，其布局同于帝陵，但规模大为缩小，神道石刻数量减半，即共三十件，东、西、北神门外各有门狮一对，其余都在乳台以北的神道两侧，从南向北依次排列望柱、马各两件，控马官、虎、羊各四件，武官、文官、宫人、狮子各两件。

陪葬墓一般也分布于上宫之西北，墓前列置石刻，依制度有羊、虎、望柱各两件，三品以上官员加石人两件。

考古学者发现，在帝陵、后陵神墙外四周地下约1米深处，还埋有石雕的十二生肖动物像，其陈设方位与各十二生肖所代表的十二个方位完全一致。这种做法也见于宋皇陵区内的公主墓与亲王墓园，其作用应是辟邪镇恶及护佑亡灵。

**3. 北宋各陵的主要考古遗迹**

（1）宋宣祖永安陵

永安陵陵区南北长约1000、东西宽650米。现存上宫、孝惠贺皇后陵和淑德尹皇后陵下宫遗迹。上宫仅存近方形的覆斗状陵台和四件神道石刻（控马官、石羊各一件，石虎两件）。四周神墙遗迹大体可辨，神墙每边长约184米。孝惠贺皇后陵在永安陵上宫西北约200米处，现地表存方台状陵台和两件神道石刻（望柱、门狮各一件）。根据残存的神墙推知其每边长约105米左右。淑德尹皇后陵位于孝惠贺皇后陵西北约260米处，存方形陵台和一件神道望柱。下宫在上宫西北约300米处，平面呈长方形，南北长约165、东西宽约130米。

（2）宋太祖永昌陵

永昌陵陵区南北长2000、东西宽约600米。现存上宫、下宫、孝章宋皇后陵、章怀潘皇后陵和两座陪葬墓。上宫遗迹有：鹊台两座，东西间距42米，夯土筑成，外包砖，平面略呈方形；乳台两座，在鹊台之北155米，东西间距及砌造方法同于鹊台，唯平面呈长方形，实测底部东西长约15.1、南北宽约8.3米；宫城平面呈方形，边长约240米，其南神门距乳台基址约165米，现存有四座神门门阙和四隅角楼基址，神门两阙台的间距约为15米；方形覆斗状陵台在宫城正中，距四神门阙台距离为93~97米，台顶部东西长18、南北宽14米，底部东西长 48、南北宽 45 米，残高 14.4 米。此外还保存有石雕像四十五件，包括神道石柱、象与驯象人、瑞禽石屏、角端、马与控马官、虎、羊、狮等，其中南神门二狮作行走状，左牝右牡，另三座神门的门狮作蹲姿，左牡右牝。

下宫在上宫西北约 350 米处，南北长约 165、东西宽约 135 米，尚存南门石狮一对。

孝章宋皇后陵位于上宫北约 450 米处，陵台尚存，现底边南北长 17、东西宽 16、高约 5.7 米。章怀潘皇后陵在孝章宋皇后陵西略偏北处，二陵相距约 280 米，现存陵台和二十一件神道石雕像，陵园平面呈方形，每边长约在 110 米左右。

（3）宋太宗永熙陵

永熙陵陵区南北长 1300、东西宽约 400 米。尚存上宫、下宫、元德李皇后陵、明德李皇后陵和章穆郭皇后陵。永熙陵是北宋帝陵中保存原状最好的一座，各种建筑皆有迹可寻，神道石刻更是完整无缺，弥足珍贵。其遗存主要有：鹊台两座；乳台两座，在鹊台以北 140 米，两台间距约 45 米；乳台之北约 142 米处为宫城所在，陵宫平面呈方形，边长约 240 米；陵台位居宫城正中，约呈方形覆斗状，顶部边长 10～11、底部边长 51～53、高 16.4 米；六十件石雕像基本完好，除四神门外各有两件石狮外，其他都排列在乳台以北的神道两侧。另考古人员在陵台以南 64 米处的中线上发现一块呈东西向横置的长方形青石板，此石是否与祭陵时“献祭”有关尚无定说。有考古学者曾从永熙陵早年盗洞进入地宫观察，发现地宫系用青砖砌成单墓室，墓室结构作下方上尖（穹隆顶）状，室顶绘天象图，天象图下绘宫殿楼阁图[42]。

下宫在上宫之西北，其北即为皇后陵。下宫占地南北长约

150、东西宽约125米。

皇后陵区位于永熙陵上宫西北部。其中元德李皇后陵居东南，明德李皇后陵在其西偏北处，章穆郭皇后陵又在两座李皇后陵的北面。

元德李皇后陵距永熙陵上宫约220米，存方形覆斗状陵台、西乳台、西南角楼基址及全部三十件石雕品。其陵园边长110米。这座后陵的地宫于20世纪50年代遭盗掘，1959年，郭湖生等曾从盗洞进入地宫做调查[43]。1984年，河南省文物研究所等对其做了清理发掘[44]，这是迄今北宋帝陵区唯一一座经过科学发掘的地宫，对了解北宋皇陵的地宫构造有重要价值。该地宫为砖构，由墓道、甬道、墓室三部分组成，方向185度。墓道位于陵台南部正中，其南北水平长34米。墓室平面近于圆形，直径7.95米，高12.26米，顶作穹隆状。环绕墓壁的砖砌立柱之间有十一个壁面，壁面上有砖雕的桌、椅、灯檠、衣架、门窗等装饰图案。此外，墓室内不同部位还装饰有石刻或彩绘画像，如两扇石门上刻有高大的武士立像，室内枋木结构斗栱上施以彩绘，墓室顶部绘有星象图和楼阁图等，其中绘星象图的做法同于宋太宗地宫，也是对中国帝王陵传统制度的继承。

由于地宫已被盗，仅出土玉册（其中谥册三十六简片，哀册四十一简片）、少量越窑青瓷和定窑白瓷器，白瓷中不少器物的圈足内都阴刻有“官”字，表明其应主要为北宋的官窑瓷器，这些虽属劫后残余，但从中约可看出宋代帝王陵随葬用品的规制及豪华程度。

明德李皇后陵现存陵台、陵园东南和西南角楼基址及二十件石雕品。陵园边长约105米左右。章穆郭皇后陵地面遗迹主要有西乳台、陵台、陵园西南和东北角楼基址以及二十件石雕品。其陵园边长约 80 米。

（4）宋真宗永定陵

永定陵陵区南北长约 1100、东西宽约 720 米，方向 190 度。现存遗迹有上宫、下宫、章献明肃刘皇后陵、章懿李皇后陵和章惠杨皇后陵以及两座陪葬墓。

上宫遗迹包括鹊台、乳台、宫城、陵台和五十八件石雕品（仅佚上马石二方）。1992 年 7 月至 11 月，河南省文物研究所的考古学者对永定陵上宫部分遗迹做了清理发掘，为了解上宫建筑情况提供了不少珍贵资料[45]。鹊台和乳台均用黄褐土夯成，外部包砖。出土的瓦当、脊饰和带“官”铭的筒瓦为台之顶部建筑遗存。南神门在乳台之北约 140 米，南神门东、西阙台间距离约为 12.5 米。西神门门址在两阙台之间，结构为南北面阔三间，东西进深二间。陵台位居宫城中部，距四座神门的距离皆为 85 米，底部平面呈方形，边长约 51.7 米，陵台作三层台阶状，下部两层在夯土表面包砖，砖外刷以红灰，顶部夯土呈覆斗状，夯土表面也粉刷了红灰。发掘出土的带“官”铭或“定陵官”铭的瓦件，表明当时这些瓦件是专为建造永定陵烧制的。1994 年夏，考古人员在芝田镇西约 1 公里处发现了十三座宋代砖瓦窑[46]，在窑址中出土了包括印有“定陵官”等铭文在内的大量陶板瓦、筒瓦、瓦当、垂兽等建筑构件，与宋真宗永定陵上宫出土的带铭瓦件完全相同，这证明当时永定陵用瓦就烧制于距陵区不远的陵邑永安县城（今芝田镇）附近。

考古人员经钻探还发现，永定陵墓道北端深达 25 米以上，这与《宋史·礼志》所载永定陵“皇堂之制，深八十一尺，方百四十尺”大体相符。考古资料还证实，在南神门至陵台之间范围内并不存在过去学者所推论的有“献殿”一类的建筑遗存[47]。

在永定陵上宫之西北部有三座皇后陵，其中章献明肃刘皇后陵在上宫西北隅，现存陵台、西乳台、陵园南神门二阙台及东南和西南角楼基址、二十七件石雕像等。其陵宫神墙边长约110米。章懿李皇后陵在章献明肃刘皇后陵西部偏北，距离较远，尚存陵台、神墙等建筑遗迹和二十六件石雕像，其陵宫神墙的边长约为100米。残存的陵台平面略呈方形，顶部光圆。章惠杨皇后陵位于章懿李皇后陵西部略偏北，两陵紧挨，尚存陵台、神墙遗迹和二十四件石雕像。其陵宫神墙的边长约为82米。这三座皇后陵的陵宫神墙长度及陵宫规模明显呈递减关系，可能反映了三陵墓主人之间地位上的微妙差异。

永定陵下宫地处章献明肃刘皇后陵的北面，地势高敞，现存南门狮一对，考古人员推定其平面呈长方形，南北长约170、东西宽约140米。

在永定陵陵区附近，还有皇陵寺院“永定禅院”遗址。史料记载北宋朝廷在皇陵区专设有四处寺院，其中永安、永昌、永熙三陵设永昌禅院；永定陵设永定禅院；永昭、永厚二陵设昭孝禅院；永裕、永泰二陵设宁神禅院。在整个陵区附近还有永安寺和净惠罗汉院等[48]。考古人员在永定禅院遗址东部做了发掘，发现房屋建筑基址一处和一批北宋砖瓦建筑构件及陶瓷器等。一些板瓦上模印有“官”、“定陵官”等铭文，与永定陵上宫遗址及芝田镇西北宋窑址中出土的同类带铭瓦基本相同，说明它们是同一时期为同一目的而烧造的瓦件。寺址中出土的一部分粗白瓷碗、碟上有墨书“永定”、“永定院”

等内容，进一步证明这处遗址正是永定陵专属的“永定禅院”之所在。

（5）宋仁宗永昭陵

永昭陵陵区南北长约1050、东西宽约300米，现存上宫、下宫和慈圣光献曹皇后陵等遗迹。

上宫还保存有两座鹊台、两座乳台、宫城、陵台及全部六十件石雕像。实测宫城边长约140米。考古钻探获知，该陵地宫墓道位于陵台南部正中，南北长达127米，南端伸出南神门外40米，墓道南窄北宽，两侧壁面做五次外扩，其南端入口处宽约6米，北端近陵台处宽度达到42米，深度也达到约28米，在南神门至陵台之间的范围内也没有发现“献殿”之类的建筑遗迹。

慈圣光献曹皇后陵位于上宫西北部，其西鹊台南距上宫宫城西北角角楼不过15米。尚存鹊台、乳台、宫城、陵台及二十八件石雕像。其宫城边长约120米，考古学者研究后发现这是北宋诸皇后陵中规模最大的一座。经钻探，其地宫墓道位于陵台南部正中，南北长111米，比之宋太宗永熙陵中元德李皇后地宫墓道要长三倍以上。墓道南端入口处宽6米，北端近陵台处的宽度为34.5米，推测其北端深度约在15米左右。

下宫在上宫宫城北约335米处，南离慈圣光献曹皇后陵北神门约90米。地表现存南门门狮一对及两方柱础石等。1986年，傅永魁等钻探发现，下宫遗址南北长约163、东西宽约130米，在遗址北中部，发现两座南北相连、平面呈“工”字形的夯土建筑台基。南、北台基之间似以过廊连接。在“工”字殿基的东、西两侧还连以南北向的夯土台基，其南端又折而向东，似与东侧夯土台基相连，从而在“工”字殿的南侧构成一个庭院。考古人员认为，南北向的夯土台基有可能是殿基两侧的廊庑基址，在廊庑基址之外与陵宫东、西神墙之间的空间内也发现有夯土区、砖铺地面及砖瓦堆积区等，疑是下宫内的东、西侧院遗迹。由此可推知，“工”字殿建筑遗存应是“下宫”的主要殿址所在[49]。下宫发现的这一组建筑遗存，可以与宋人李攸在《宋朝事实》书中所记的永厚陵下宫建筑情况相比照，（下）“宫有正殿，置龙楯，后置御座；影殿置御容，东幄卧神帛，后置御衣数事；斋殿傍，皆守陵宫人所居，其东有浣濯院、有南厨，厨南（为）陵使廨舍。殿西则使副廨舍……”[50]。

（6）宋英宗永厚陵

永厚陵陵区范围现南北长750、东西宽约300米。主要遗迹有上宫、下宫及宣仁圣烈高皇后陵，陵区之西北还有魏王赵頵墓、燕王赵颢墓和兖王赵俊墓等。

上宫尚存鹊台、乳台各两座以及宫城、陵台和五十六件石雕品。宫城平面呈方形，边长约240米。

宣仁圣烈高皇后陵紧依永厚陵上宫的西北隅，存鹊台、乳台、宫城、陵台建筑基址及二十七件石雕品。其宫城边长约120米。有学者发现其地宫用长方石条垒砌[51]，不同于元德李皇后陵用砖砌造地宫的做法。

下宫遗址位于宣仁圣烈高皇后陵以北70米处，受破坏较甚，考古人员曾在遗址上发现柱础石及夯土遗迹等。

（7）宋神宗永裕陵

永裕陵陵区南北长约2200、南北宽约500米。现有上宫、下宫、钦圣宪肃向皇后陵、钦慈陈皇后陵、钦成朱皇后陵、显恭王皇后陵等及部分陪葬墓等遗存。

上宫保存有鹊台、乳台各两座及宫城、陵台和五十二件石雕件。宫城平面为方形，边长约240米。陵台保存较好，呈方形覆斗状，台顶边长18、底部边长48、高15米。

永裕陵的四座皇后陵都位于上宫西北部，其排列方式是：钦圣宪肃向皇后、钦慈陈皇后和钦成朱皇后三陵自东南向西北依次而设，显恭王皇后陵则在钦慈陈皇后陵和钦成朱皇后陵的北面。钦圣宪肃向皇后陵现存陵宫东北角阙和陵台遗存及二十件石雕件，其宫城边长约115米。考古人员考虑到史料中只有此陵明确记载了献殿的建筑形制和尺寸，为此对该陵南神门至陵台间南北长约50、东西宽约50米的范围做了重点勘探，但结果并未发现与“献殿”建筑有关的遗迹[52]。钦慈陈皇后陵保存的遗迹有西鹊台、宫城西南角阙、西神门北阙台、北神门西阙台和陵台以及二十四件石雕件，其宫城平面呈方形，边长约在105~110米之间，规模略小于向皇后陵宫。钦成朱皇后陵尚存陵台及陵宫北神门二阙台、东北和西北角阙、十八件石雕品，方形宫城的边长约为100米。显恭王皇后陵地表仅存陵台和十六件石雕品，其陵宫垣边长约同于钦成朱皇后陵。

永裕陵下宫在钦圣宪肃向皇后陵和钦慈陈皇后陵的北面，西近显恭王皇后陵。勘探确认下宫南北长约150、东西宽约130米，现地表上还有南门狮和上马石各两件。

考古人员还在永裕陵上宫西北约1300米处发现了陵区附设的宁神禅院遗址，该遗址现位于一高出周围地面1~2.5米的台地上，南北长约160、东西宽约150米。遗址断面上有明显的夯土层和砖瓦堆积[53]。

（8）宋哲宗永泰陵

永泰陵陵区南北长约1000、东西宽约370米。主要遗迹有上宫、下宫和昭怀刘皇后陵。上宫的鹊台、乳台、宫城之门阙、角阙等地面遗迹保留较好，石雕像尚存五十六件。其宫城边长约 240 米。钻探发现位于陵台南部中线上的地宫墓道，墓道南北长约 76 米，东西宽约 6（南端）～31 米（北端），在南神门内南北中线上还出土一方青石座，考古人员推测其为放置在陵前用以祭祀的石香炉座。

昭怀刘皇后陵位于永泰陵上宫的西北部，现存有西鹊台、西乳台、陵台、陵宫四神门门阙、东北和西北角阙基址及十五件石雕像，宫城边长约 105 米。

下宫在昭怀刘皇后陵北部略西处，勘探获知其平面呈长方形，南北长约 150、东西宽约 150 米。遗址上曾出土多件柱础石。

**4. 北宋帝陵石刻**

北宋帝陵石刻主要包括上宫、后陵及下宫的神道石刻、门狮和皇陵碑刻两部分。

（1）神道石刻及门狮

北宋帝陵、后陵神道石刻及门狮等在数目和排列顺序上都表现出高度的统一性，一般在陵宫四神门外各置一对门狮，其中南神门外门狮为站姿，余为蹲姿。下宫南神门外也常置一对门狮。主要石刻则设于乳台以北至陵台及陵宫南面的神道两侧。以下顺次略作介绍。

望柱两件，在石刻群最南端，柱础一般作方形，上刻覆莲；柱身八棱，有收刹，上刻云龙、飞凤、牡丹等纹饰；柱顶置宝珠，宝珠下为仰覆莲束腰座，造型壮硕而秀美。值得注意的是，凡帝陵前望柱上必雕有龙纹，而后陵则仅饰凤纹或缠枝牡丹纹等，绝不见龙纹，这说明当时帝、后陵望柱雕饰制度上具有严格的规定。

象与驯象人各一对。象体高大，长鼻曳地，头饰珠宝络头，身披锦绣鞯褥，背置莲座，显得雍容华贵。驯象人立于象的北侧，卷发作“南越军人”状[54]。帝王陵前置石象可能始于东汉[55]，但现存作为制度普遍施用以宋陵最早，其制并为后来的明清帝陵所沿用。依《宋史·仪卫志六》所言，“宋卤簿，以象居先”，宋陵前置石象，当为皇帝出行大驾卤簿的仪仗用象之象征。

瑞禽石屏一对。整体作屏状，在正面浮雕一展翅欲飞的瑞禽，禽作马首、龙颈、凤身（尾）、鹰爪、鹏翼状，瑞禽之外的屏面上衬以山石纹或小兽。神道上安置这种瑞禽石刻始于唐高宗与武则天的乾陵。

角端一对，整体作兽形，四肢站立，伸首，张口，披鬣垂尾，额生独角，上唇特长，或伸或卷，胸部及前肢或刻火焰纹、鳞纹、翼翅纹等。称宋陵前此种石刻为“角端”始自郭湖生先生[56]。

仗马两对，控马官四对。仗马全身披挂，络头、鞍鞯、镫、缰等齐备，多为四肢站立状（仅永安陵马腹下连座）。控马官分立于马的两边，戴幞头，身穿袍服，腰系革带，或手持马鞭，或抱拳于胸，或叉手侍立，或臂搭汗巾，神情谦恭，颇具写实风格，应是帝王卤簿仪仗中“御马”者之象征。

虎两对。作蹲踞状，身前倾，昂首，圆目龇牙。

羊两对。作跪卧状，昂首，卷角，双目前视；多为合口，少数口微张，似在鸣叫。神态安详。墓前置虎、羊起自汉代，表辟邪、吉祥之意。

客使三对。作外域人打扮，故一称“蕃使”，有的不同客使容貌装束有异，或深目高鼻，髯长须卷，或面目清秀，头着冠帽，可能表示是来自不同的国家。多手捧宝物，唯一手中未捧宝物的客使见于永厚陵神道[57]。一般认为，将外来客使形象雕置于帝陵神道上始于唐代，是为帝陵石刻礼仪与国家主张中外友好及“以文化人”、彰显国威之双重需要。

武官两对。作站立状，体型高大，头戴冠，宽袍大袖，把剑拄地。

文官两对。体态与武官相近，装束也大体类似，双手于胸前执笏。

南门狮一对。作站立欲行走状，卷鬣、颈部束带，胸前系铃和缨穗，或张口，或合口，体态威猛。

武士一对。头戴兜鍪顿项，顶竖缨饰，全身著甲，双手执钺或斧，神态威严。

上马石一对。为长方形台状，高不足 1 米，北面为两级台阶，每阶高 20 余厘米，意为便于登临。帝陵前的上马石多饰有龙纹，后陵前的则不见龙纹，帝、后之等级差异一目了然。

神门内及陵台前宫人两对。神情谦恭，首著幞头，修眉长目，削肩，或叉手拱立，或执骨朵、长杖，应属帝、后近身侍卫之象征。

由于北宋帝陵建造的时间长达一百六十年之久，其石刻在造型风格和细部装饰上肯定会随时代的发展而有所变化。为此，石刻分期遂成为必然。目前，宋陵石刻分期有二期[58]、三期[59]或四期[60]之说。不管如何，其初期的永安陵石刻确含晚唐五代风格，雕刻技术较为粗糙，如石马、石虎的下部尚未透雕，显得敦厚而朴素。至永熙陵时，石刻既注意形体之厚重雄健，又兼顾细部之精细刻划，人物、动物神态都趋向逼真，初步体现出一代风范。昭陵时的石刻更加留意细节之表现，尤其重视传神的要求，以展现不同石刻的个性特点，人物形体也趋向颀长秀美。至裕陵石刻又起变化，人物、动物都苗条而生动，可谓神清气定，风韵飘然，最终体现了完全成熟的一代帝陵之石刻艺术成就。

（2）皇陵碑刻

北宋皇陵碑刻对研究皇陵制度与陵寝文化有一定价值。其从清代起开始得到金石学家的重视，如王昶的《金石萃编》就收录了三十七通碑刻。近年，河南省文物考古研究所孙新民先生对北宋皇陵碑刻进行了系统研究，从内容上将其划分为三类[61]。

第一类是有关北宋皇陵之修奉者（共四通）：其一为《新修西京永安县会圣宫碑铭》，位于河南偃师市山化乡寺沟村凤台山会圣宫遗址南部，此碑于宋景祐元年（公元 1034 年）九月十三日立，碑文记述了会圣宫的地理位置和修建过程以及奉"圣容"礼仪、士庶朝谒的盛况。会圣宫是仿汉代原庙之制而建，宫内先后陈设有宋太祖、宋太宗、宋真宗、宋仁宗、宋英宗等已故皇帝的御容（遗像）[62]，遗址上还保留有绿琉璃瓦、青灰色砖瓦、万字栏板、陶瓷片等遗物，这块碑刻与遗址一起对研究北宋皇陵邑会圣宫的历史与建筑有重要价值。其二为立于宋仁宗景祐四年（公元 1037 年）正月二十三日的《修奉园陵之记》，碑原在章惠杨皇后陵北约 300 米处，碑文记述了章惠杨皇后陵的修建过程，是研究北宋皇陵制度的第一手资料。其三是原在偃师缑氏永庆寺的《宣仁圣烈皇后山陵采石之记》，于元祐八年（公元 1093 年）十一月九日立，碑文记录了宣仁圣烈高皇后陵的采石情况，与此碑相类的第四通《永泰陵采石记》碑，刻于元符三年（公元1100年）五月十三日，1980年10月出土于偃师市缑氏镇[63]，碑文载录的是宋哲宗永泰陵的采石情况。由于宋代皇帝、皇后是在死后才营造陵寝，而且规定皇帝丧后必须在七个月内、皇后一般在三或五个月内下葬，所以陵寝建筑用材特别是采石任务十分繁重，宋陵采石作为宋代皇陵考古研究的重要内容之一，这两通碑文与文献著录的《永定陵修奉采石记》、《二陵采石记》、《崇恩陵园采石记》、《栗子山运石题名》等四碑以及考古界对河南巩县（现巩义市）宋陵采石场的调查资料[64]等，为阐明宋陵建造过程的采石时间、地点、规模、工匠使用和劳役强度情况提供了很大帮助。

第二类是有关北宋皇陵寺院情况的碑刻，如《会食宁神院题名》碑、《宁神禅院结界录》、《大宋故昭孝禅院主辨证大师塔铭》、《敕住宁神法照大师碑》、《大宋新修净惠罗汉院碑》等都是研究北宋皇陵寺院制度不可多得的资料。

第三类是明清时代皇帝遣官祭陵后留下的祭文碑刻，与北宋皇陵制度本身没有直接关系。

## （三）辽、金、西夏陵的考古发现

### 1. 辽代皇陵

（1）辽祖陵

辽祖陵为辽代第一个皇帝辽太祖耶律阿保机（公元916～926年在位）及其夫人的陵寝，在今内蒙古巴林左旗林东镇西约45公里的布拉格山谷中。1965年前后，考古人员对其做了较详细的调查[65]，发现的主要遗迹包括奉陵邑祖州城[66]和陵

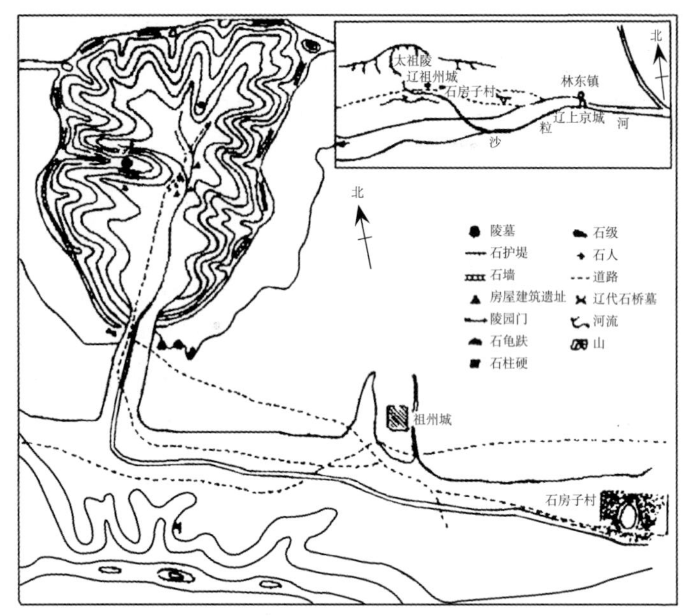


图二五 内蒙古巴林左旗辽太祖陵位置、地形及遗迹分布示意图
（引自《考古》1966年第5期）

园遗址。祖州城在辽祖陵东约1.5公里处，遗址上还残存石构房屋、砖瓦碎片堆积等遗迹，但未做发掘。祖陵陵园位居山谷中，四面为山岭所围合，仅南面有一山口供出入，这处山口即成为陵园的入口。在入口外东、西两面的山坡上，都有建筑遗址分布，其中东面一山冈上还发现一花岗岩刻成的龟趺。在龟趺周围采集到三块红砂岩碑残块，上面皆刻有契丹大字碑文。

陵园大门建立于一自然山口位置上，山口宽约60～70米，园门遗址正处在山口正中，门两旁至山体石壁间另加筑有夯土墙，墙顶及墙基边都用石块加固。陵园四周环山，沿山谷一周约有10公里长，四周山脊上筑有石墙。不仅每处山体的豁口处砌筑高大墙体以封堵行人，而且在山顶较平坦的地方也都建造高3~4米、基宽2~3米的尖顶墙，这种借助自然山体并增加人工设施以成为陵园的做法颇具特色（图二五）。

由于陵寝所在的山谷内平地不多，所以凡是适合兴建之处几乎都曾有建筑分布，这些建筑在历史上毁于金人之手。考古人员在山谷深处正对陵门的一处山坡上，发现了一个直径约3~4米的圆坑，疑为这是一处已遭破坏的墓室；另在山谷西边的一处矮山顶上，也发现一个周围散布有砖瓦及灰块的圆坑。此矮山前面的平地上有建筑遗址和雕花覆盆式石柱础，山的南面有三级石阶和类似像座的石构件，而山的北面沟涧中还发现有石雕人像出土。石人身雕箭袖窄袍，腰束带并在腹前挽双纽，双手交叉，左手握住右腕，背后垂一长辫。考察者认为，这一大约处于山谷正中的小山顶可能就是辽太祖陵墓地宫所在，而发现的圆坑则是被金兵破坏了的地宫遗迹[67]。

（2）辽怀陵

怀陵为辽太宗耶律德光的陵寝，陵址位于今内蒙古巴林右旗岗根苏东北约20里的床金沟村东北山谷中。辽穆宗耶律璟的陵寝也葬于怀陵。陵址于1968年考古发现，1977年、1979年都进行过调查[68]。陵寝与辽祖陵一样，建造在山谷中，周围为高山环绕，这既是辽陵选址的特点之一，同时可能也受唐代“因山为陵”制度的影响。床金沟口有陵园门址，门两侧的土筑墙垣向两侧山体延伸，陵园内筑有寝殿，建筑基址、砖、瓦和石柱础等尚有保留。墙基宽达3米，残高2米。寝殿有前后两座，东置配殿，在寝殿东约300米处存一高大的封土堆，其东800米处还发现一处殿址。怀陵的考古发现纠正了史书中对其位置记载的错误[69]。

（3）辽显陵与乾陵

显陵为辽世宗耶律阮的陵寝；乾陵是辽景宗耶律贤及宣献皇后肃氏的陵寝，地点长期不详。1970 年，辽宁省北镇县龙岗子大队发现辽耶律宗政及其妻秦晋国妃墓和耶律宗政弟耶律宗允墓。出土的耶律宗政墓志志文载："以其年（按：指清宁八年，即公元 1062 年）岁次壬寅十月甲戌朔二十七日，备卤簿之仪，归葬于乾陵，祔祖宗之寝庙"；耶律宗允墓志文载："以咸雍元年（公元 1065 年）四月十一日，备卤簿鼓吹，陪葬于乾陵，祔孝贞皇太弟之茔"；秦晋国妃墓志文中也有"咸雍五年（公元 1069 年）……有诏，于显陵开魏国王玄堂而合祔焉"。这些资料提供了辽显陵与辽乾陵的大体位置，而且说明辽代帝陵也实行皇帝勋臣陪葬帝陵的制度。考古学者根据这些线索，于龙岗子附近的山谷中发现了许多建筑基址和具有辽代特点的砖瓦等建筑材料，其中有体积巨大的琉璃瓦。冯永谦先生认为，此地应是显陵和乾陵的陵域所在，它们为进一步确认陵寝的位置创造了条件[70]。

（4）辽庆陵

庆陵为辽圣宗耶律隆绪及皇后肃氏的陵寝。耶律隆绪的儿子辽兴宗耶律宗真及皇后萧氏的兴陵、孙子辽道宗耶律洪基及宣懿皇后萧氏的福陵也在其附近。庆陵及另外两座帝陵都位于今内蒙古巴林右旗索博力嘎苏木驻地北约 15 公里的庆云山南麓约 600 米处，三陵呈东（兴陵）、中（庆陵）、西（福陵）依次排列，三陵北依雄伟的大兴安岭，地势高敞而开阔，陵与陵之间有涧水为分界，互相间隔距离在 600 ~ 1100 米左右。庆陵所在的庆云山南麓还祔葬圣宗子孙、皇妃等。早在民国二年（公元 1913 年），庆陵就被人们发现，民国三年旋被当地官员盗掘[71]。1930年以后，日本学者关野真等多次去调查、记录[72]。庆陵一称庆东陵，地表有陵门、殿堂等建筑遗存，陵门距地宫约1190米。在地宫前约230米处有一处台基，长约120、宽约66米，上有殿堂遗址，可以辨认出由主殿、两侧配殿、殿门以及两廊构成的一组院落式建筑。地宫上部无封土，地宫为砖构，由前室、中室、后室及属于前室、中室的东、西侧室共七室组成，各室之间以甬道相连。前室直径约2.4、中室直径约5.6、后室直径约5.14米，各侧室直径约在3米余。墓室平面为圆形。帝王陵地宫墓室平面采用圆形之制目前至少已知有五代时后蜀皇帝孟知祥的和陵、宋太宗元德李后陵等，但有的学者认为辽庆陵墓室平面采用圆形、顶部隆起呈半球状（穹隆顶），形似穹庐，应是游牧民族圆形毡帐的习俗反映[73]。庆陵墓室装饰着精美的壁画，以中室壁画保存较好，采用"平远山水"及淡彩青绿山水技法，表现的内容为春、夏、秋、冬四季景色，可能是属于辽帝每年四时"出行钵"的契丹民族传统题材。壁画绘制精美，画幅巨大，色彩绚丽，为辽代绘画的精品之作。墓室内壁及穹隆顶也用彩画影作柱、额、斗栱、穹顶阳马等，在穹顶正对券门处绘有两条从天而降的飞龙，左右两侧还画有云、凤纹，龙、凤纹装饰应是表明墓主人帝、后身份的象征[74]。

**2. 金代皇陵**

公元1115年金太祖完颜旻建立金国，下传十帝。金陵于公元1155年始建于北京大房山（今北京市西南房山区西北云峰山下）的山谷内。山谷两侧峻岩壁立，正中有一道山口为陵区唯一的出入口，称"龙门口"，就陵区的地理形势而言，与辽祖陵非常接近，反映出两者在帝陵制度文化上的相近。史载大房山金陵区域内包括有从东北迁葬的始祖以上的金十代帝王陵、太祖及太宗二陵和在中都埋葬的五代帝王陵，共十七陵。此外还有若干封王兆域。陵区依山而建，绵延达60公里。明熹宗时为断“女真龙脉”而大面积摧毁金陵，清代康熙年间虽对其做局部维修，但迄今地表建筑无一幸存，仅留遗迹可供考察。20世纪50年代，原河北省文物管理委员会曾对金陵做过初步调查。60年代时，陵区内出土过石人、石马、石羊等石象生和石门，70年代至80年代初，也有学者在陵区发现过一些遗迹和遗物[75]，从1986年开始，北京市文物研究所设立金陵考古课题，对其做了长达三年的调查，发现陵墓神道、金睿宗墓碑和大量的建筑构件等[76]。

金陵的主陵区在九龙山，坐落于北京市房山区周口店镇龙门口村北山前台地上，陵区平面布局采用中国传统的建筑做法，以神道为中轴，从前到后有石桥、神道、石踏道、东西台址、东西大殿、陵墙及陵寝等组成（图二六）[77]。1986年前后，考古人员在龙门口“皇陵村”发现一块残碑，上有“瑞云宫”字样，而《金图经》、《大金国志》等记载瑞云宫正在金太祖陵寝附近。调查发现的一座高约2米、宽1米的金代石碑，上刻“睿宗文武简肃皇帝之陵”十个填朱涂金粉的大字。睿宗为世宗之父，被世宗追封为帝，并从东北迁葬金陵，陵称“景陵”，而世宗兴陵即在太祖陵之侧，又与景陵相距不远，这块石碑的发现为寻找三陵的位置提供了线索。发现的一段神道、石踏道宽约5.4米，两侧在石质地栿上竖立四块两面雕刻牡丹行龙的汉白玉栏板和望柱。栏板前有两个蹲兽，栏板中间是线刻莲花七级石阶，由此可见当年金陵主神道的豪华精致。神道石踏道前的建筑区可见大量的汉白玉青石、花岗岩质的建

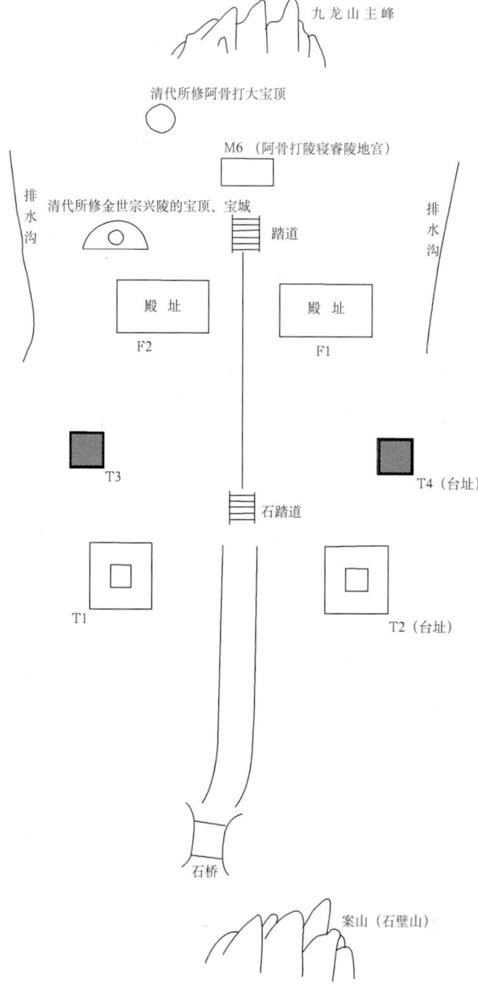


图二六　北京房山金陵主陵区布局示意图
（根据《北京房山区金陵遗址的调查与发掘》
图二、三改绘，见《考古》2004年第2期）

筑构件，构件上浮雕人物、行龙、虎兽、牡丹、忍冬草、寿桃等纹饰，一些汉白玉柱础上雕刻莲花纹和几何纹等，龙纹、兽面纹绿琉璃瓦当、滴水、兽头、妙音鸟等砖瓦残件随处可见[78]。这些都展现了金陵原地面建筑的非凡气势和壮丽。在陵寝建筑上使用琉璃瓦件，似是辽、金、西夏帝陵的特征之一，而北宋帝陵陵区内地面建筑仅见灰陶质地的砖瓦构件，琉璃件仅见于天圣九年（公元 1031 年）建成并距奉陵邑永安县城还有 4 公里的“会圣宫”[79]，这或许可以证明，明清帝陵陵宫建筑普遍使用彩色琉璃构件的制度是由辽、金帝陵开创的。

**3. 西夏陵**

西夏帝陵位于宁夏首府银川市西 35 公里处，陵区西依雄伟的贺兰山脉，东俯广阔的银川平原，更远的东南方向有奔腾的黄河水流过，堪称背风向阳的风水形胜之地。陵区东西宽 4.5 公里，南北长 10 公里余，总面积约 50 平方公里。陵区内共有九座帝陵和二百零七座陪葬墓，陵区中部东侧和北端还各有一处建筑遗址。

西夏陵发现于 20 世纪 70 年代初。此后，宁夏文物考古工作者对陵区进行了多次调查、发掘、测绘工作。70 年代，考古工作偏重于发掘，先后发掘了 6 号陵的内城南门门址、东、西碑亭、地宫等；7 号陵东、西碑亭；5 号陵东、西碑亭、献殿遗址及部分帝陵陪葬墓等。80 年代至 90 年代，再次对陵区作全面系统的调查与测绘，同时也发掘了陵区北端的一处建筑遗址和 3 号陵东碑亭。正如许成、杜玉冰所言：“近二十年来，宁夏的考古专业人员几乎每个人都参与了西夏陵的工作，许多后勤、行政工作人员也为西夏陵的工作做出了努力。”[80]

（1）西夏帝陵的总体布局

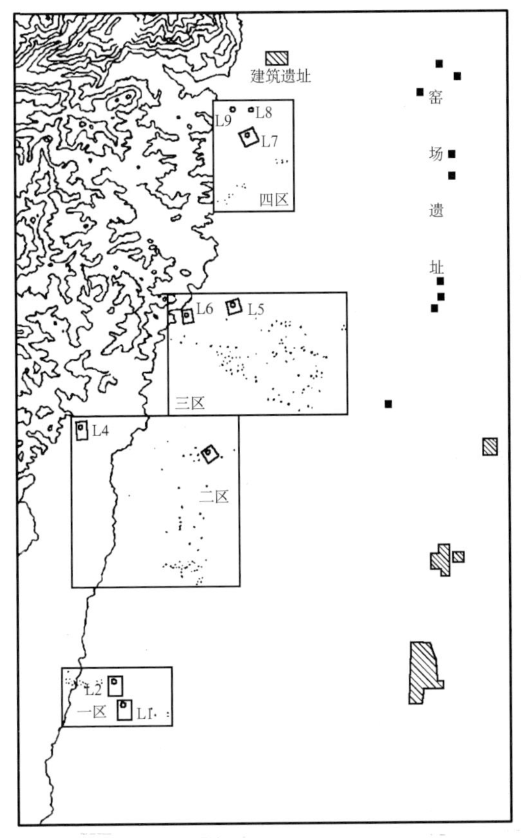


图二七 宁夏银川西夏陵陵墓总分布图
（引自《西夏陵》）

考古人员根据陵区的地貌形态，将所有陵墓自南而北分成四个区（图二七），一区内有两座帝陵（编为1号、2号陵）和三十四座陪葬墓，陵墓方向均坐北朝南，大约在155～182度之间，两陵在规模、布局、建筑形制方面都完全一致；二区内分布两座帝陵（编为3号、4号陵）和五十二座陪葬墓，陪葬墓方向多为南偏东 30 度左右，少数约取正东方向；三区有两座帝陵（编为5 号、6 号陵）和一百零一座陪葬墓，此区陪葬墓分布最为密集，陵墓方向多在南偏东 20 ~ 30 度之间；四区可见三座帝陵（编为 7 号、8 号、9 号陵）和十九座陪葬墓。四个分区内的九座帝陵又可分为南、北两组，其中 1 ~ 6 号陵为南组，此组 1、2 号陵处于南端居中位置，另四座陵呈两纵行分列东、西两侧，横向也大约呈两两一组的布局；7 ~ 9 号陵为北组，似 7 号陵居中，8、9 号陵分列左前方和右后方。

研究者认为，西夏帝陵的布局方式是根据当时流行的阴阳堪舆之术与五音姓利之说确定的。西夏国先祖为党项族之拓跋氏，唐僖宗时得赐李姓，宋初又被赐赵姓，西夏建国后，元昊还以“嵬名”为皇族姓氏。但从九座帝陵分布情况分析，西夏陵是按《地理新书》中“赵”姓即角姓贯鱼葬法堪舆定穴的。其做法是：先葬尊位祖穴在丙，即东南（1 号陵），再葬昭位壬穴在西北（2 号陵），再葬穆位甲穴在东北（3 号陵）。三穴过后，又从正北偏西壬地取穴（4 号陵），以此往复。为此，许成、杜玉冰对九座帝陵的陵主做了推算，认为 1 号陵为裕陵，属太祖继迁；2 号陵为嘉陵，属太宗德明；3 号陵为泰陵，属西夏国的真正称帝建国者景宗元昊；4 号陵为安陵，属毅宗谅祚；5 号陵为献陵，属惠宗秉常；6 号陵为显陵，属崇宗乾顺；7 号陵为寿陵，属仁宗仁孝；8 号陵为庄陵，属桓宗纯祐；9 号陵为康陵，属襄宗安全。考古资料为此说提供了部分证明，如在九座帝陵中唯元昊所建的 1、2 号陵陵台为九级，其他都是七级（3、5、6、7、8 号陵）或五级（4 号陵），其特殊地位与继迁、德明在西夏建国过程中及家族中的血统地位也正相符。考古发掘认定 7 号陵是仁孝的寿陵，它在陵区中处北组尊穴位置，而仁孝是西夏历史上在位时间最长的一位皇帝，他为西夏国政治和经济达到鼎盛作出了很大贡献，所以他的陵墓不仅是选址特殊，而且只有他的陵园平面布局与1、2号陵相同[81]。3号陵作为西夏国实际建国者元昊的陵墓，虽然陵台级数低于1、2号陵，但其陵园规模和若干建筑物的体量却是西夏帝陵中最大的。

（2）诸陵结构

每座西夏帝陵都有一座独立的陵园（但8、9号陵地面建筑除陵台外均已不存，情况不明），陵园四隅有角台，有的建外城，自南而北呈中轴对称式设两座东、西对置的鹊台、碑亭（或有三座碑亭）、平面呈“凸”字形的月城和长方形陵城，陵城又有城垣、角台、门阙、献殿、鱼脊梁（墓道上部夯土）、八角形塔式陵台等建筑物。

陵园有的为内、外两重城垣，有的无外城，仅一重城垣（如3、4号陵），陵城四面开门，门设左右门阙，但外城仅南面开门。考古学者将双重城垣的陵园还分成封闭式外城（如1、2、7号陵）、马蹄形外城（如6号陵）、附有瓮城的外城（如5号陵）三种形式。

考古调查发掘后的各陵遗迹情况如下：

1号陵茔域面积8万平方米，为内、外城结构。外城呈长方形，南北长340米，东西宽224米，南面正中开门。外城东北、西北二角及东、西两侧城垣中部偏南处有四座角台。外城之内有两座鹊台，间距70米，鹊台以北设大小三座碑亭，两座大碑亭在中轴线两侧东、西对置，间距也是70米，小碑亭在大的东碑亭与东鹊台之间。碑亭之北为内城即陵城南面的月城，月城平面呈横长方形，东西115米，南北47米，南面正中开门，有左右门阙结构，门道宽 16 米，月城内曾出土石象生残块，并有放置石象生的六条东西向的长台形遗迹。将石象生置于月城空间之内，是西夏帝陵的特殊做法。内城呈长方形，南北长 180 米，东西宽 176 米。四面正中各存门址一座及每门的左右门阙遗迹，城四隅还各有角阙遗迹一处。内城的建制与北宋帝陵陵园基本一致。内城南门内略偏西侧有献殿遗址，表面分布大量砖瓦一类遗物，其中不少是绿色琉璃质地。献殿向北先后有鱼脊梁和陵台，三者在一条轴线上，鱼脊梁自南而北渐宽而低（其他各陵均如此），其最宽处 12 米，最高处约 2 米。陵台为一八棱锥形夯土台，底部每边长 13 米，高 23 米，台身八面九级，根据台身四周留下的柱孔及陵台周围堆积的建筑构件残片，考古学者推测陵台原应是有砖瓦结构的塔形建筑物。在陵城中心还有一方形夯土基座，底边长 5 米，周围也有瓦砾堆积，但用途不明。

2 号陵平面布局同于 1 号陵。茔域面积 5 万平方米。保存遗迹有外城、外城四座角台、鹊台两座、碑亭三座、内城的月城及月城门阙、内城门阙、献殿、鱼脊梁、陵台、中心台遗址等。其中外城长 340、宽 224 米；月城东西 115、南北 47、门道宽 16 米，门两侧的门阙遗迹尚存；陵城长 200、宽 180 米；献殿台基长 18、宽 11、高 1 米余；鱼脊梁最宽处约 12、最高处约 2 米；陵台底部每边长 12、高 23.4 米。

3 号陵为无外城式结构，茔域面积约 15 万平方米，是西夏帝陵中占地面积最大、也是遗迹保存最好的一座。茔域外围四隅有四座角台，台距南北 410、东西 280 米。两鹊台间距 75 米，仅设两座碑亭，亭间距 80 米，碑亭的规模大于其他各陵，其中东碑亭经过发掘[82]，发现下部的台基呈圆角方形，四壁呈三级台阶式，台基底边长 21.5 米、顶边长 15.5、高 2.35 米，四壁台阶包砖。台基上有一圆形建筑基址，直径 13.4 米，由内、外两部分组成，内部直径 7.5 米，其东西轴线上设有三个人像基座（考古学者认为原应有四个）。台基南面正中有斜坡式踏道一处。碑亭遗址出土大量建筑材料残件和三百六十多块残碑块，碑文属西夏文字。月城东西 120 米，南北 52 米。陵城长 179、宽 166 米，东、西、北三面门阙保存较好，每门阙由三个圆锥形夯土基座组成。南门门道宽 16 米，西门门道宽 14 米。角阙由五个圆锥形夯土基座组成，平面呈曲尺形。献殿台基为圆形，直径 20 米，高 0.7 米。鱼脊梁残长 45、最宽处 12、最高处 2.6 米。陵台八面七级，底部每边长 14 米，高 21 米。在陵城北门外约 20 米处有长方形台基，用途不明。

4 号陵无外城，茔域面积 10 万平方米。茔域外围四角有角台。两鹊台间距 64 米，台体形高大，基台呈覆斗状，底部边长 8、顶部边长 5、高约 9 米，鹊台周围有瓦、瓦当等遗物，表明当时台顶有木构瓦顶建筑。碑亭仅存西侧一座。月城东西 186、南北宽 50 米，南门阙尚存。陵城长 175、宽 104 米，四门门阙、四隅角阙也清晰可辨，但东、北、西三门门道间皆有一夯土台连接，其中东门门道上的夯土台宽 4 米，残存高度 1.5 米，从 6 号陵内城门道结构分析，这些门道夯台两侧原应有踏道以供人通行。献殿台基长 16、宽 11、高 1.2 米。鱼脊梁最宽处 11 米，最高处 2.3 米。陵台为八面五级，现底部每边长 13 米、高 15 米。

5 号陵为内外双城垣或称“带瓮城马蹄式外城结构”的陵园，茔域面积 10 万平方米。在陵园最外围四角各有一角台。外城长、宽均为 200 米，仅东、西、北三面有城垣，南面无城垣，且东、西城垣到内城垣角阙稍南处即中止，外城垣正对内城东、西、北门处均向外凸出作瓮城状，但实际并无门道出入。相关遗迹还有鹊台两座、碑亭三座、月城（东西 134 米，南北 46 米）、方形陵城（边长 183 米）及陵城四面门道的门阙、四隅角阙、献殿（台基长 19、宽 4 米）、鱼脊梁、陵台。月城内也有红砂岩质的石象生遗迹，考古学者认为该陵月城内原有石象生约 30 尊。5 号陵的碑亭经过发掘，其台基平面呈方形，边长 15 米，高 1 米，两碑亭相对的一面正中各有一踏步，这座碑亭结构和 3 号陵的碑亭结构显然不同。

6 号陵陵园最外围有四座角台，茔域面积 10 万平方米。外城无南垣，且东、西两面城垣南端到月城两侧即告中止，长 220 米，宽 165 米。另有鹊台两座和碑亭两座，经清理，发现东碑亭台基略呈方形，底边长 22 米，宽 21 米，四壁呈五级台阶式，外壁包砖，台上残留一圆形建筑基址，台基西面正中有踏道，碑亭处出土西夏文和汉文残碑各三百多块及人像石座一件。西碑亭基呈方形，规模比东碑亭小，该亭基出土西夏文残碑四百多块。月城东西 100 米，南北 40 米。陵城长 183 米，宽 130 米，其南门址两门阙之间的门道有宽 8 米、高 0.5 米的夯土台基，台基内外两侧各有三条踏步，踏步两侧有砖砌礓䃰，考古学者推测南神门原应建有三个门道，可能是过殿式门，与唐代桥陵过殿式门相似[83]。北门形制同于南门。东、西两门在门阙之间筑有高大的夯土台，将两阙连在一起，夯土台两面各有四层台阶。陵城角阙保存较好。献殿台基长 19.4、宽 12、高 0.9 米。陵台八面七级，底部每边长 12、高 16 米。该陵陵台基部外表、内城墙内外墙面等处原来都涂有一层赭红色的墙皮。

6号陵的地宫经过发掘。地宫位于陵台南侧，为斜坡墓道土洞墓室结构，共三室，皆穹隆顶，中室为主室，左右各有一侧室。发掘证实，地表上所见之鱼脊梁为墓道上的封土，墓道呈30度斜坡，全长49米，南端上口宽4米，下口宽3.9米；北端上口宽8.3米，下口宽4.9米，墓道底距地表深24.6米。墓道东西两壁各有上下两列南高北低和墓道底相平行的椽洞。墓道北端尽头为甬道，甬道墙用砖坯砌筑，甬道口原用圆木和石板封闭，甬道前墙靠近墓道壁处两侧各绘武士像一幅，应为守门武士的象征。甬道门以北通达地宫中室，甬道与中室之间原有木门，中室与左右侧室之间有过道，甬道、过道及三室地面均铺砖。土质墙壁上用木板做护墙。地宫已被盗，残留的随葬品有金银器（嵌绿松石鎏金银饰、花瓣形镂孔金饰、金鞍饰等）、铜器（甲片、副肘板、铜铃等）、铁器（铁管、盔形器等）、竹雕（残）、珠饰（料珠、珍珠、孔雀石饰珠等）、陶瓷器（白瓷、酱黑釉瓷等）、鸡羊类动物残骨等。经考证，埋葬于该地宫的主人是为西夏第八代皇帝李遵顼[84]。

7号陵地表遗迹破坏较严重。似为封闭式外城结构，茔域面积约8万平方米。现存遗迹有西南角台、外城和陵城的西南角、西南角阙及鹊台、碑亭、月城和陵台等。该陵碑亭遗址在1975年曾出土碑文残块，上有“大白上国护城圣德至懿皇帝寿陵志文”，可知这座陵墓的主人是西夏第五代皇帝仁孝[85]。

8号陵和9号陵地表除陵台外，其他建筑被破坏殆尽。

（3）陵区内其他建筑遗存考古

考古人员在陵区内还发现两处建筑群遗迹和一处窑群遗迹。两处建筑群一在陵区东侧中部，一在陵区北端，主要出土遗物包括各种瓷片和建筑材料，建筑材料的种类、形制、纹饰、釉色等和陵区内出土的完全一致[86]。这里原是一处与帝陵保护、管理祭祀有关的并常年有人居住的陵区附属建筑群。

陵区北端建筑遗址经过科学发掘，揭露出的是一平面布局呈长方形的建筑群体，坐北朝南，方向为164度，东西宽约160、南北长约350米，在这一范围内，围墙、院落、殿堂等布局清楚，并散布大量砖、瓦、滴水、瓦当、脊兽等建筑材料和碗、盘、瓶、钵等瓷器残片及佛像等。遗址最外围是一周土筑墙垣，南墙正中开门，西墙北部似开一门，门外凸出一块作“瓮城”状。墙垣内从南到北依次为前院、中院、后院。这处建筑的性质或说是为西夏祖庙遗址[87]；或说为陵邑遗址，是护陵者及僧侣等人的住处和祭祀活动的场所[88]。

古窑群位于西夏陵区的东部约3公里处，南北绵延达七八公里，已先后发现十余座西夏窑址[89]，宁夏博物馆于1976年发掘了其中的两座砖瓦窑和一座石灰窑，皆属马蹄形窑。窑址出土的砖、瓦当、板瓦、滴水等与西夏陵出土同类器一致，这证明西夏陵陶瓷类建筑用材应主要是在距陵区不远的这处窑群中烧制的。

（4）西夏陵的制度渊源及特点

根据西夏陵的考古资料，专家们对其制度来源和特点做过研究。如钟侃、李志清、李范文以发掘的6号陵（原编为8号陵）为例认为，西夏陵园沿中轴线左右对称布置，和唐、宋大建筑群的布局格式相同。陵园中的阙（鹊台）、碑亭、神墙（内城墙）、献殿、角楼（角阙）、灵台（陵台）等建筑，内城四面辟门或建阙楼（门阙）、墓道（鱼脊梁）、灵台布置在中轴线偏西北，这些与唐代桥陵、乾陵大体相同。其他如斜坡形墓道、神墙墙面及灵台表面涂朱等，与唐、宋帝陵也有相同或相近之处。即西夏帝陵制度受到唐宋帝陵的强烈影响是毫无疑问的。但他们也指出，西夏陵地宫用土洞墓、木板墙结构、将石象生群安排在月城之内、灵（陵）台采八角形塔式建筑的形式、地宫不在灵（陵）台之下而是置于灵（陵）台以南等做法，均保留着党项民族的某些固有特点，并受到其他民族如契丹族葬俗的某些影响[90]。

吴峰云认为，西夏陵的埋葬制度、陵邑的设置，以及陵园建筑方面的一些特点确实反映了它与中原地区唐、宋帝陵有诸多相同之处，但是它在兆域之外围建四座角台为界标、角台上建阙楼，这是中国陵园建筑中绝无仅有的做法。每座帝陵设二至三座碑亭，而各碑亭建筑面积又不同，甚至碑亭的建筑形式也有区别，或为穿堂式的殿宇建筑，或为穹隆顶的圆形建筑，墓碑都是以西夏文和汉文两种文字刻成，这些都构成了西夏帝陵浓厚的民族色彩。另陵台作密檐式佛塔的形状，反映了西夏统治者崇奉佛教的宗教意识。所以，他认为西夏帝陵将汉族文化、佛教文化和党项族文化三者结合在一起，构成了我国帝陵建筑中别具一格的建筑形式[91]。

许成、杜玉冰提出，西夏陵陵园基本结构呈“凸”字形，与宋陵的方形结构显然不同；在陵园前面增加两座碑亭建筑，陵城中设“塔式建筑”（陵台），皆为宋陵所不见；陵园内的礼仪性建筑只建献殿（上宫），不建寝宫（下宫），即取消了唐宋两朝陵上建寝的制度和供奉陵寝的礼仪，是陵寝制度方面的重要变革。至于献殿、鱼脊梁（墓道）、地宫及塔式建筑这一线设于陵城中轴线偏西一侧，许、杜二先生以为，根据鬼神崇拜观念，中间一线仍为“神明”之位，是鬼神所居，在陵园建筑布局中须有所避讳，而且沈括在《梦溪笔谈》卷十八中确曾说到西夏人有避讳中间位置的习俗。所以，帝陵献殿、地宫、陵台等必须偏在陵园中轴线一侧[92]。

总之，西夏帝陵的方形或长方形陵城，甚至在陵城外设外城，陵城四面开门而以南门及南向为主，如在南面建鹊台、碑亭，陵城四隅建角阙（角楼），南神门内建献殿、陵墙表面涂朱、帝陵区陪葬皇亲国戚勋臣等制度应主要取自唐代帝陵制度；但唐代帝陵多“因山为陵”，南面设长距离神道并在神道两侧置石象生，抑或还建有乳台，陵城四门外各设独立的门阙及置虎或狮或仗马，覆斗形封土、造寝殿、下宫，有复杂的多室地宫等制度则未被西夏陵所接受。西夏帝陵选址定穴采用阴阳堪舆之术和五音姓利之说，将陵园设于较平坦的地域，陵城四面门道两侧有阙形建筑（阙门）等，显然受北宋帝陵之影响。但宋陵的四神门外设双狮、有独立的皇后陵、建下宫、南门外神道及神道石象生制度，建双乳台、覆斗形陵台等做法也没得到西夏陵的采纳。毫无疑问，西夏帝陵在茔域四周设角台、陵城南面置月城、且将石象生尽放于月城之内，“鱼脊梁”式墓道及墓上封土、陵城中建佛塔形建筑（陵台），献殿、地宫和佛塔形建筑（陵台）三者偏在中轴线以西一侧，有的陵园中部还有一中心台，土洞式木板壁地宫、地宫内随葬鸡、羊动物、皆设有三座或两座碑亭并有两种文字的陵碑，不设下宫、陵园地面建筑中大量使用琉璃构件和瓷瓦的出现等，确实都展现了西夏帝陵所具有的鲜明的个性和特征。

**注　释**

[1]《辽宁之契丹文字》，牟里著、冯承钧译《辽陵石刻集录》卷六《通报》

1923 年第 23 期；《辽代古城探访记》。

[2] [日] 鸟居龙藏《辽之文化》，1936 年；[日] 田村实造、小林行雄《庆陵》，1952 年。

[3] 冯汉骥《前蜀王建墓发掘报告》，文物出版社 1964 年版。

[4] 南京博物院《南唐二陵发掘报告》，文物出版社 1957 年版。

[5] 商承祚《广州石马村南汉墓葬清理简报》，《考古》1964 年第 6 期。

[6] 麦英豪《关于广州石马村南汉墓的年代与墓志问题》，《考古》1975 年第 1 期。另近年广州市文物考古研究所又在广州市番禺区小谷围岛上发掘了南汉高祖康陵和刘隐的德陵。详见冯永驱、张强禄、全洪《广州大学城发掘南汉帝陵》，《中国文物报》2004 年 4 月 23 日；又见广州市文物考古研究所《广州发掘南汉高祖刘龑康陵》，《中国文物报》2003 年 11 月 21 日。

[7] 浙江省文物管理委员会《杭州、临安五代墓中的天文图和秘色瓷》，《考古》1975 年第 3 期；杭州市文物考古所等《浙江临安五代吴越国康陵发掘简报》，《文物》2000 年第 2 期。

[8] 成都市文物管理处《后蜀孟知祥墓与福庆长公主墓志铭》，《文物》1982 年第 3 期。

[9] 福建省博物馆等《唐末五代闽王王审知夫妇墓清理简报》，《文物》1991 年第 5 期。

[10] 郭湖生等《河南巩县宋陵调查》，《考古》1964 年第 11 期。

[11] 河南省文物考古研究所《北宋皇陵》，中州古籍出版社 1997 年版。

[12] 北京市文物研究所《北京考古四十年》，北京燕山出版社 1990 年版；又见《北京房山区金陵遗址的调查与发掘》，《考古》2004 年第 2 期。

[13] 洲杰《内蒙古昭盟辽太祖陵调查散记》，《考古》1966 年第 5 期。

[14] 参见许成、杜玉冰《西夏陵》，东方出版社 1995 年版；宁夏文物考古研究所《西夏陵园北端建筑遗址发掘简报》，《文物》1988 年第 9 期；《银川西夏陵区三号陵园东碑亭遗址发掘简报》，《考古与文物》1993 年第 2 期。

[15] 同 [3]。

[16] 同 [8]。

[17] 同 [4]。

[18] 同 [7]。

[19] 浙江省文物管理委员会、杭州师范学院历史系《杭州郊区施家山古墓发掘报告》，《杭州师范学院学报》(社科版) 1960 年第 7 期。

[20] 浙江省博物馆、杭州市文管会《浙江临安晚唐钱宽墓出土天文图及“官”

字款白瓷》,《文物》1979 年第 12 期。
[21] 明堂山考古队《临安县唐水邱氏墓发掘报告》,《浙江省文物考古所学刊》,文物出版社,1981 年。
[22] 同 [5]。
[23] 同 [6]。
[24] 同 [9]。
[25] 1965 年 2 月,福建省博物馆和福州市文管会发掘了五代十国时期闽国王王审知次子、闽国第三代王王延钧夫人、原南汉南平王刘陨的次女刘华墓。资料见福建省博物馆《五代闽国刘华墓发掘报告》,《文物》1995 年第 1 期。
[26] 同 [10]。
[27] 徐苹芳《唐宋墓葬中的“明器神煞”与“墓仪”制度——读〈大汉原陵秘葬经〉札记》,《考古》1963 年第 2 期。
[28] 傅永魁《巩县宋陵》,《河南文博通讯》1980 年第 4 期;《河南巩县宋陵石刻》,《考古学集刊》第二集,中国社会科学出版社,1982 年。
[29] 李健永《偃师缑氏永庆寺出土永泰陵采石记碑》,《文物》1984 年第 4 期。
[30] 参见杨伯达《古代艺术的瑰宝——巩县宋陵雕刻》,《河南文博通讯》1980 年第 4 期;曾竹韶《宋陵石刻艺术》,《美术研究》1980 年第 4 期;林树中、王鲁豫《宋陵石雕》,人民美术出版社 1984 年版;周到、傅永魁《巩县石窟寺 · 宋陵 · 杜甫故里》,中州书画社 1981 年版等。
[31] 中国社会科学院考古研究所洛阳汉魏故城考古队、偃师县文管会《河南巩县宋陵采石场调查记》,《考古》1984 年第 11 期;段鹏奇《河南巩县宋陵采石场题记补遗》,《考古》1986 年第 6 期。
[32] 河南省文物考古研究所等《宋太宗元德李后陵发掘报告》,《华夏考古》1988 年第 3 期;傅永魁、刘洪淼《河南巩县宋永昭陵区的考察》,《考古学集刊》第八集,科学出版社 1994 年版。
[33] 傅永魁、杨瑞甫《北宋徽、钦二帝陵墓考》,《中原文物》1992 年第 4 期。
[34] 冯继仁《巩县宋陵献殿的复原构想》,《文物》1992 年第 7 期。
[35] 冯继仁《论阴阳堪舆对北宋皇陵的全面影响》,《文物》1994 年第 8 期;北京大学考古系编《北宋皇陵建筑构成分析》,《考古学研究》(二),北京大学出版社 1994 年版。
[36] 席彦召《巩义发现一处宋代大型官窑遗址》,《中国文物报》1994 年 11 月 20 日。

[37] 孙新民《试论北宋陵园建制及其特点》,《河南文物考古论集》,河南人民出版社 1996 年版。

[38] 段鹏琦《读〈北宋皇陵〉》,《考古》1998 年第 12 期;秦大树《〈北宋皇陵〉评价》,《文物》1998 年第 7 期。

[39] 同 [33]。

[40] 见河南省文物考古研究所《北宋皇陵》第一章第一节和“结语”部分,中州古籍出版社 1997 年版。

[41] 主要参考资料来自《北宋皇陵》,以下除特殊情况外,不再一一加注。

[42] 周到、傅永魁《巩县石窟寺·宋陵·杜甫故里》,中州书画社 1981 年版。

[43] 郭湖生等《河南巩县宋陵调查》,《考古》1964 年第 11 期。

[44] 河南省文物考古研究所等《宋太宗元德李皇后陵发掘报告》,《华夏考古》1988 年第 3 期。

[45] 孙新民、郭培育《巩义宋陵考古获重要发现》,《中国文物报》1996 年 4 月 14 日。

[46] 席彦召《巩义发现一处宋代大型官窑遗址》,《中国文物报》1994 年 11 月 20 日。

[47] 有学者研究认为,北宋皇陵的献殿当在上宫南神门以内至陵台之前,参见陈仲篪《宋永思陵平面及石藏子之初步研究》,《中国营造学社汇刊》第六卷第三期;杨宽《中国古代陵寝制度的起源及其演变》,《复旦学报》1981 年第 5 期及《中国古代陵寝制度史研究》第 56 页,上海古籍出版社 1985 年版。

[48] [宋] 李攸《宋朝事实》卷一,《丛书集成初编》,商务印书馆 1935 ~ 1937 年版。另见《北宋皇陵》第 410 页。

[49] 傅永魁、刘洪淼《河南巩县宋永昭陵区的考察》,《考古学集刊》第八集,科学出版社 1994 年版。又见《北宋皇陵》第 168 页,中州古籍出版社 1997 年版。

[50] [宋] 李攸《宋朝事实》卷十三,《丛书集成初编》,商务印书馆 1935 ~ 1937 年版。

[51] 傅永魁《巩县宋陵》,《河南文博通讯》1980 年第 3 期。

[52]《北宋皇陵》第 234 ~ 235 页。中州古籍出版社 1997 年版。

[53] 同上第 413 页。

[54]《宋史·仪卫志六》称“宋卤簿,以象居先,设木莲花座、金蕉盘、紫罗绣襜络脑,当胸、后鞦并设铜铃杏叶……南越军一人跨其上……”孙新民先

生认为宋陵石刻中所见之驯象人应即《宋史》中所提之“南越军人”，见《北宋皇陵》第455页。

[55]《水经注·阴沟水》言“光武隧道所表象、马也”，说明东汉光武帝陵前可能已置石象。又唐代封演《封氏闻见记》卷六“羊虎”条：“秦汉以来帝王陵前有石麒麟、石辟邪、石象、石马之属，人臣墓则有石羊、石虎、石人、石柱之属，皆所以表饰坟垄如生前之象仪卫耳”。

[56] 郭湖生等《河南巩县宋陵调查》，《考古》1964年第11期。又见《宋书·符瑞志》“角端者，日行万八千里，又晓四夷之语，明君圣主在位，明达方外幽远之事，则奉书而至”。但也有专家认为这类石兽应称“獬豸”，参见徐苹芳《唐宋墓葬中的“明器神煞”与“墓仪”制度》，《考古》1963年第2期。

[57]《北宋皇陵》第179页，中州古籍出版社1997年版。

[58]“二期说”见郭湖生等《河南巩县宋陵调查》，《考古》1964年第11期。宋陵石刻早晚“二期说”是比较早的一种说法，认为早期包括昌、熙、定、昭诸陵，至厚陵为后期之一转折。

[59] 三期说见林树中、王鲁豫《宋陵石雕》，人民美术出版社1984年版。认为早期包括永安、永熙、永定四陵；中期包括永昭、永厚二陵；晚期包括永裕、永泰二陵。孙新民先生也持三期说，认为早期包括永安、永昌、永熙、永定四陵以及袝葬四座帝陵的皇后陵；中期包括永昭、永厚二陵；晚期包括永裕、永泰二陵及袝葬永昭、永厚、永裕、永泰四陵的皇后陵。见《北宋皇陵》第456～457页，中州古籍出版社1997年版。

[60] 四期说见郭黛姮《中国古代建筑史》第三卷第190～192页，中国建筑工业出版社2003年版。认为初期为安、昌二陵；早期是熙、定二陵；中期为昭、厚二陵；晚期包括裕、泰二陵。

[61] 参见《北宋皇陵》第五章“北宋皇陵碑志与生肖石像”第338～409页，中州古籍出版社1997年版。

[62]《宋会要辑稿》礼五之一、二，中华书局1957年版。另见《北宋皇陵》第445～446页，中州古籍出版社1997年版。

[63] 同[29]。

[64] 中国社会科学院考古研究所洛阳汉魏故城考古队、偃师县文物管理委员会《河南巩县宋陵采石场调查记》，《考古》1984年第11期。

[65] 同[13]。

[66]《辽史》卷二“太祖本纪”载天显“二年八月丁酉，葬太祖皇帝于祖陵，

置祖州天成军节度使以奉陵寝”。

［67］近年来，中国社会科学院考古研究所内蒙古工作二队与内蒙古巴林左旗博物馆对辽祖陵陵园遗址及其附近地区又做了全面的考古普查。资料见董新林、王青煜等《辽代祖陵考古调查推进辽代陵寝制度研究》、《中国文物报》2003 年 12 月 12 日；董新林、肖淮雁等《辽代祖陵陵寝建筑初现端倪》，《中国文物报》2004 年 11 月 26 日。

［68］张松柏《辽怀州怀陵调查记》，《内蒙古文物考古》第 3 期，1984 年；冯永谦《建国以来辽代考古的重要发现》，陈述主编《辽金史论集》，上海古籍出版社 1987 年版。

［69］《辽史・地理志》载“太宗崩，葬西山，曰怀陵……在（怀）州西二十里”。但经考古调查，发现辽怀州所在的巴林右旗岗根西 20 里处根本没有怀陵的踪迹，相反，现在发现的怀陵都是在岗根东北约 20 里处，可见《辽史》记载有误。参见上注冯永谦先生文。

［70］同［67］冯永谦先生文。

［71］《辽陵石刻集录》卷六刘振鹭《辽代永庆陵被掘纪略》载：“民国二年，林西县长某以查勘林东垦地，道出其地，读碑文，识为辽圣宗陵，意其必富宝藏，遂于民国三年秘密发掘”。

［72］日本学者田村实造、小林行雄专门写有《庆陵》一书，全面收录了有关庆陵的调查资料，该书由京都大学座右室刊行会于 1952 年发行。

［73］王重光、陈爱娣《中国帝陵》第 279 页，上海古籍出版社 1996 年版。

［74］参见郭黛姮主编《中国古代建筑史》第三卷（宋辽金西夏建筑）第 216 页，中国建筑工业出版社 2003 年版。

［75］参见杨亦武《房山历史文物研究》第 97 页、106 页，奥林匹克出版社 1999 年版；张先得、黄秀纯《北京市房山县发现石椁墓》，《文物》1977 年第 6 期等。

［76］参见北京市文物研究所《北京考古四十年》第 169 ~ 171 页，北京燕山出版社 1990 年版。另见齐心《近年来金中都考古的重大发现》，《北京文物与考古》第四辑，1994 年。

［77］近年来北京市文物研究所成立了由宋大川、王鑫等先生组成的“金陵考古工作队”，对金陵遗址做了全面的考古调查，并试掘了部分遗迹。资料见《北京房山区金陵遗址的调查发掘》，《考古》2004 年第 2 期。根据五代、北宋、辽时期帝王陵制度特征，饰龙纹者一般都代表着帝陵的地位，饰凤纹者则为皇后，因此，考古学者推论金陵遗址之发现是为金太祖阿骨打之

陵（M6 中之饰龙纹石椁应是阿骨打的葬具）。

[78] 北京市文物研究所《北京考古四十年》第 169 ~ 171 页，北京燕山出版社 1990 年版。

[79] 河南省文物考古研究所《北宋皇陵》第 446 页，中州古籍出版社 1997 年版。

[80] 许成、杜玉冰《西夏陵》第 6 页，东方出版社 1995 年版。该书集中体现了 20 世纪 70 年代至 90 年代中叶的西夏帝陵考古成就，也是本书“西夏帝陵”一节的主要参考资料。

[81] 同上第 149 ~ 150 页。

[82] 除上书外，并参见宁夏文物考古研究所《银川西夏陵区三号陵园东碑亭遗址发掘简报》，《考古与文物》1993 年第 2 期。

[83] 宁夏回族自治区博物馆《西夏八号陵发掘简报》，《文物》1978 年第 8 期。

[84] 同上。

[85] 李范文《介绍西夏陵区的几件文物》，《文物》1978 年第 7 期。大白上国，现释为大白高国，为西夏的国号。参见许成、杜玉冰《西夏陵》第 4 页注 [1]，东方出版社 1995 年版。

[86] 许成、杜玉冰《西夏陵》第 77 页，东方出版社 1995 年版。

[87] 宁夏文物考古研究所《西夏陵园北端建筑遗址发掘简报》，《文物》1988 年第 9 期。

[88] 史金波、白滨、吴峰云《西夏文物》第 3 页，文物出版社 1988 年版。

[89] 宁夏回族自治区博物馆《银川缸瓷井西夏窑址》，《文物》1978 年第 8 期。

[90] 宁夏回族自治区博物馆《西夏八号陵发掘简报》，《文物》1978 年第 8 期。该八号陵后被重新编为 6 号陵，同 [86] 第 86 ~ 87 页。

[91] 吴峰云《西夏陵园建筑的特点》，史金波、白滨、吴峰云《西夏文物》，文物出版社 1988 年版。

[92] 同 [86] 第 152 ~ 153 页。

# 六 明清帝王陵的调查与发现

明清帝王陵的时代相对晚近，考古工作也相对薄弱，不过因为其地面遗存保存较为完整，遂成为文物界、古建筑界和美术史界重点研究的对象。早在20世纪30年代，中国营造学社的专家就已对明长陵等做过调查[1]。1956年5月，历时两年的明定陵地宫考古发掘开始，这是中国考古界在20世纪第一次也是唯一的一次主动发掘一座从未受到过盗扰的帝陵玄宫[2]，结果出土各类文物达二千六百四十八件。1961年冬至1962年初夏，南京博物院的张正祥等在江苏洪泽湖畔调查发现明祖陵遗址[3]，使这一被洪水淹没后二百六十多年的明初帝陵重新被世人所知。70年代中后期，文物工作者先后清理了1949年前被军阀和盗墓者严重盗掘的清东陵乾隆裕陵地宫、慈禧陵地宫、清西陵光绪崇陵地宫等，获得了一批有关清陵地宫的科学资料[4]。80年代以后，一些文物考古学者对南京明孝陵、盱眙明祖陵、凤阳明皇陵的石刻及地面建筑遗迹，北京明十三陵周围边墙、山口等，在调查的基础上进行了详细研究[5]，有的对明陵石刻的分期重新作了考证[6]。20世纪90年代，中国考古界学术课题意识和文化遗产的学术理念更加明确和强烈，这在明清帝陵考古方面也有体现，1998年3月至6月，南京博物院考古研究所对明祖陵遗址进行全面钻探[7]，确定了明祖陵的详细布局。胡汉生、晏子有分别对明十三陵和清东、西陵做了系统的调查与研究[8]。1998年至2000年，在国家文物局支持下，南京市文物研究所与中山陵园管理局联合设立“明孝陵考古”课题，由笔者主持，先后对明孝陵陵宫门、明孝陵陵宫内的东、西配殿、神厨、具服殿、陵宫东侧排水系统、明东陵寝园遗址等做了勘探或清理[9]，对进一步阐明明代早期帝陵初创时期的制度细节和建筑风格提供了珍贵资料。此外，20 世纪 90 年代中后期，湖北钟祥明显陵、北京明十三陵、河北遵化和易县的清东、西陵，包括南京明孝陵都在申报世界文化遗产的过程中做了大量的文物调查和研究[10]。

## （一）明代帝陵考古和对明帝陵制度的认识

### 1. 明皇陵和祖陵

地处今安徽省凤阳县的明皇陵是明代最早按“帝陵”制度建成的一座陵墓[11]。皇陵坐南朝北，斜对明中都。陵园设三重城墙，从内到外分别称皇城、砖城、土城，皇城居中，南北开门，正中建祭（享）殿，东、西置庑殿；砖城四面当中各开一门，并建门楼，略呈长方形覆斗状的陵台位于砖城中部偏南，正对皇城南门（皇城后红门），砖城北半部即皇城北门外列置二十八对石象生和石碑，其中石象生自北而南分列麒麟两对，狮八对，望柱两对，马及左右控马官两对，虎四对，羊四对，文官、武将、内侍各两对，其数量之多，为历代帝陵神道石象生之冠；土城亦四面开门，东、西、南面仅中开一门；但南面有三门，中为正门，左右为角门，均北向略偏东，与东北方向的中都城相呼应。除陵台和石刻外，明皇陵地面建筑现已无存，经考古勘探，皇城平面为正方形，周长 420 米，与《中都志》、《凤阳新书》所载“周七十五丈五尺”不符；砖城平面为长方形；土城平面亦呈正方形，周长 15540 米，与文献记载的“二十八里”稍有出入[12]。

与明皇陵同一建制的明祖陵原在古泗州城之北的杨家墩，现位于江苏省盱眙县洪泽湖西岸[13]。清康熙十九年（公元1680年），泗州城被洪水淹没后，明祖陵也逐渐沉入水底。20世纪60年代初，祖陵所在逐渐成陆。1961年冬至1962年春夏之季，南京博物院的张正祥在考古调查中发现暴露出的祖陵神道石刻、享殿遗址及玄宫拱顶，并最先做了报道和研究。明祖陵坐北朝南，陵园如明皇陵一样设三重城墙，从内到外为皇城、砖城、外罗城。据1998年考古勘探资料[14]，陵园的中轴线是从玄宫、经皇城内的享殿、金门至神道，由北向南延伸至中砖城南门。中轴线为南偏西7度。陵区内主要建筑都呈中轴线对称布置，其中皇城在陵园中心稍偏北处，平面略呈方形，南北长60、东西宽64米，周长272米，内有享殿和东、西配殿，南面正中建金门，金门与享殿之间以丹墀相通。砖城平面为长方形，东西长580、南北宽340米，已发现其西门、南门、北门（?）基址，玄宫在北门之外。但是，根据明人曾惟诚《帝乡纪略》所附《祖陵图》观察，玄宫似应在砖城之南、皇城之北，即与皇陵布局相同，现考古勘探结果与明《祖陵图》所绘并不符合。在中砖城南门之北是为神道，神道两侧置石象生十九对，从南到北先后为麒麟两对、狮子六对、望柱两对、马官两对、侍马官及石马和侍者各一对，文臣、武将、太监各两对[15]。其中在侍者和文臣之间设金水桥一座，桥跨金水河，桥长约10米、宽约6米。祖陵的外罗城因部分沉没于河道之中，布局、规模尚未探明。

以上两座地处淮河之滨的明代早期帝陵，代表了明代初年的帝陵体制和文化风貌。其总体特征是：采用三重城垣的布局，为过去帝陵所未见，这种做法似受这一时期都城设三重城垣（皇城、京师城、郭城）制度的影响，不过其“砖城”和“土城”或“外罗城”平面略成方形并四面开门的做法却明显受到唐宋帝陵制度的影响；其次，两陵都以皇城及享殿为中心，而玄宫及灵台却位于皇城甚至砖城之后，而且取消“下宫”之设，享殿已成为存放御容、神位和祭献重地，这表明明代开始十分重视帝王陵享殿及祭享活动的礼仪中心地位，陵寝的灵魂及鬼神崇拜意义下降，其纪念性、象征性、礼仪性益加突出，过去以灵台、玄宫为陵寝中心的格局已彻底改观；神道石刻的置放空间大体还保留了唐宋时代的传统，在石刻类型上，明皇陵保留了宋陵的石羊、石虎，而明祖陵包括此后的帝陵神道上则不再出现这两种石兽；两陵都把神道石柱置于石兽与石人石马之间，而不是如唐宋时代放在石刻之首，但两陵的神道石柱一对仿宋代宝珠状柱头，一对仿唐陵石榴式柱头，与明孝陵的神道石柱柱头风格截然不同[16]。这都说明建成于明洪武早中期的明皇陵和明祖陵，代表着明代帝陵制度的第一个阶段，它既保留了唐宋帝陵在平面布局和某些建筑细节上的特点[17]，同时又有新的时代因素的产生和运用，代表着中国帝陵发展史上的重要过渡阶段。

**2. 明孝陵**

明孝陵是明朝开国皇帝朱元璋的陵墓，位于南京明京师城垣之外的东北郊钟山南麓。陵址最晚约在洪武二年（公元1369 年）选定[18]，洪武九年（公元 1376 年）开始迁走陵址上的原建于南朝梁代的开善寺（明初称蒋山寺），洪武十四年（公元 1381 年）正式营建，次年葬入皇后马氏，洪武十六年（公元 1383 年）陵宫部分大体建成，洪武三十一年（公元

1398 年）葬入朱元璋。但孝陵神道石刻等工程可能到永乐十一年（公元 1413 年）前后才告结束[19]，整个工程延续时间近四十年。

孝陵的考古工作在 20 世纪 80 年代之前主要是地面文物调查和局部建筑柱础清理，80 年代之后，先后对陵宫内“孝陵殿”（享殿）基址，东、西配殿基址，神厨，神库基址，陵宫门基址等做了清理或发掘，获得了一批珍贵资料[20]。

明孝陵背依钟山主峰，坐北朝南，整个陵域建内、外城，外城环钟山而行，呈不规则状，周长达 22.5 公里，相当于当时明京师城垣（南京城垣）长度（33.676 公里）的约三分之二，外城墙除城门“大金门”尚存外，其他均现已被毁。内城即陵宫，平面作前方后圆状，保存较为完好。根据考古调查和勘探资料，孝陵的总体建筑布局大致由三个空间部分组成：

首先是导引部分，自下马坊迄外城正门大金门，下马坊以东不远处为保卫孝陵的军事机构“孝陵卫”所在。

第二个空间是外郭城环包的陵域范围，这一空间内包括大金门、神功圣德碑及碑亭、外御河桥、神道与神道石刻、棂星门、内御河桥、神宫监、嫔妃墓区、孝陵陵宫以及钟山之北的部分陪葬功臣墓等。孝陵神道石刻共十七对三十四件，有石兽六种计二十四件，依次为狮、獬豸、骆驼、象、麒麟、马，每种两对，一对站立，一对蹲坐，另有神道石柱一对，武将、文臣各两对。

第三个空间为陵宫，陵宫呈中轴对称布局，前后共有三个院落，进南面的陵宫门内为第一个院落，东有神厨及东井亭、西为神库及西井亭；第二个院落的入口为孝陵殿（享殿）前门及两侧隔墙的左右角门，门内建有陵宫的主体建筑“孝陵殿”（享殿），殿基为三层石造须弥座，制同皇宫主殿样式，依遗迹推测，台基上原有面阔九间、进深五间的重檐庑殿顶大殿，该殿毁于太平天国时期的战火之中；“孝陵殿”左右稍南两侧有东、西配殿及左、右神帛炉；殿后过内红门即进入第三个院落，内有大石桥（一称升仙桥）、方城、明楼、圆形宝顶（陵丘，下为地宫所在）及围绕陵丘的宝城等。

明孝陵在中国帝王陵制度发展过程中占有重要位置，它在“因山为陵”、功臣陪葬、设置神道石刻、使用琉璃瓦件等方面继承了唐、宋、辽、金、西夏等帝陵的传统，但是，在建筑布局、建筑结构和建筑细节上则更多地表现出创新性，深刻影响到明清两代帝陵的体制，从而塑造了唐宋帝陵之后的新一代风范。

首先，明孝陵废去了方上、灵台、方垣、上下宫的制度，新创了圜丘、方城、明楼和享殿等一套建筑体制[21]。方形陵丘自战国出现之后，为汉、唐、宋等主要统一王朝的帝陵所使用，直到明孝陵才彻底放弃，此后也一直未再出现；与“方上”相对应的是平面呈方形并在四面开门兼设门阙、四隅设角阙的陵城规制也从此退出了历史舞台。唐宋帝陵的“下宫”实际主要相当于秦、汉帝陵的寝宫[22]，内陈帝王生前所用之物，守陵者要像服侍生人一样，“宫人随鼓、漏理被枕，具盥水，陈严（妆）具”[23]，让死者灵魂仍旧过如常人的起居生活，这是“灵魂崇拜”的典型表现。从明皇陵开始，就不再专设“下宫”，而是以享殿及“皇城”作为陵城中心，享殿内供奉帝后灵座（神座、神位）、册宝、衣冠等，以作灵魂归附处所和供奉对象[24]。陵城内的“神厨”等设施主要是为祭享活动所用，而不是如过去主要是每天为帝、后“灵魂”服务，这一变革为孝陵所沿用并进一步强化，这虽不能完全讲明代时期帝陵建制中服务于鬼魂的观念已不受重视，但至少表明这一时期人们更重视的是帝陵的祭仪中心地位和祭仪活动的排场与权威。从孝陵的布局上说，一方面是将过去上、下宫的功能相对合并，使享殿同时具备过去献殿与下宫的某些职能，另一方面又使以地宫为中心的宝城部分更加隐秘和神圣，唐时期，祭献活动可以直接在陵（灵）台前献殿中举行，而明代的祭献礼仪活动主要是在陵宫第二进院落中的享殿里举行，内红门之后的宝城区域，除嗣帝和经特许的官员外，一般人不可进入，成为事实上的"禁区"。很显然，秦汉唐宋的帝陵陵城布局是以"坟墓"为中心，强调的是死者葬身之所和亡灵崇拜观念；明代包括清代帝陵陵城布局是以"享殿"为中心，尽管"坟墓"也占有很重要的地位，但它已不是"中心"位置，而是受到严格保护的隐秘空间。这种以"享殿"为中心的帝陵陵城格局，正是明代统治者倡导以"礼"、"孝"治天下及进一步凸显帝王专制、神圣、权威地位的具体体现，从而也成为中国帝王陵制度发生重大变革的典型特征。

其次，明孝陵陵宫平面规划采用了皇宫的"前朝后寝"布局。总平面作"前方后圆"式，这种布局可能包含了"天圆地方"、"天人合一"的思想，"前方"着意强调以享殿为中心的建筑区主要供生人祭祀所用，"后圆"则表明宝城区作为地宫所在，隐含着亡灵归天的宗教追求。"前朝"建筑以享殿为中心，南有享殿前门，左、右分设配殿，与皇宫前朝宫殿设计格局大体相似；"后寝"以宝城宝顶为中心，宝城平面略呈圆形，仅面向享殿的一面中部设"方城、明楼"以作标志和出入口，方城左右有宽大的影壁。自此，中国传统的在帝陵地宫及地表封土的周围建方形或长方形城垣并四面开门的制度便退出了历史舞台，取而代之的是平面作圆形（或略近圆形），仅南面开一门并作“方城、明楼”之式的建筑体制。这一做法直到清代大体上未再改易。

最后，明孝陵开创了第一代帝陵神道作为后世子孙（继位皇帝或皇太子）共用神道的制度。考古证实，皇太子朱标（明建文帝朱允炆父亲）的东陵位于明孝陵的陵宫以东约60米处，参照明代早期陪葬孝陵的功臣墓葬制，在陵园都应设置有神道石刻。皇太子朱标是朱元璋精心培养的皇位继承人，协助朱元璋理政长达十五年，不幸于洪武二十五年（公元1391年）四月患病去世，朱元璋为此极其痛心。依朱标的身份和地位，其陵前神道应该安置一组石象生，但经考古勘探，在东陵陵宫前的神道两侧无任何石刻的迹象存在[25]。这只能说明，东陵是与孝陵共用一条主神道。可见，北京明十三陵十二座帝陵共用长陵主神道及神道石刻的制度是由南京明孝陵首先创设的。这反映出明代最高统治者试图通过陵墓制度，进一步强调封建继嗣制度和血统承绪体系的有序与严密。

此外，在单体建筑上，孝陵不仅首创方城、明楼等建筑式样，而且在大金门、碑亭、享殿、方城等大型建筑物上普遍使用石质须弥座作整个建筑的台基，门道上广泛使用砖石起券，顶部则根据建筑物的功能和地位的差异使用不同颜色的琉璃构件，如考古人员在孝陵陵宫内发掘出土的琉璃件有黄色、黑色、彩色等多种。明代帝陵建筑中大量使用琉璃构件的做法显然取自辽、金和西夏的帝陵传统做法。孝陵陵宫内享殿、配殿等使用的大型鼓镜式柱础、建筑顶脊上出现的琉璃龙吻等，都属于帝陵建筑中的开创性式样。

在神道石刻方面，孝陵十二对石兽中，骆驼为新创，余均承自前代，但孝陵的象不置驯象人，身上无任何披饰，马亦无控马官、鞍鞯、带饰等，这些都不同于宋陵及明初皇陵、祖陵之制。神道石柱柱身改唐宋以来的八棱形为六棱形，上呈双层凸圈状圆柱形冠，与唐宋时期及明初皇陵、祖陵的宝珠形或石榴花形柱头迥然有别。神道石柱不在神道石刻之首，而列于石兽与石人之间，也与唐宋时期不同，但与明皇陵、祖陵类似。

明孝陵与宋陵一样，十分重视陵址选择中的风水堪舆之说，但两者的差异在于：宋陵信奉的是“五音姓利”之说，而明孝陵立国江南，更多地受到了风水学说中“江西之法”的影响，重“形势”及龙、穴、砂、水诸地形要素与帝陵建筑的相配，如孝陵陵宫择地于钟山三峰的主峰即中峰之南，左右有龙、虎砂山护卫、前有梅花山和土山分别作“近案”、“远朝”。这些类似做法也为后来北京明长陵等所沿用[26]。

**3. 明东陵**

明东陵是明太祖朱元璋所立皇太子朱标的陵墓。洪武元年（公元1368年）朱标被立为皇太子，朱元璋并为其设东宫官，精心培养。洪武十年（公元1377年）下令“自今政事并启太子处分，然后奏闻”[27]，从这时起朱标即协助其父理政，直到洪武二十五年（公元1391年）四月不幸患病去世。皇太子早逝使朱元璋极其痛心，令将太子祔葬孝陵之左，史称“东陵”[28]。朱元璋去世后，朱标之子朱允炆登基称帝，年号建文。建文元年（公元1399年）二月，追尊朱标为孝康皇帝，庙号兴宗。朱棣夺位后，废朱标帝号、庙号，称朱标东陵为懿文太子陵。此后南明、清乾隆元年（公元1739年）又两次恢复朱标帝号。为此，有专家认为，明东陵应列为明代第十九座帝陵[29]。

明东陵考古工作于1999年3月至2000年2月进行。资料证实，明东陵位于明孝陵之东约60米处，陵宫至宝顶纵深达300多米，陵宫坐北朝南，南北纵深94米，有前后两进院落。第一进院落的两侧围墙向陵宫门两侧作弧形内收，第二进院落平面作长方形，陵宫由陵宫门、享殿前门、享殿、四周围墙及墙外排水沟等构成，所有建筑均呈中轴对称布置，其中享殿前门建于高台基上。享殿前门基址长约20米、宽13.5米，从残存的柱顶石判断，该建筑原为面阔三开间、进深两开间，门殿前有宽大的月台基址；享殿前门与享殿之间连以丹墀。享殿台基东西长33.34、南北宽18.7米，残高1米余。遗迹显示，原享殿建筑面阔五开间，进深三开间。基址四图保留有砖石构筑的散水、台阶、踏垛、路面等遗迹，享殿前也有宽大的月台基址。据出土遗物分析，享殿原使用绿色琉璃和部分黄色琉璃构件[30]。值得注意的是，东陵陵宫北垣无后红门，即它的结构与明祖陵三重城垣内的“皇城”十分相似，但考古人员在陵宫的外围未发现诸如“外城”之类的建筑的存在，仅于陵园外西北一带发现面积较大的“神厨”及其他附属建筑遗迹。东陵地宫亦开凿于一座小山之下，宝顶即利用山势作成，宝城遗迹亦未发现。东陵陵宫建筑格局的简单甚至草率，当与建文帝朱允炆被朱棣推翻后朱标之身份地位被贬抑有关。明东陵陵宫前神道两侧无石象生之发现，且正对神道一线以南的护陵河上亦无独立设置的御河桥。因此可以认为，东陵使用的是过孝陵御河桥后的分支神道，即它是与明孝陵共用一条主神道。

**4. 明十三陵**

明十三陵为明代十三位皇帝的陵宫所在[31]，地处北京城之北约48公里的天寿山南麓。考古调查证实，其总布局与南京孝陵相似，陵区外围有因山而筑总长达12公里的外郭城垣，陵区内各陵则单独建有陵宫。陵区南面有导引建筑石牌坊，相当于明孝陵的“下马坊”，但两者造型差异甚大，明孝陵为两柱冲天式坊，约建于洪武二十六年（公元1393年）[32]，十三陵的为仿木结构牌楼式，共六柱五面，上作庑殿顶，刻斗拱，各柱间有夹楼，该坊建于嘉靖十九年（公元1540年）[33]。石牌坊北为十三陵的总门户“大红门”，相当于明孝陵的“大金门”，两者结构相同，为三洞券门，门基皆是石构须弥座，墙身砖砌，涂红。门两侧接陵区外郭墙。十三陵大红门为单檐歇山顶，上覆黄瓦；大红门往北有碑亭，一称大碑楼，内立“大明长陵神功圣德碑”一通，与明孝陵大金门北的“大明孝陵神功圣德碑”亭同制，碑亭平面作方形，四面开券门，上部重檐歇山顶，覆黄瓦。但长陵碑亭四周建四座华表，为明孝陵所不见。由碑亭之内涵可知，北京十三陵总体布局始创于长陵（图二八），其制度来源则为南京的孝陵。

碑亭之北竖石望柱一对，标志着神道之起点，而孝陵之望柱是在石兽与石人之间，长陵将望柱移于神道石刻之首，仍是恢复了唐宋陵之旧制。神道两侧置石象生一组，计有石兽二十四件、石人十二件，从前向后依次为狮子四件、獬豸四件、骆驼四件、象四件、麒麟四件、马四件，件数造型均大体同于孝陵，兽皆作二立二蹲坐状；石人在石兽北，为武臣四件、文臣四件、勋臣四件，其中“勋臣”四件为长陵新制。

神道石象生北为石造棂星门（一称龙凤门），此门亦见于明孝陵，桥之北先后有五孔桥、七孔桥，七孔桥之北各陵自设分支神道。孝陵在棂星门之东北有三孔桥，桥之北除有神道直

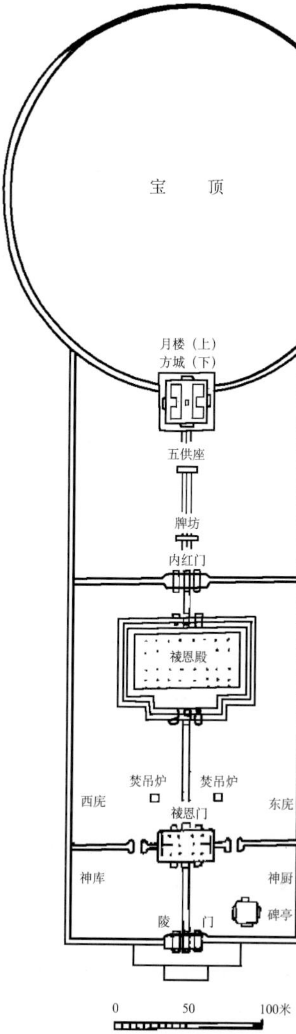

图二八　北京昌平明长陵平面图

（引自《明长陵》）

达孝陵陵宫门外，还有支道前往明东陵，由此也可见长陵与孝陵制度的相同。

十三陵中各陵都有自己的陵宫，陵宫均作“前朝（宫院，内以享殿为中心）后寝（寝宫，内以宝城为中心）”的布局，与孝陵之制非常接近。以长陵为例，其陵宫自前向后有陵宫门及门内东西两侧的神厨（东）、神库（西）[34]，第二进院落的祾恩门（相当于明孝陵的享殿前门）、祾恩殿（相当于明孝陵的孝陵殿）[35]及分列左右的东、西配殿和东、西神帛炉；第三进院落有内红门、两柱牌楼门、石五供（石案上置石雕、香炉、烛台、花瓶各两件）、方城明楼及宝城宝顶等，除两柱牌楼门、石五供和明楼内立圣号石碑为长陵新创外，余均同于孝陵。而明孝陵方城前的大石桥（一名升仙桥）则不见于长陵。在长陵陵宫门之外，东、西两侧还分别建有宰牲亭和具服殿，此制亦与孝陵相同，考古人员在明孝陵陵宫门东南侧和西南侧也发现过宰牲亭及具服殿建筑基址及水井等遗存。从十三陵各陵陵宫布局看，与南京孝陵最为接近的是长陵，其他陵宫建制尽管也大体同于孝陵，但在局部空间和单体建筑制度上仍有不少变化，如献陵、庆陵受风水地形所限，将“宫院”和“寝宫”分成两个前后不相连的建筑群落；永陵、定陵陵宫设双重城垣[36]；昭陵始在宝城与陵丘之间建构完善的“月牙城”、哑巴院形状；裕陵在陵丘前建琉璃照壁，并为此后茂、泰等各陵所沿袭；除长、永、定三陵将宰牲亭、神厨、神库分别建造外，其他各陵均将三者建于一院之中；具服殿只见于长陵等。为此，胡汉生根据十三陵各陵宫前部宫院或后部寝宫等宝城内建筑布局的差异，将其分成长陵型、献陵型、景陵型、永陵型、昭陵型等不同类型[37]，这有助于阐明十三陵各陵寝由于建造时间之先后，或所处风水地貌之不同，或陵寝主人与陵寝建造过程中关系之差别等诸原因导致的各陵寝在建筑细节上的差异，也有助于加深对明代陵寝制度和建筑风格演变过程的进一步认识。

**5. 明定陵玄宫发掘**

明代诸陵的玄宫位于宝城内宝顶之下。迄今，唯一经过考古发掘的是明定陵玄宫，发掘资料对研究明代玄宫建筑制度、建筑技术、随葬品组合结构和类型等都有很重要的意义。定陵发掘工作开始于 1956 年 5 月。此前，出于学术研究的需要，1955 年 10 月，北京市副市长、历史学家吴晗，会同中国科学院院长郭沫若、文化部部长沈雁冰、人民日报社社长邓拓、中国科学院历史研究所第三所所长范文澜等，联名上书国务院，请求发掘明长陵，并组织长陵发掘委员会，由赵其昌、白万玉任正、副队长。为慎重起见，发掘委员会认为长陵规模宏伟，发掘难度较大，而定陵营建年代较晚，发掘难度较低，宜先发掘定陵，以取得经验。定陵发掘一直持续到 1958 年 7 月，前后费时两年又两个月，出土各类文物计二千六百四十八件[38]。

定陵宝城平面略作圆形，城墙内径 216 米，城中用黄土填实，中部宝顶以白灰掺黄土夯筑而成。玄宫即建造在宝城的宝顶之下。根据发掘资料，定陵玄宫的入口不是在玄宫的中轴线上，而是偏在方城及明楼建筑的右侧（西侧），从前往后先建砖隧道，再建石隧道，然后才到达玄宫。砖隧道入口呈券门状，称“隧道门”，建于宝城城墙内侧，隧道门内两侧的砖砌大墙中间形成 8 米宽的通道，即砖隧道。砖隧道略向东北玄宫中轴线处弯曲延伸，这一隧道即帝后棺椁进入玄宫的通道。砖隧道末端止于一道矮墙，隔矮墙即为石隧道之开始，但砖、石隧道并不是直接衔接。石隧道由两道石砌大墙组成，长 40 米，两墙间距即隧道宽 8 米。石隧道末端有一堵大墙，称“金刚墙”，墙面设进入玄宫的通道，墙顶部出檐，檐施黄琉璃瓦。金刚墙内，有一段玄宫甬道，甬道墙壁下铺石条，上用砖起券，长、宽各 7.9 米。甬道尽处即为玄宫的第一道门。此外，还有两条通向玄宫左右侧室的隧道，分别称“左道”和“右道”，但由于这两条隧道未能发掘，故走向、结构不明[39]。

定陵玄宫共有五殿，中轴线上为前、中、后三殿，中室之横轴线上有左、右配殿。玄宫连同甬道前后总长 87.34 米，左右横跨 47.28 米，总面积 1195 平方米，方位角 125 度，同于地面建筑。前殿外的券洞上有门楼，门楼出檐，檐、枋、脊、吻兽用汉白玉雕成，十分精美，这种石作仿木结构的做法流行于明清帝陵的玄宫建筑中，使整座玄宫宛如一座真正的地下宫殿；券洞内设两扇汉白玉石门，每扇门面上有纵横各九排共八十一枚乳状门钉；玄宫前殿为一长方形起券石室，东西长 20、宽 6、高 7.2 米，此殿仅在铺地木板上散见零星纸钱痕迹。中殿也有一洞券门，外部雕作门楼状，中装两扇石门，起券结构同于前殿，长 32、宽 6、高 7.2 米，南、北两墙中部有券顶甬道通向左、右配殿；中殿西端设石神座三座，中为万历皇帝神座，左、右神座分属孝端皇后和孝靖皇后，各神座前均有黄琉璃五供（香炉一、烛台和香瓶各两件），五供前置一长明灯（一称万年灯）。中殿通向左、右配殿处皆有券门，并设双扇石门，两配殿为长方形起券石室，皆东、西长 26、宽 7.1、高 7.4 米，殿中靠北侧皆有宝床（棺床），但床上无棺木；两殿内无任何随葬品；两殿内西端南侧都有一券洞、石门，应分别通向玄宫外未经考古发掘的“左（隧）道”和“右（隧）

道”。入后殿之石门亦作门楼状，有双扇石门；后殿是玄宫中的主殿，为放置帝、后棺椁之处。平面作东西向长方形起券石室，长30.1、宽9.1、高9.5米，中部偏西处设宝床（棺床），床作束腰须弥座式，周饰覆仰莲，床长17.5、宽3.7、高0.4米；床上放棺椁三具，中为万历帝，左、右分为孝端皇后王氏和孝靖皇后王氏，宝床中部万历椁下花斑石床面上凿有“金井”。

万历皇帝与两皇后各用木质朱漆棺、椁各一重，帝后均为头西足东；三椁椁盖上放有木制小型仪仗用明器、小袋稻谷等，仪仗有矛、戟、钺、立瓜、卧瓜、剑、朝天镫等；万历帝和孝端皇后棺盖上原各放有织锦铭旌，前者残留金书“大行皇帝梓宫”字样，后者有金书“□行皇后王氏梓□”字迹，另万历帝铭旌上还有铁制的扁平葫芦；在每具棺椁南北两侧各放四块玉料，东端放一块玉料；万历帝椁北侧放三彩瓷觚一对、香炉一件，青花梅瓶两件，南侧也放青花梅瓶两件；两皇后椁东端两侧各放青花梅瓶一件；万历帝和孝端皇后棺上东端又各放金、银锭各一枚。孝端后棺北侧宝床上有小型木质车、轿明器各一件。

在棺内，万历帝尸身之上覆锦被、袍服、织锦匹料等，身下亦垫锦被。尸身著黄缎短内衣，外着刺绣衮服，腰系玉带，头戴乌纱翼善冠，头下有枕；下穿黄绫裤，脚穿红素缎高统单靴。尸体头、足处放金器、玉器，两侧放匹料和金银锭，下放袍服与匹料。尸体作仰卧状，右臂向上弯曲，手放头右侧，左手放腹部，手拿一串念珠。

随葬器物除置于棺椁内外，另主要见于二十九件器物箱、盒内。其中有二十二个器物箱放宝床上，它们分属帝后所有，内装凤冠、木谥册、谥宝以及服装、玉器、金器、铜、锡质明器、盔甲刀箭等。后殿西北隅有刀箭、弓及木制明器等；东北隅一朱漆木盘内装小型木质家具明器；南壁下圆形食盒中装铜、锡明器一百六十多件；东壁下四具箱内放马俑和人俑等。在出土的二千六百四十八件随葬品中计有纺织品和衣物、金银器、铜锡器、瓷器、琉璃器、玉石器、漆木器、首饰、冠带和佩饰、梳妆用具、木俑、武器和仪仗、谥册、谥宝、圹志等，它们对研究明代帝陵的随葬品制度、丧葬思想及礼仪制度，研究明代的各类工艺技术、帝后冠服制度等都有很高的价值。

研究者认为，定陵玄宫与皇帝生前所居的皇宫内廷建筑布局较为吻合，其前、中、后三殿与内廷建筑乾清宫、交泰殿、坤宁宫三座建筑相对应，左右配殿相当于对称布置在交泰殿东、西两侧的东六宫与西六宫，因此，帝后棺椁放后殿，而左、右配殿原应是妃嫔葬所，这在文献中也有材料可证[40]。

**6. 明代藩王葬制概况**

明太祖朱元璋登基后，除立朱标为皇太子外，其他诸子皆分封全国各地为亲王。1949 年以来，考古界已发掘一批明代藩王墓，这些王墓一般都选址于山岗南麓或高埠之地，墓前有神道和神道石刻、陵园及享殿等。神道石刻包括碑、望柱、狮、马、文臣、武将等。有的藩王在陵园建制上也模仿皇陵，如位于河南新乡市北郊凤凰山脚下的潞简王朱翊镠墓，在墓道入口处建有三间四柱牌坊，后次第为神道及十四对石象生、长方形水池和池上的三孔石桥，再后为有二重围墙的陵园，园内被分隔成前、中、后三个院落，建有门楼、祾恩门、享殿及左右配殿，最后设明楼、宝城，同时在前院和后院入口处又各建一座石牌坊[41]，整个建制宛如帝陵。

明藩王的地下墓室结构演变可大约分前后两个时期[42]。前期的墓室多仿帝陵之制，只是在规模上略小而已，如布局上多数为前、中、后三室，有的还带左右耳室，平面布局上与定陵玄宫颇为接近。如永乐七年（公元1409年）埋葬于今四川成都北郊凤凰山南麓的明蜀王世子朱悦燫墓，墓室通长33米，由三个砖构纵列式拱券室构成，分为大门、前庭、二门、正庭、正殿、中庭、圜殿、后殿和左右配殿及左右耳室，平面布局及细部装饰应是模仿当时王府的宫殿建筑[43]。位于江西新建县西山缑岭东麓的宁王朱权墓，大约建于正统十三年（公元1448年），墓室全长31.7、宽21.45米，墓室分前室、次前室、中室及左右耳室、后室，后室的左右及后壁还各有一座拱形壁龛[44]。发现于湖北江陵八岭山南麓的朱元璋第十五子辽简王朱植墓室亦为前、中、后三室及左右耳室结构（图二九）[45]。当然有的藩王墓也作前后两室之制[46]。这些墓室中，

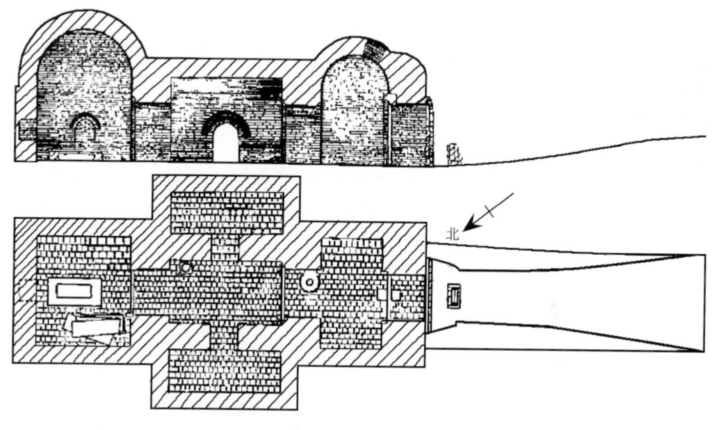


图二九　湖北江陵明辽简王墓平、剖面图
（引自《考古》1995年第8期）

前室或放置武士俑、陶马等，中室放置仪仗俑群、铜锡明器或石五供等；后室则为珍贵随葬品所在，如金银器、玉器、瓷器等实用器，或亦放部分陶俑；棺木中随葬冠服如衣帽、袍服、玉带及首饰等随身物品。有的藩王虽然墓室结构略显简单，但随葬品的数量和质量却相当惊人，如湖北钟祥龙坡山发现的明正统六年（公元 1441 年）的梁庄王朱瞻垍夫妇墓中，出土金、银、玉、瓷、铜、铁等各类遗物达五千一百多件[47]。有的器物精美程度不亚于定陵出土品。

明中期以后，藩王墓室多开始简化为前后双室或仅为单室，墓室长度缩减为 10 米左右。如江西南城岳口乡游家巷发掘的分别葬于万历三十一年（公元 1603 年）和崇祯七年（公元 1634 年）的益宣王朱翊钊和益定王朱由木墓，两者墓室结构都是砖砌单圹墓室，内部分成三个椁室[48]。当然，也有特例出现，如卒于万历四十二年（公元 1614 年）的潞简王朱翊镠墓虽然建于明代晚期，但墓室仍用石材砌造，且分前、中、后三室及左右侧室，各室之间以石拱门相通，结合其地表陵园的格局，可以认为这位万历皇帝的同母弟弟，在葬制上明显模仿了定陵的做法。明代藩王墓考古成果对系统研究和全面认识明代帝王陵墓制度具有不可或缺的价值。

## （二）清代帝陵考古概况

清代帝陵代表着中国帝陵发展史的最后阶段，由于其建造时间最为晚近，加之保护措施较为得力，迄今地面陵寝建筑保存基本完好，地宫除裕陵、慈禧陵、景陵、惠陵等曾被盗掘外，其他诸帝地宫未受损害。从考古学术史而言，清帝陵考古主要限于地面文物的调查与研究，裕陵、慈禧陵地宫也已于1978年后对外开放，为研究者提供了观摩考察的方便。

清代帝陵分为入关前和入关后两个时期，入关前建过三处陵寝，称“盛京（今沈阳市）三陵”。其一为永陵（原称兴京陵，顺治年间改称），在今辽宁省新民县境内，为清爱新觉罗氏家族的祖陵，埋葬着顺治时追尊为帝的清太祖努尔哈赤的六世远祖猛特木（追封肇祖原皇帝）及其嫡福晋（追封肇祖原皇后）、曾祖福满（追封兴祖直皇帝）及其嫡福晋（追封兴祖直皇后）、祖父觉昌安（追封景祖翼皇帝）及其嫡福晋（追封景祖翼皇后）、父亲塔克世（追封显祖宣皇帝）、母亲喜塔拉氏厄默气（追封显祖皇后）以及伯父礼敦、五叔塔察篇等人[49]；其二为福陵，一称东陵，乃清开国皇帝努尔哈赤的陵墓，在今沈阳市东北；其三为昭陵，俗称北陵，是清太宗皇太极的陵寝，位于沈阳市北。这三座陵墓既吸纳了明代帝陵的建筑特点，又融入了满族的民族风格，形成了一定的时代和地域特点。以福陵和昭陵为例，两陵陵宫作四隅建角楼、周围有高大城墙的城堡形状，这种制度既有唐宋帝陵陵城的影子，可能更多地还反映了清建国前后富有军事征伐特征的民族及时代背景[50]。

公元1644年，清兵入关定都北京后，先后在河北的遵化和易县营建东、西陵两个陵区。东陵陵区内有孝陵（顺治帝陵）、景陵（康熙帝陵）、裕陵（乾隆帝陵）、定陵（咸丰帝陵）、惠陵（同治帝陵）五座帝陵；西陵陵区有泰陵（雍正帝陵）、昌陵（嘉庆帝陵）、慕陵（道光帝陵）、崇陵（光绪帝陵）四座帝陵。两陵区内还分布着皇后陵、皇妃及公主寝园等。1975年6月，文物工作者开始清理于民国时期被盗掘的裕陵地宫，1979 年 2 月又着手清理慈禧陵，这些清理工作进一步提供了有关清代帝陵地宫的详细资料。清东、西陵文物管理处的诸多专家如于善浦、陈宝蓉、尚洪英、晏子有也对清东、西陵做过深入地调查与研究，发表了诸多成果[51]。考虑到清东、西陵年代的晚近，本节仅对有关专家的调查研究成果做一概述。

**1. 清陵建筑**

清东、西陵陵寝建筑格局基本上仿自北京明十三陵，但局部亦有变通。如东陵陵区，以孝陵为首陵，居中，陵区外围建外郭城。外郭城正门大红门前造石牌坊，大红门有三座拱券式门洞，门内东侧为具服殿，制同明长陵；门内直北为孝陵神功圣德碑楼、碑楼广场四角各立一白色大理石雕制的华表，亦同长陵；然后是主神道上的十八对石象生（从前向后依次为望柱、狮、狻猊、骆驼、象、麒麟、马、文臣、武将等）、龙凤门（相当于明代的棂星门）、一孔桥、七孔桥、五孔桥等；正对孝陵陵宫门的神道桥为三路，同于南京明孝陵，但过神道桥之后有一碑亭，则为清代之新创，在碑亭以东不远处建神厨库院落一座，院内有神厨、神库、宰牲亭等，其布局与明昭陵制度相同。陵宫分前后两进院落，第一进平面略作方形，入口处为隆恩门（相当于明代的祾恩门），门外东有东朝房（茶膳房）和班房（守陵士兵休息处），西有西朝房（饽饽房）和班房，这组建筑有别于明陵。宫院内主建筑是隆恩殿（相当于明代的祾恩殿），左右有配殿及焚帛炉，与明陵不同的是，隆恩殿顶部不再是庑殿式，而是重檐歇山式，面阔一律五间，不似明朝有九、七、五等不同开间；大殿基座统一是一层，而明陵则或为三层（长陵）或为一层（献陵等十一陵）；东、西配殿皆为面阔五开间，而明陵有十五间（孝陵、长陵）、九间（永陵）、七间（定陵）、五间（其他各陵）等差别，这些特点使清陵比之明陵更具程式化和规范化的特点。后院平面作前方后圆状，其前门是三座琉璃花门（一称陵寝门、三座门），中轴线上建两柱牌楼门、石祭台及台上的石五供，再后为方城、明楼和圆形宝城、宝顶，宝城与方城之间有哑巴院，宝城南墙有一琉璃影壁。但清陵比之明陵，在宝城之外又设一道半圆形的罗圈墙，在宝城前顺着方城左右各砌造一看面墙，这样，宝城区则显得更加森严。

清西陵陵区以泰陵为首陵。除建筑规制上尽量仿照东陵区的景陵之外，它亦有自己的独创，如大红门外设三座石牌坊，一横二纵，围合成一个广场式的空间，华丽而高贵，颇具新意；在大红门外又增设一对蹲踞状的獬豸，加强了陵区大门的威严和气势。泰陵初建时，神道未置石刻，直到乾隆时才予补充，有狮、象、马、武将、文臣各一对，数量上比清孝陵大为减缩。泰陵的其他建筑布局与清孝陵相似，不过在细部加工上显得更加精致繁缛。

清东、西陵在孝陵、泰陵之后所建各陵除讲究遵从祖制外，实际都在局部建筑上有所变更或创新，特别是景陵和慕陵尤为明显。如景陵有自己的一组神道石刻，这并为后来其他诸陵所效仿，它还在石象生尽处建一六柱五楼五门式的冲天牌楼门；将孝陵始设的神道桥之北的碑亭移到神道桥之南，而且此后各陵均沿此做法。景陵的宝顶呈圆形，而未依孝陵的长圆形等。

慕陵规制变化更大，它不仅取消了圣德神功碑亭、方城、明楼、宝城、祭台前二柱门等重要建筑单体，而且对隆恩殿的结构也做了重大修改：将重檐歇山式变成单檐歇山式，不再建殿周月台栏板、望柱，殿周辟回廊，增加殿门，除一贯开设的南门外，于殿之东、西又各开一门，还将殿后卡子墙上的旧式三座琉璃花门改为四柱三门式的石牌坊，在原宝城区仅建方形月台，台上造简单的圆形宝顶等[52]。慕陵简化帝陵建筑内涵的新制尽管并未得到此后各陵的效仿，但其中的某些做法却也被有的帝陵所吸收，如定陵也不建圣德神功碑亭、陵寝门北的二柱门，定陵之后的惠陵、崇陵不仅按定陵的规制而建，且进一步取消了神道石象生。应该说，从慕陵开始，在陵寝规制上采取简化手法是清陵的总体趋势。

清陵与明陵还有一大区别，即清东、西陵陵区内还有七座单独设置的皇后及妃嫔陵寝，它们包括东陵区的孝东陵（葬顺治皇帝的孝惠章皇后和七妃、四福晋、十四格格，实际均为顺治帝妻妾）、昭西陵（葬顺治帝生母孝庄文皇后）、普祥峪定东陵（葬孝贞显皇后钮祜禄氏，即慈安皇后陵）、菩陀峪定东陵（葬孝钦皇后叶赫那拉氏，即慈禧太后陵）、西陵区的泰东陵（葬孝圣皇后钮祜禄氏）、昌西陵（葬孝和睿皇后钮祜禄氏）、慕东陵（葬宣宗孝静成皇后博尔济吉特氏和其他妃嫔）。皇后陵寝在规制上比之帝陵要略有减省，如孝东陵不建神道碑亭、隆恩殿后的玉带河、陵寝门北的二柱门、方城后的哑巴院等。其他几座皇后陵也各有局部建筑上的变化。

**2. 清陵地宫**

胡汉生先生认为，清朝帝陵的玄宫制度大体沿用明晚朝庆、德二陵的制度，即在中轴线上设前、中、后三殿，取消了左右配殿[53]。据刘敦桢研究，清陵地宫一般由九券四门三殿组成（图三〇），由前向后依次为隧道券、闪当券、罩门券、头

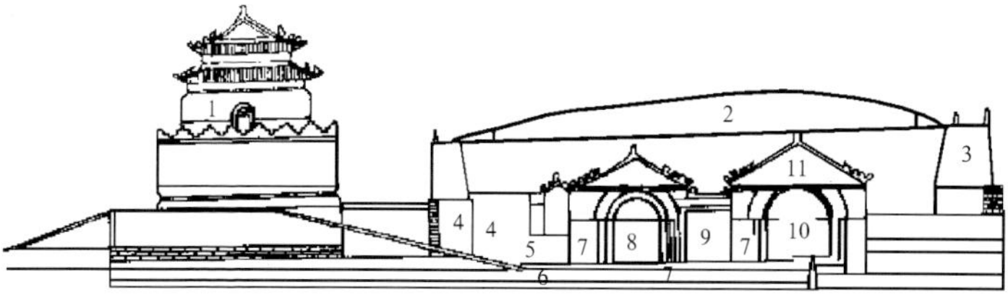

图三〇　河北易县清昌陵地宫剖面图

（引自《易县清东陵》）

1. 明楼 2. 宝顶 3. 宝城 4. 隧道券 5. 闪当券 6. 罩门券 7. 门洞券 8. 明堂券（前殿） 9. 穿堂券（中殿） 10. 金券（后殿） 11. 黄琉璃

层门洞券、明堂券（前殿）、二层门洞券、穿堂券（中殿）、三层门洞券、金券（后殿）。慕陵之前各陵地宫砖券之上覆琉璃瓦脊，如同地上宫殿之状，慕陵开始改为以蓑衣砖砌成庑殿顶形式，趋向简化[54]。地宫金券内左右设排水的龙须沟，通向琉璃门外的御带河，这一做法为清陵新创[55]。此外，清陵地宫虽然减省了空间，但建造之精巧，装饰之华丽，却为明陵所不及。

1928 年 7 月 4 日至 10 日，军阀孙殿英等动用工兵和炸药盗掘了清东陵区内的裕陵地宫和慈禧陵地宫，致使地宫内随葬珍奇被掠一空，帝后遗骨横遭凌辱，盗掘场面惨不忍睹。当年 8 月初，清逊帝溥仪获知消息后悲恸欲绝，强烈要求政府惩治盗陵匪首，同时组织清遗臣成立“详查筹办东陵被盗善后事宜”小组。8 月 18 日，组员和其他人员到达东陵，陆续对被盗二陵的遗骨进行了整理并重新封堵地宫。1975 年 6 月，文物考古工作者对裕陵地宫做了清理，自此，裕陵地宫的详细情况即为学术界所了解[56]。该地宫入口在明楼下方城前，先是一段长 32、宽 4 米的甬道，然后到达九券四门的地宫，地宫为拱券石结构，进深54米，净空面积372平方米。其券顶和四周石壁均满布佛教题材的雕刻，俨如一座地下佛堂[57]。可见，这一时期佛教思想和艺术对帝陵地宫建筑及帝后丧葬思想的深刻影响。

裕陵地宫第一道石门作仿木结构的门楼状，门楼上方雕佛像、海螺等，地宫四道石门上浮雕八尊菩萨立像，门背后刻有“八宝”图案。头道石门的西扇雕大势至菩萨、东扇雕文殊菩萨；二道石门的西扇雕地藏王菩萨、东扇雕观世音菩萨；三道石门西扇雕虚空菩萨、东扇雕除盖障菩萨；四道石门西扇雕普贤菩萨、东扇雕慈氏菩萨。八尊菩萨体态丰盈，姿势优美，面目如生，工艺精湛，意为他们以无边法力护卫着地宫的门户，引导着帝后亡灵的升天。地宫的第一道洞券里东、西壁面浮雕四天王像；穿堂券壁面上刻大幅“五欲供”（花朵托起的明镜、琵琶、香料、菠萝、衣服五种物品），券顶上刻神态各异的二十四佛；金券券顶雕刻三朵硕大的佛花及珊瑚、火珠等佛教吉祥物，周围墙面上刻有佛像、八宝图案及梵、藏两种文字的经咒，其中经文多达三万多字，字体遒劲，蔚然壮观，成为清代帝陵地宫的独特景观。裕陵金券是地宫中的主室，乾隆帝与他的两位皇后、三位皇贵妃共六口棺椁放置于一宽12米的青石宝床上，乾隆帝棺椁居中，棺椁下有一口部直径仅十余厘米的“金井”[58]。

## 注　释

[1] 刘敦桢《明长陵》，见《中国营造学社汇刊》第四卷第二期，1933年。

[2] 长陵发掘委员会工作队《定陵试掘简报》，《考古通讯》1958年第7期；

《考古》1959年第7期。

［3］张正祥《明祖陵》，《文物》1963年第8期。

［4］保定地区文物管理所、易县清西陵文物管理处《清西陵崇陵地宫清理简报》，《文物春秋》1990年第2期；徐广源《清东陵史话》“裕陵慈禧陵地宫的科学清理”，紫禁城出版社1997年版。

［5］分别参见南京博物院《明孝陵》，文物出版社1981年版；秦浩《明孝陵神道石刻题材考析》，《江苏省考古学会论文选》，1982年；刘聿才、刘新《明祖陵述略》，《考古与文物》1984年第2期；哲闻《明中都皇陵石象生之绝》，《文物天地》1985年第2期；王剑英《明中都》第99～111页“皇陵、十王四妃坟及其建筑规模”，中华书局1992年版；王岩《明十三陵边墙山口查勘记》，《考古》1983年第9期。

［6］阮荣春《论明代祖陵、孝陵神道石刻之时代》，《考古与文物》1986年第2期。

［7］南京博物院、盱眙县文化局《江苏盱眙县明祖陵考古调查简报》，《考古》2000年第4期。

［8］胡汉生《明十三陵》，中国青年出版社1999年版；晏子有《清东西陵》，中国青年出版社2000年版。

［9］南京市文物研究所《明孝陵陵宫门基址清理发掘获重要成果》，《中国文物报》1999年5月2日；贺云翱、王前华、邵磊《南京明孝陵及东陵考古获多项发现》，《中国文物报》2000年2月27日；贺云翱《南京明孝陵陵宫门遗址》，国家文物局主编《1998年中国重要考古发现》，文物出版社2000年版。

［10］国家文物局《明清皇家陵寝》（明显陵、清东西陵申报世界文化遗产文本），中国大百科全书出版社1999年版。

［11］明皇陵为朱元璋父母之陵。《寰宇通志》卷九及《明史·礼志》“十二·山陵”载洪武元年正月，朱元璋即皇帝位，追尊父母为仁祖淳皇帝、淳皇后，龙凤十二年即元至正二十六年（公元1366年）初修，洪武二年（公元1369年）荐号英陵，旋称皇陵，并加修寝园（见《凤阳新书·刘继祖传》），洪武八年（公元1375年）又筑皇陵城（《明太宗实录》卷四十五），洪武十一年（公元1378年）再一次改建皇陵，包括重建皇陵碑、殿宇、城垣、皇堂（祭殿）等（见《凤阳新书》卷四和《太明皇陵之碑》）。

［12］明皇陵考古资料见孙祥宽《朱元璋与明皇陵》，《文物研究》总第12辑，黄山书社1999年版。《中都志》卷四、《凤阳新书》卷四均讲皇陵之皇城周七

十五丈五尺，按明代每尺合今32厘米，明代七十五丈五尺合今约241.6米，与今考古所得之420米相差较远；土城长度史载为“二十八里”，合今约16128米，与考古所得之15540米亦不符。参见丘光明《中国历代度量衡考》第104页，科学出版社1992年版。

[13] 明祖陵为朱元璋追封的祖父、母（裕帝、后）、曾祖父、母（恒帝、后）、高祖父、母（元帝、后）三代帝、后合葬的衣冠陵寝，洪武初年定陵号，洪武十九年（公元1368年）完成陵寝建筑。见明代曾惟诚《帝乡纪略》卷一；另参见《明史·太祖本纪》、《明史·礼志·山陵》。

[14] 南京博物院、盱眙县文化局《江苏盱眙县明祖陵考古调查简报》，《考古》2000年第4期。

[15] 关于明陵石刻数字，计算方法有两种，一种是将石象生中石马及控马官（有一人一马、两人一马两种）分开计算，一种是将它们作为一组对待。如明皇陵石象生，一说三十二对，罗哲文先生则如此计算，见哲闻《明中都皇陵石象生之绝》，《文物天地》1985年第2期；一说为二十八对，即是将马及控马官按一件（组）计算，如《中国大百科全书·考古卷》明皇陵条目和南开大学历史系刘毅先生均取此说，参见刘毅《明清皇陵制度比较》，《北方文物》1999年第2期。明祖陵神道石刻的计算也有此分歧，一说为二十一对，如秦士芝先生即取此说，见《明祖陵的营建及其神道石刻》，《东南文化》1999年第2期，他将马官、拉马侍及马（人、马连体）、天马及侍从均分开计算；一说为十九对，是将侍马官、石马及拉马侍算作一件（组），见［14］文。

[16] 参见孙祥宽《朱元璋与明皇陵》，《文物研究》总第12辑，黄山书社1999年版；秦士芝《明祖陵的营建及其神道石刻》，《东南文化》1999年第2期。

[17] 在文献上也能发现皇陵、祖陵保留唐宋帝陵某些建筑特点的材料，如《明史·礼志·山陵》有：“（洪武）四年建祖陵庙，仿唐、宋同堂异室之制，前殿寝殿俱十五楹，东西旁各二，为夹室，如晋王肃所议”。

[18] 关于明孝陵陵址选定时间，参见贺云翱、廖锦汉《明孝陵规划设计思想蠡测》，《明孝陵志新编》，黑龙江人民出版社2002年版。

[19] 明孝陵所立之《大明孝陵神功圣德碑》碑铭有“永乐十一年九月十八日”等字样，且张正祥先生认为此碑或至明永乐十四年（公元1416年）才告落成，宣德十年（公元1435年）重建，见张正祥《现存〈大明孝陵神功圣德碑〉的立碑年代问题》，《南京博物院集刊》第九辑，江苏美术出版社1987

年版。

［20］参见南京市文物研究所、南京孝陵博物馆贺云翱、邵磊等执笔《明孝陵陵宫门址的发掘收获》、《明孝陵陵宫内东侧建筑基址勘掘记》；江苏省地震工程研究院、南京市文物研究所《明孝陵地下宫殿勘测记》等，均载《明孝陵志新编》，黑龙江人民出版社 2002 年版。

［21］刘敦桢《明长陵》，《中国营造学社汇刊》第四卷第二期，1933 年；南京博物院《明孝陵》第 5 页，文物出版社 1981 年版。

［22］顾炎武《日知录》卷十五《墓祭》言明陵之特点为“无车马，无宫人，不起居，不进奉”。而《宋史・礼志・山陵》记宋太宗永昌陵“于陵所作殿以安御容，朝暮上食，四时致祭焉”。宋陵为先帝亡灵“朝暮上食”处在下宫进行，这种做法早在西汉帝陵已经实施，此即帝陵中“寝”之设置，杨宽先生对此考之甚详，参见《中国古代陵寝制度史研究》第 33～39 页，上海古籍出版社 1985 年版。

［23］（汉）蔡邕《独断》。

［24］王焕镳《明孝陵志》“规制第二”言孝陵殿中有帝后神主、御座等。另参见胡汉生《明十三陵》第 340～342 页，中国青年出版社 1999 年版。

［25］贺云翱、邵磊、王前华《明东陵考古纪实》，《明孝陵志新编》，黑龙江人民出版社 2002 年版。

［26］贺云翱、廖锦汉《明孝陵规划设计思想蠡测》，《明孝陵志新编》，黑龙江人民出版社 2002 年版。另见明孝陵申报世界遗产文本《明孝陵》，中国大百科全书出版社 2001 年版。又参见胡汉生《明十三陵》第 27～33 页，中国青年出版社 1999 年版。

［27］《明史・光宗孝康皇帝传》。

［28］《明史・礼志》十三；（明）沈德符《万历野获编》。

［29］此说最初由季士家先生于 2000 年明东陵考古专家座谈会上提出来，排列顺序为祖陵、皇陵、孝陵、东陵、长陵、献陵、景陵、裕陵、景泰陵、茂陵、泰陵、康陵、显陵、永陵、昭陵、定陵、庆陵、德陵、思陵共十九陵。另参见贺云翱、邵磊、王前华《明东陵考古纪实》，《明孝陵志新编》，黑龙江人民出版社 2002 年版。

［30］贺云翱、邵磊、王前华《南京明孝陵及东陵考古获多项发现》，《中国文物报》2000 年 2 月 27 日。另见上注贺云翱、邵磊、王前华《明东陵考古纪实》一文。

［31］明十三陵区包括有成祖朱棣的长陵、仁宗朱高炽的献陵、宣宗朱瞻基的景

陵、英宗朱祁镇的裕陵、宪宗朱见深的茂陵、孝宗朱祐樘的泰陵、武宗朱厚照的康陵、世宗朱厚熜的永陵、穆宗朱载垕的昭陵、神宗朱翊钧的定陵、光宗朱常洛的庆陵、熹宗朱由校的德陵、毅宗朱由检的思陵等共十三陵。明代在北京登基的皇帝，除代宗朱祁钰的景泰陵位于北京香山金山口外，其他均葬十三陵陵区之内。

[32]《明史》卷六十载洪武二十六年（公元1339年）令：车马过陵，及守陵官民入陵者，百步外下马，违者以大不敬论。考古人员据此认为明孝陵下马坊当立于此年。参见南京博物院《明孝陵》第1～2页，文物出版社1981年版。

[33] 参见中国社会科学院考古研究所、定陵博物馆、北京市文物工作队《定陵》第4页，文物出版社1990年版。

[34] 长陵陵宫第一进院落内东侧有“无字碑”亭，此亭开建于嘉靖年间，不属于长陵陵宫原制。

[35] 明十三陵各陵的享殿和殿门分别称“祾恩殿”和“祾恩门”，开始于嘉靖十七年（公元1538年）。王焕镳《明孝陵志》“规制第二”曰“嘉靖十七年，世宗朝陵，改享殿曰‘祾恩殿’”，于是献、景、裕、茂、泰、康合七陵，皆榜中门曰“祾恩门”。“祾”意为“祭而受福”，“恩”意为“罔极之恩”，以表对先帝的崇敬感念之情。南京孝陵享殿自名“孝陵殿”（见《明史·礼志》十四）。另参见胡汉生《明十三陵》第119页注释2，中国青年出版社1999年版。

[36] 有的学者认为明永陵、定陵陵宫双重城垣之制是受湖北明显陵影响的结果，这一做法还为清代帝陵所继承。参见中华人民共和国国家文物局申报世界遗产文本《明清皇家陵寝》（明显陵、清东西陵卷）第13页，中国大百科全书出版社1999年版。

[37] 胡汉生《明十三陵》第118～124页，中国青年出版社1999年版。

[38] 中国社会科学院考古研究所等《定陵》（上册）“前言”，文物出版社1990年版。本节资料多取自该书，以下不再一一加注。

[39] 在定陵玄宫隧道入口（隧道门）附近即宝城城墙内侧的石条上除发现“隧道门”刻铭之外，还有“左道”、“右道”等刻铭，而在玄宫左、右侧室各发现一个通向玄宫外隧道的券洞和石门，因此文物考古人员推论，通向定陵玄宫的隧道应有三条，即主隧道和左、右隧道，这在明代文献上也有相关记载，但考古人员未发掘左、右隧道。参见胡汉生《明十三陵》第94页、103～107页，中国青年出版社1999年版。

[40] 同上第 95～107 页。另该书第 107 页引《万历起居注》四丞五册四三页载："……玄宫之旁，制设左右侧穴，推其初意，或者以待各妃，但从来未经附（祔）葬……"。

[41] 河南省博物馆、新乡市博物馆《新乡市郊潞简王墓及其石刻》，《文物》1979 年第 5 期。

[42] 王岩《试论明代的王侯墓》，中山陵园管理局《明代文化研究·南京专辑》，中国文史出版社 2003 年版。

[43] 中国社会科学院考古研究所等《成都凤凰山明墓》，《考古》1978 年第 5 期。

[44] 陈文华《江西新建明朱权墓发掘》，《考古》1962 年第 4 期。

[45] 荆州地区博物馆、江陵县文化局《江陵八岭山明代辽简王墓发掘简报》，《考古》1995 年第 8 期。

[46] 前后双墓室制的明早中期藩王墓例如鲁荒王（卒于洪武二十二年，即公元 1389 年）墓、益端王朱祐槟墓（嘉靖十八年，公元 1539 年）、益庄王朱厚烨墓（嘉靖三十六年，公元 1557 年）、安僖王朱公锛墓（成化十二年，公元 1476 年）等，资料分别见山东省博物馆《发掘明朱檀墓纪实》，《文物》1972 年第 3 期；江西省文管会《江西南城明益庄王朱祐槟墓发掘报告》，《文物》1973 年第 3 期；江西省文管会《江西南城明益庄王墓出土文物》，《文物》1959 年第 1 期；陕西省文管会《长安四府井村明安僖王墓清理简报》，《考古通讯》1956 年第 5 期等。

[47]《湖北钟祥明代梁庄王墓》，国家文物局主编《2001 年中国重要考古发现》第 144～147 页，文物出版社 2002 年版。

[48] 江西省文物工作队《江西南城明益宣王朱翊钊夫妇合葬墓》，《文物》1982 年第 8 期；《江西南城明益定王朱由木墓发掘简报》，《文物》1983 年第 2 期。

[49] 参见李凤民、陆海英、傅波《兴京永陵》，东北大学出版社 1996 年版；李荣发、邢启坤、杨秀《皇清祖陵——清永陵》，南京大学文化与自然遗产研究所、孝陵博物馆编《世界遗产论坛——明清皇家陵寝专辑》，科学出版社 2004 年版。

[50] 董巍巍《浅析盛京三陵的文化价值》，南京大学文化与自然遗产研究所、孝陵博物馆编《世界遗产论坛——明清皇家陵寝专辑》，科学出版社 2004 年版。

[51] 参见于善浦《清东陵大观》，河北人民出版社 1984 年；陈宝蓉《清西陵纵

横》，河北人民出版社 1987 年版；《明清皇家陵寝》（申报世界遗产文本），中国大百科全书出版社 1999 年版；晏子有《清东西陵》，中国青年出版社 2000 年版等。本节重点参考了以上各书，所引用资料除特殊情况外，恕不一一加注。

[52] 参见晏子有《清东西陵》第 42～46 页，中国青年出版社 2000 年版。

[53] 胡汉生《明十三陵》第 107 页、247～249 页，中国青年出版社 1999 年版。

[54] 刘敦桢《易县清东陵》，《中国营造学社汇刊》第五卷第三期，1933 年。

[55] 王其亨《清陵地宫龙须沟》，《文物》1989 年第 8 期。

[56] 徐广源《清东陵史话》第 175～197 页，紫禁城出版社 1997 年版。

[57] 于善浦《清东陵大观》第 94～100 页，河北人民出版社 1989 年版。

[58] 关于清代帝陵地宫“金井”问题，王其亨先生有专门研究。参见王其亨《清代陵寝地宫金井考》，《文物》1986 年第 7 期。

# 参 考 文 献


1. 杨树达《汉代婚丧礼俗考》，商务印书馆 1933 年版。

2. 朱希祖、滕固、李济等《六朝陵墓调查报告》，中央古物保管委员会 1935 年版。

3. 胡厚宣《殷墟发掘》，学习生活出版社 1955 年版。

4. 中国科学院考古研究所《辉县发掘报告》，科学出版社 1956 年版。

5. 南京博物院《南唐二陵发掘报告》，文物出版社 1957 年版。

6. 中国科学院考古研究所《上村岭虢国墓地》，科学出版社 1959 年版。

7. 中国科学院考古研究所《浚县辛村》，科学出版社 1964 年版。

8. 冯汉骥《前蜀王建墓发掘报告》，文物出版社 1964 年版。

9. 中国社会科学院考古研究所、河北省文物管理处《满城汉墓发掘报告》，文物出版社 1980 年版。

10. 中国社会科学院考古研究所《殷墟妇好墓》，文物出版社 1981 年版。

11. 南京博物院《明孝陵》，文物出版社 1981 年版。

12. 姚迁、古兵《南朝陵墓石刻》，文物出版社 1981 年版。

13. 《秦始皇陵兵马俑》，文物出版社 1983 年版。

14. 罗哲文、罗杨《中国历代帝王陵寝》，上海文化出版社 1984 年版。

15. 林树中、王鲁豫《宋陵石雕》，人民美术出版社 1984 年版。

16. 于善浦《清东陵大观》，河北人民出版社 1984 年版。

17. 杨宽《中国古代陵寝制度史研究》，上海古籍出版社 1985 年版。

18. 杨鸿勋《建筑考古学论文集》，文物出版社 1987 年版。

19. 刘庆柱、李毓芳《西汉十一陵》，陕西人民出版社 1987 年版。

20. 陈述主编《辽金史论集》，上海古籍出版社 1987 年版。

21. 陈宝蓉《清西陵纵横》，河北人民出版社 1987 年版。

22. 卢连成、胡智生《宝鸡強国墓地》，文物出版社 1988 年版。

23. 陕西省考古研究所等《秦始皇陵兵马俑坑一号坑发掘报告（1974－1984）》，文物出版社 1988 年版。

24. 史金波、白滨、吴峰云《西夏文物》，文物出版社 1988 年版。

25. 山东省文物考古研究所《海岱考古》第一辑，山东大学出版社 1989 年版。

26. 湖北省博物馆《曾侯乙墓》，文物出版社 1989 年版。

27. 中国社会科学院考古研究所等《北京大葆台汉墓》，文物出版社 1989 年版。

28. 袁仲一《秦始皇陵兵马俑研究》，文物出版社 1990 年版。

29. 北京市文物研究所《北京考古四十年》，北京燕山出版社 1990 年版。

30. 中国社会科学院考古研究所等《定陵》，文物出版社 1990 年版。

31. 曲英杰《先秦都城复原研究》，黑龙江人民出版社 1991 年版。

32. 广州市文管会等《西汉南越王墓》，文物出版社 1991 年版。

33. 中国社会科学院考古研究所《汉杜陵园遗址》，科学出版社 1992 年版。

34. 中国社会科学院考古研究所《殷墟的发现与研究》，科学出版社 1994 年版。

35. 王学理《秦始皇陵研究》，上海人民出版社 1994 年版。

36. 张仲立《秦陵铜车马与车马文化》，陕西人民教育出版社 1994 年版。

37. 王学理《秦俑专题研究》，三秦出版社 1994 年版。

38. 罗宗真《六朝考古》，南京大学出版社 1994 年版。

39. 北京市文物研究所《琉璃河西周燕国墓地（1973—1977）》，文物出版社 1995 年版。

40. 郭德维《楚系墓葬研究》，湖北教育出版社 1995 年版。

41. 许成、杜玉冰《西夏陵》，东方出版社 1995 年版。

42. 霍巍《西藏古代墓葬制度史》，四川人民出版社 1995 年版。

43. 河南省文物考古研究所等《永城西汉梁国王陵与寝园》，中州古籍出版社 1996 年版。

44. 王重光、陈爱娣《中国帝陵》，上海古籍出版社 1996 年版。

45. 李凤民、陆海英、傅波《兴京永陵》，东北大学出版社 1996 年版。

46. 江西省文物考古研究所等《新干商代大墓》，文物出版社 1997 年版。

47. 河南省文物考古研究所《北宋皇陵》，中州古籍出版社 1997 年版。

48. 徐广源《清东陵史话》，紫禁城出版社 1997 年版。

49. 秦俑考古队《秦始皇陵铜车马发掘报告》，文物出版社 1998 年版。

50. 马大正、杨镰《西域考察与研究续编》，新疆人民出版社 1998 年版。

51. 苏州博物馆《真山东周墓地·吴楚贵族墓地的发掘与研究》，文物出版社 1999 年版。

52. 河北省文物研究所《譽墓——战国中山国国王之墓》，文物出版社 1999 年版。

53. 王学理《咸阳帝都记》，三秦出版社 1999 年版。

54. 河南省文物研究所等《三门峡虢国墓》（第一卷），文物出版社 1999 年版。

55. 国家文物局《明清皇家陵寝》（明显陵、清东西陵申报世界文化遗产文本），中国大百科全书出版社 1999 年版。

56. 胡汉生《明十三陵》，中国青年出版社 1999 年版。

57. 陕西省考古研究所《秦始皇帝陵园考古报告》，科学出版社

2000 年版。

58. 王斌等《虢国墓地的发现与研究》，社会科学文献出版社 2000 年版。

59. 晏子有《清东西陵》，中国青年出版社 2000 年版。

60. 河南省商丘市文管会等《芒砀山西汉梁王墓地》，文物出版社 2001 年版。

61. 滕铭予《秦文化：从封国到帝国的考古学观察》，学苑出版社 2002 年版。

62. 浙江省文物考古研究所《印山越王陵》，文物出版社 2002 年版。

63. 李文儒主编《中国十年百大考古新发现》，文物出版社 2002 年版。

64. 中山陵园管理局《明孝陵志新编》，黑龙江人民出版社 2002 年版。

65. 黄晓芬《汉墓的考古学研究》，岳麓书社 2003 年版。

66. 郭黛姮主编《中国古代建筑史》第三卷（宋辽金西夏建筑），中国建筑工业出版社 2003 年版。

67. 刘向阳《唐代帝王陵墓》，三秦出版社 2003 年版。

68. 中国社会科学院考古研究所《西汉礼制建筑遗址》，文物出版社 2003 年版。

69. 徐州博物馆、南京大学历史系考古专业《徐州北洞山西汉楚王墓》，文物出版社 2003 年版。

70. 河南省文物考古研究所《固始侯古堆一号墓》，大象出版社 2004 年版。

71. 吉林省文物考古研究所等《集安高句丽王陵——1990～2003 年集安高句丽王陵调查报告》，文物出版社 2004 年版。

72. 南京大学文化与自然遗产研究所等《世界遗产论坛——明清皇家陵寝专辑》，科学出版社 2004 年版。

# 后　　记

在完成这部拙稿的过程中，我时常被20世纪的考古界前辈和同行们所打动，那一篇篇来自田野实践的科学报告和专题论著，看似从不同的时间和地域中产生，但正是它们共同构成了中国帝王陵考古的学术与知识体系，突显了帝王陵考古的价值和广泛的社会影响，所以，我首先要借此机会，向所有的为中国帝王陵考古事业作出过贡献的考古学人表示深深的敬意和感谢！

由于这几年工作的变动，从文物考古部门进入大学课堂，为适应新的工作环境和工作要求，导致这部书进展十分缓慢，直至2006年7月中旬才告结束。从接到任务到杀青这近八年的时间里，完全是丛书执行主编朱启新先生给予我太多的关爱、宽容和激励，才使我有幸完成这项有意义的工作。先生为此书给我写信先后达二十多封，一度时间还亲自来南京敦促、审稿和指教，先生对后辈的勉励与提携，实在难以用语言文字来表述！

这部拙稿由我和郭怡同学共同完成，其中郭怡同学承担了两晋南北朝和隋唐两部分。在他完稿后，我又对这两部分做了一些文字上的修订。郭怡同学参与撰写本书时，他还在南京大学考古专业读本科。现在他已经是中国科学院研究生院科技史与科技考古系的博士生了。在此对他的参与表示感谢！

中国帝王陵作为一种特定的文化事象，从起源到结束至少达五千年左右，其间还有不同时、空的差异、体系和关联，内容极为广博。受本书篇幅所限，许多问题无法展开，我们采取的基本思路是尽量反映20世纪帝王陵考古的重大事项和主要成果，在保证脉络清晰的情况下，对已有专门研究著作出版的历史时期的帝王陵考古内容一般从简，而过去介绍或研究尚较薄弱的则适当增加文字篇幅。当然，由于目前文物考古资料出版事业的繁荣，有些帝王陵考古资料我们可能未曾接触，以致挂一漏万，在此只能向有关专家学者表示歉意，并希望今后能有机会予以弥补！

在成稿期间，南京明孝陵博物馆的臧卓美同志曾协助我们做了部分资料的整理工作；南京大学文化与自然遗产研究所的周桂龙、王碧顺、万圆圆为全书摹绘了大量插图，我的女儿贺晏然也帮我们清绘了部分插图（惜二百多幅插图受篇幅所限未能在本书中使用）。在此谨对他们的大力支持和帮助表示衷心的感谢！

贺 云 翱

2007年7月20日于南京大学文科楼

**图书在版编目（CIP）数据**

古代陵寝／贺云翱、郭怡著．－－北京：文物出版社，2008.5（2020.11重印）

（20世纪中国文物考古发现与研究丛书）

ISBN 978-7-5010-2290-8

Ⅰ.古… Ⅱ.①贺…②郭… Ⅲ.陵寝－研究－中国－古代 Ⅳ.K928.76

中国版本图书馆CIP数据核字（2007）第123813号

20世纪中国文物考古发现与研究丛书

# 古代陵寝

著　　者　贺云翱　郭　怡

封面设计　张希广
责任印制　王　芳
责任编辑　张晓曦
出版发行　文物出版社
社　　址　北京市东直门内北小街2号楼
网　　址　http：//www.wenwu.com
邮　　箱　web@wenwu.com
印　　刷　河北鹏润印刷有限公司
开　　本　850mm×1168mm　1/32
印　　张　11
版　　次　2008年5月第1版
印　　次　2020年11月第2次印刷
书　　号　ISBN 978-7-5010-2290-8
定　　价　40.00元